書林掇英

魏隐儒近现代文献资料所见录

魏隐儒 著

國家圖書館出版社

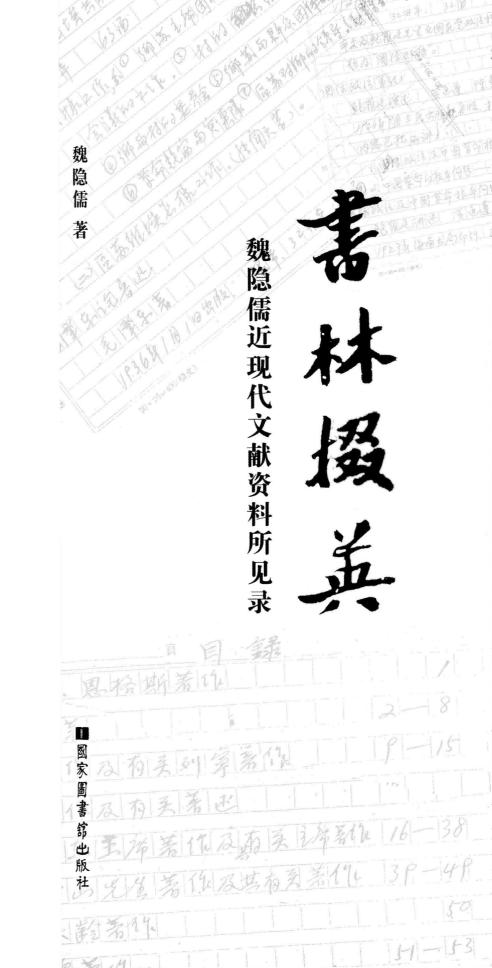

图书在版编目(CIP)数据

书林掇英：魏隐儒近现代文献资料所见录／魏隐儒著. —北京：国家图书馆出版社，2013.8

ISBN 978-7-5013-5053-7

Ⅰ.①书… ②魏… Ⅱ.①魏… Ⅲ.①图书目录—中国—近现代 ②报纸目录—中国—近现代 Ⅳ.①Z812.5

中国版本图书馆 CIP 数据核字(2013)第 083902 号

书　　名　书林掇英——魏隐儒近现代文献资料所见录
著　　者　魏隐儒　著
责任编辑　邓咏秋

出　　版　国家图书馆出版社(100034 北京市西城区文津街 7 号)
　　　　　(原书目文献出版社，北京图书馆出版社)
发　　行　010-66114536　66126153　66151313　66175620
　　　　　66121706(传真)　66126156(门市部)
E-mail　btsfxb@nlc.gov.cn(邮购)
Website　www.nlcpress.com→投稿中心
经　　销　新华书店
印　　刷　河北三河弘翰印务有限公司

开　　本　787×1092 毫米　1/16
印　　张　34
版　　次　2013 年 8 月第 1 版　2013 年 8 月第 1 次印刷

书　　号　ISBN 978-7-5013-5053-7
定　　价　480.00 元

魏隐儒（1916—1993），河北束鹿人。著名版本目录学家、当代书画家。自幼喜爱书画，1935年考入私立北平美术学院中国画系，师从一代写意画宗师李苦禅先生，为苦禅大师的入室弟子。毕业后一直在北京和山东的中、小学任教职。中华人民共和国成立后，调入图书发行系统工作，先后供职于中国图书发行公司、新华书店、中国书店。接触大量古旧书刊，参与定价，同时担任《古旧书刊介绍》编辑，由此将自己的后半生全部奉献给了古旧书刊事业。后调入北京市文物局，从事书画、文物、古籍的鉴定整理工作。曾在高校及专业培训课上讲授古籍雕版发展史、古籍版本鉴定等课程；还受全国多家图书馆之邀，检查并协助鉴定古籍版本。先后撰写出版了《古籍版本鉴定丛谈》《中国古籍印刷史》《印刷史话》《藏书家考略》《古籍装订修补知识》等学术著作。2010年国家图书馆出版社出版了魏隐儒先生的古籍目录遗稿《书林掇英：魏隐儒古籍版本知见录》。此次出版的《书林掇英：魏隐儒近现代文献资料所见录》是其续编，是魏隐儒先生记录自己见过的近现代书报刊的一部目录遗稿。

出版说明

本书原名《书林掇英——现代文献资料所见录》，是著名版本目录学家魏隐儒依据自己所见到的近现代文献资料，撰写的一部经眼目录。本书与我社2010年已出版的《书林掇英——魏隐儒古籍版本知见录》为姊妹篇，分别收录魏隐儒经眼的古籍和近现代文献。

因为本书有部分内容涉及清末革命书报，我社征得魏先生女儿魏黎瑾女士的同意，对副书名略作修改，调整为《书林掇英——魏隐儒近现代文献资料所见录》。本书主要分两部分：(一)图书目录，包括哲学论著，领袖著作，政治经济理论，革命史料，国民党各级军政机关出版史料，抗战史料，民俗、歌谣等类。(二)报刊目录，包括中国共产党出版的报刊，进步报刊，青年、学生、妇女界报刊，文艺理论报刊，清代报刊等类。本书所收录的文献，大部分出版于20世纪20—40年代，少数出版于清末或50年代。这部书稿书写在方格稿纸上，共有5本，在魏先生生前未曾出版，今汇为精装1册，除目录据原稿整理排印外，正文全部按原样影印出版。

这部书稿是一部誊清手稿，字迹清晰。每种书报刊，都是魏隐儒先生亲自翻阅过的，除著录每种文献的名称、编著者、出版者与出版时间以外，还著录其印刷形式、所用纸张、开本大小、序跋概要及主要篇目。此书的一大特色是，尤其重视收录并介绍近现代革命文献(含书、报、刊等各种形式)，从清末的辛亥革命文献到共产党各个时期的红色文献。这些文献在斗争的年代出版艰难，发行量少，留存下来的非常珍贵，有些魏先生见过的今天我们已经不易见到。这部书将这些革命文献分若干专题，对每部革命文献根据作者的亲见用言简意赅的文字向我们传达丰富的信息，其造福学界的文献学贡献是不言而喻的。当然，此书除介绍革命文献以外，还介绍了其他类别的文献，如文艺类图书、妇女文献、国民党各级机关出版物等。

为方便读者使用本书，我们编制了书名索引和报刊名称索引，附于书尾。

国家图书馆出版社
2013年7月

目　录

图书

报刊

書林掇英

現代文獻資料所見錄

（一）

宣言

马克思　恩格斯著　陈望道譯

1938年人民书店出版(汉口)　报纸 32开本 46面 1册　1

共產党宣言

马格斯　安格尔斯合著　陈望道译

1920年8月社会主義研究社出版印行

报纸　32开本　55面　1册　5.

封面为套印马格斯铜像．内容分4章：

1. 有產者及無產者　　2. 無產者和共產党

3. 社会主义及共產主义的著作　　4. 共產党和其他各党的关係

底

共產党宣言

马克思　昂格士原著　陈望道译

1925年4月国光书店印行(第5版)(目次印在封底)

报纸　28开本　56面　1册　5.

共產党宣言　(马恩丛书第4种)

马克思　恩格斯合著　成仿吾 徐冰合译

1938年8月中国出版社印　报纸 32开本 60面 1册　1

共產党宣言　(校正本)

马克思　恩格斯著　博古译

1946年5月太岳新华书店印行　土纸　32开本　1册　2

20×20=400(纸文)

法蘭西内战（马恩丛书第5）

卡尔·马克思著 吴黎平 刘云译述

1938年11月出版，报纸，32开本，1册 2

哥達綱領批评（解放丛书第一种）

马克思著 李春蕃（柯柏年）译

1925年8月印行，1926年1月再版，报纸，32开本，53面，1册，5

马克斯底共产主义

施存统著述

1921年8月 上海社会主义研究社发行

报纸 16面 32开本 1册 8.

马克思主义浅说（中国青年社丛书第8种）

一峯 阚世合编（按阚世为任弼时同志）

1925年8月 中国青年社出版

报纸 32开本 41面 1册 10

内容分4编：1.资本 2.资本主义的发展

3.阶级斗争 4.帝国主义

按本书是当时最通俗而最简单扼要的解释马克思主义的书，最便于初学研究马克思主义的读者，可以使初学读者看了以后，有一个明晰的大概观念。每编附有名词释义。

马克思主义浅说（《中国青年丛书》第3种）

中国青年社编辑

1925年9月 上海书店印行 第4版

报纸 32开本 88面 1册 8.

马克思主义浅说（《中国青年丛书》第3种）

中国青年社编辑

1927年1月再版 报纸 32开本 88面 1册 4

马克思恩格斯论中国

解放社编译

1938年5月初版 报纸 32开本 1册 4

内容分三编：1. 古代东方的特点与中国

2. 关于中国的论文

3. 世界商业与对华政策

马克思主义的基础

马克思、恩格斯原著 潘鸿文编译

1930年3月上海社会科学研究社出版

报纸 32开本 201面 1册 80

内容：1. 编者序

2. 恩格斯起草的国际工人同盟宣言初稿

3. 1847年共产主义宣言

4. 1872年恩格斯马克思宣言合序

5. 恩格斯1883年序

6. 恩格斯1890年序

7. 马克斯雇佣劳动与资本

马克思唯物史观浅说

高一涵在中大讲演词 熊以谦笔记

梅县革命青年团印行（不著出版年月）

报纸　　32开本　　14面　　1册　　6

按高一涵、安徽六安人，1885年生。日本留学，明治大学政治科毕业，归国后任北京大学政治学教授；北京中国大学教授兼政治系主任；上海法制学院政治系主任，上海中国公学社会科学院院长；武昌武汉大学教授，国民党军事委员会总政治部编译局局长；监察院监察委员兼两湖监察使等职。著有：《欧洲政治思想史》、《中国内阁制度的沿革》、《中国御史制度的沿革》、《政治学纲要》等。历任"新青年"、"每周评论"、"努力周刊"等编辑。笔名有"涵庐""一涵"。

唯物史观浅释

刘宜之著

1923年4月上海书店印行，1926年12月再版。

报纸　　32开本　　64面　　1册　　4.

内容分8章：

1. 唯物论与唯心论　　2. 唯物史观
3. 唯物史观的要义　　4. 巴芸究底物质的历史观
5. 经济学批评底序言　　6. 阶级斗争
7. 马克思底资本论　　8. 结论

本书内容着重把人生最可怕的最可痛的"穷"提出，并详尽地说明为什么穷，什么人穷？怎样解决穷的问题。

唯物史观浅释

云南刘宜之著．湖南向警予校．江西陈日光发行

1925年4月出版．前有作者于日本东京序言

报纸 36开本 64面 1册 4.

唯物史观 （中国青年社丛书第二种）

中国青年社编辑

1925年2月上海书店印行．报纸，36开本，36面，1册． 3

内容：1．唯物史观的要旨． 2．唯物史观的要义

3．唯物史观与社会组织 4．唯物史观与社会制度。

马克思主义的民族革命论

马克思著

1929年5月出版 报纸 32开本 202面 1册 6.

马克思学说

陈独秀著

国光书店印行，（不著年月）报纸 32开本 92面 1册

内容：1．剩余价值 2．唯物史观

3．阶级斗争 4．劳工专政。

马克思列宁主义的中国革命观

大众文化社编辑

1932年5月出版. 报纸. 32开本. 383面. 1册 8.-

内容：分上下2篇。附录。

马克思纪念册 (非卖品)

不著编者出版者.

1922年5月5日出版 报纸 32开本 35面 1册 15.-

内容：1. 马克思诞生104周年纪念日敬告工人与学生.

2. 马克思传.

3. 马克思学说

(封面为红印马克思铜像)

阶级争斗 (新青年丛书第8种)

德国柯祖基著. 恽代英译

1921年1月新青年社出版. 报纸 32开本 158面. 1册 10.

内容分5章 1. 小生产制的过程 2. 劳动阶级

3. 资本阶级. 4. 未来的共同生活 5. 阶级争斗。

阶级争斗

德国柯祖基著. 恽代英译

1926年4月国光书店再版印行 (分五章)

报纸 32开本. 158面 1册 8.-

无产阶级之哲学——唯物论

俄国哥列夫著. 瞿秋白译注

1927年印行，　报纸　32开本　37页　1册(红皮)　8.

内容：1.绪论　2.什么哲学　3.唯心论与唯物论

4.近代唯物论之发展.　5.现代唯物论与科学

6.历史的唯物论　7.马克思主义之阶级论与国家论

8.唯物论与宗教及道德.　9.唯物论的艺术观

10.唯物哲学与阶级斗争　11.辩证法与科学

12.科学之对象——社会.

唯物的人生观

董尔湘演词

1935年12月出版.　报纸　32开本　74面　1册　2.—

哲学问题　(新青年丛书第3种)

英国罗素著　黄凌霜译

1920年11月初版　报纸　32开本　163面　1册　3.—

柏格森之变易哲学

张闻天译

1924年2月民智书局印行.　报纸　32开本.　79面.　1册　3.—

内容分7章：1.哲学和生命　2.智力与物质

3.本能与智慧　4.直觉

5.自由　6.心与身

7.创造与进化.

中国革命问题论文集（新青年丛书之十） 上下2册

新青年社编

1926年9月出版. 报纸 32开本 2册 20. 15. 25.

内容：1. 中国革命之性质（6篇） 2. 帝国侵略下之中国（8篇）

3. 中国革命过去之经验（7篇） 4. 中国革命中之国民党（8篇）

5. 军阀制度与民族自治（5篇） 6. 革命与不合作（4篇）

7. 劳动运动（4篇） 前有"前锋发布"

撰文者有：瞿秋白、蔡和森、一个日本人、张特立、

孙铎、双林、屈维它、陈独秀、彭述之

张国焘、胡适

反戴季陶的国民革命观（一）（向导丛书第5种）

向导周报社编辑

1925年9月初版，1926年4月再版，报纸，32开本，40面 1册 9. 5.

内容：1. 中国国民革命与戴季陶主义——瞿秋白

2. 给戴季陶的一封信——陈独秀

第 页

劳农政府之成功与困难　（列宁全书第5种）

列宁著　墨耕译

1922年2月广州人民出版社出版　报纸　32开本　60面　1册　0.5

本书内容系1919年3月13日列宁在彼得格勒一个集会上所作的讲演记录，全文共分十个问题。

革命文献

列宁著　陈文瑞译

1938年1月再版　报纸　32开本　137面　1册　2.50

内容：1. 第一次革命的第一阶段

2. 论目下革命中无产阶级的任务

3. 论两种政权

4. 论策略书

5. 我们革命中无产阶级的任务

6. 我们的观点

7. 致全俄农民代表大会代表的一封公开信

8. 土地问题决议案附草案

9. 论转变中

10. 六月十八日

11. 论口号

12. 农民和工人

20×20=400（纂文）

13. 致社会民主工党（布尔塞维克）中央委员会书

14. 论妥协。

什麽是马克思主义

列宁著

1938年1月解放社出版. 报纸 64开本 97面 1册 1.—

我们的导师列宁 （十月革命特刊）

中国共产党广东区汕头地方委员会

中国共产主义青年团广东区地方委员会 ｝编印 不著出版年月。

报纸 32开本 29面 1册 20.

内容有：“秋人”“独秀”“国焘”“太雷”等撰文。

前后封面红印。前封为列宁铜像，后封有地球中苏握手图案，印有“中俄民族合作万岁”，“全世界被压迫民族合起来”口号。

为革命理论而斗争的列宁与史大林 （时论丛书第十种）

沙维列夫著 引生译 不著出版年月

土纸 32开本 1册 3.—

列宁主义问题 上下2卷

斯大林著

1938年中国出版社出版.（新版）报纸 25开本 2册 2.40

列宁主义之理论及实施 （唯物哲学丛书之4）

斯达林著　汤澄波译

1926年10月出版　报纸　32开本，109面　1册　2.

全书分十章。

按汤澄波，广东花县人，1902年生，广州岭南大学毕业。历任岭南大学讲师；黄埔中央军事政治学校教官；国立中山大学教授；实业部秘书；实业部天津商品检验局局长。著有《英国社会主义史》、《小说的研究》、《德国革命史》、《马克斯经济学说概要》、《最近十年之英国社会及经济政策》、《美国社会史》、《基督教之基础》、《梅脱灵戏曲集》、《列宁主义理论及实施》等。

列宁主义研究　（红旗丛书）

项英编译

1938年2月时事出版社再版　报纸　32开本　105面　1册　1.5

全书共分五章。

列宁主义概论

斯大林著

1931年11月红军第十军军政部翻印

报纸　32开本　80页　1册　5.

全书共分九章

列宁主义概论

20×20=400

斯大林著

1937年12月解放社出版 报纸 32开本 199面 1册 1.50

列宁主义初步（17章）

不著编者出版年月。报纸 32开本 575面 1册 3.

列宁主义初步（13章）

雅洛曼诺夫著

1938年2月延安解放社出版 报纸 32开本 232面 1册 1.50

列宁主义初步

吉仁宋夫，里昂衛夫合著．柳明译

1932年9月30日北国书公司出版，

报纸 32开本 280面 1册 1.

什么是列宁主义

~~不著作者~~ 现代青年社编辑

1927年1月21日琼崖平民书店列宁纪念出版

报纸 32开本 19面 1册 4. 1.50

内容共分八节。

列宁与列宁主义

不著编者出版年月．

解放社出版 报纸 32开本 42面 1册 1.

内容：1. 列宁主义是马克思主义的发展——萧铜译

2. 列宁怎样发展了马克思主义——[illegible]

3. 论列宁的"帝国主义是资本主义的最高阶段"——顾伯荪

列宁在1918

林淡秋译

1945年10月新华书局印行. 土纸. 32开本 84面 1册 1.

列宁纪念册

中国国民党列宁追悼会编辑刊行.

1924年2月24日出版. 报纸. 32开本. 16面 1册 4.

内容: 1. 列宁幼年时代　2. 学生时代劳动运动工作

3. 流刑时代出亡时代　4. 第二次出亡时代

5. 列宁与多数党　6. 1905年的革命与失败

7. 1910年之劳动运动复活　8. 欧战时代

9. 第二国际破产与第三国际发起　10. 瑞士亡命生活

11. 1917革命之成功　12. 执政时代

13. 遇刺后的生活　14. 列宁之新经济政策

15. 与英缔结大联合　16. 对外政策

17. 列宁死后与世界政治状况.

李列纪念周纪念册　(1925年1月15日—21日)

广东李列纪念周筹备会编印.

1925年1月15日出版. 报纸 32开本. 26面. 1册. 25.

内容分四部分：1.纪念意义 2.李卜克内西传略

3.卢森堡传略 4.列宁传略。

附录：黄爱、庞人铨传略，黄仁史略，双十事略，

郑国良、薛公铁、黄驹、林宝宸史略，二七血史。

李列纪念册

梅县各界李列纪念大会编印

1927年1月15日出版 报纸 64开本 40面 1册 3.-

内容：1.李列纪念週的意义 2.李卜克内西传

3.卢森堡女士传 4.列宁传。

封皮红印。有："全世界被压迫阶级联合起来"标语口号。

李卜克内西纪念

广州人民出版社编印

不著出版年月 报纸 32开本 44面 1册 5.-

本书收集纪念李卜克内西和卢森堡女士的文章。

正文前附铜版4页，前封为李卜克遗像，后封为卢森堡的遗像。

列宁传 （列宁全书第4种）

山川均著 张亮译

1922年6月广州人民出版社印行（初版），1926年12月12版。

全书分十五章。 报纸 32开本 71面 1册 3.-

列宁的故事 附诗歌。

20×20=400(稿纸)

周真璜编译.

1938年1月汉口中文化编译社出版，广州新新书店经售.

报纸　64开本　40面　1册

20×20=400

中国社会各阶级的分析

毛泽东著

不著出版年月。粗连纸 石印本 1册 5.-

本书为湘乡首里农村师范讲习所讲义。

中国社会各阶级的分析

毛泽东著

1927年4月1日汕头书店再版

报纸 32开本 27面 1册 5.-

区乡苏维埃怎样工作

毛泽东 张闻天著

1934年4月中华苏维埃共和国人民委员会出版

报纸 36开本 63面 1册 8.-

内容：(一)乡苏怎样工作，系①乡苏主席团的工作②代表会议的工作。③村的组织与工作。④乡与村的委员会⑤乡苏与群众团体的关系。⑥革命竞赛与突击队⑦区苏对乡的领导。(毛泽东著

(二)区苏维埃怎样工作。(张闻天著)。

毛泽东论鲁迅

毛泽东著

1936年1月1日出版 报纸 32开本 33面 1册 1.20

20×20=400(横文)

第 17 页

本书内容是毛泽东同志在"陕公"纪念大会上的演辞。

附录：鲁迅日记（最后十个月的日记）。

毛泽东论国共两党统一战线成立后中国革命的迫切任务。

西安出版社编辑

1937年8月出版 报纸 32开本 288面 1册

目录后附录：毛泽东致西班牙人民之航空函。

抗战名论集 （战时小丛刊之四）

毛泽东、朱德、周恩来、张闻天等著

1937年8月战时出版社出版。报纸。32开本 92面。1册 2.50

抗日救国指南第1集 （抗日战术丛书）

毛泽东 洛甫（张闻天）陈绍禹（王明）李富春 凯丰 等著。

KN编辑

1937年12月1日抗日战术研究社出版

报纸 32开本。118面 1册 2.—

全书分九章。

中国革命与中国共产党

毛泽东著

1939年12月15日陕甘宁边区新华书店出版。土纸32开本34面1册。5.—

1948年9月据新华版印本 报纸36开本34面1册。5.—

抗日方法与前途 （抗战丛刊之3）

20×20=400（横文）

毛泽东著

1938年1月上海一心书社印行，报纸，32开本，75面，1册 .60

内容：1. 抗日方法与前途　2. 抗日统一战线成立之任务

3. 抗日统一战线成立后之迫切任务　4. 抗日宣传大纲。

附录：①民主政治与抗日前途。②民主问题与革命前途问题。

抗日游击战争的战略问题　（新群丛书第11种）

毛泽东著

1938年6月新华日报馆印行　报纸，32开本，35面，1册　3.-

毛主席在本书内提出主动、灵活、有计划的正规战，配合建立根据地。游击战、运动战，指挥关系等问题。

论统一战线[illegible]中国共产党真正的态度

毛泽东、陈绍禹、邹韬奋、沈钧儒、章乃器、陶知行等著

1938年3月延安陕北书店印行，报纸，32开本，1册　4.-

八路军的战略和战术

毛泽东、朱德、彭德怀、林彪等著

1938年1月上海生活出版社出版，报纸，40页，1册

（封皮内页印邱多炽著。）

内容包括对日作战的方针方法与前途等七篇文章。

基础战术（红军抗日军政大学讲义）

毛泽东讲述

第　页

20×20=400(横文)

1938年延安少年先锋社印行　报纸 32开本 98面 1册 6.

1938年3月汉口自强出版社出版　报纸 32开本 100面 1册 1.

内容全书分15章：1.绪论　2.战术　3.战争的目的　4.组织　5.任务　6.动作　7.袭击　8.侦察　9.埋伏　10.对敌辎重队实行袭击　11.袭击敌人运输部队　12.通信联络和敌方交通的破坏　13.经常隐蔽地与住止时的警戒　14.训练　15.政治工作。

怎样争取最后胜利　（战时小丛刊之31）

毛泽东等著

1938年2月战时出版社刊行　报纸、32开本 151面 1册 4.

民族革命之路

毛泽东、陈绍禹、洛甫、朱德、博古、李富春著

1938年星星出版社印行　报纸 32开本 187面 1册 2.

国共合作的前途　（战时小丛刊之62）

毛泽东等著

1938年3月战时出版社刊行　报纸、32开本 181面 1册 3.5

内容包括中共中央"中国共产党为公布国共统一抗日宣言"及毛泽东同志等19人的论著。

第　页

20×20=400（编文）

毛泽东抗战言论全集

叶晴编

1938年1月汉口民族解放社出版 报本 32开本 164面 1册 2

内容：1.中国抗日民族统一战线在现阶段的任务。

2.为争取千百万群众参加抗日民族统一战线而斗争。

3.论反对日本帝国主义进攻的方针办法和前途。

4.国共两党统一战线成立后中国革命的迫切任务

5.与美国记者史诺的谈话。

6.与北方青年的谈话

7.与女作家史沫特莱的谈话。

8.与英国记者贝特兰的谈话。

9.与某美国人的谈话。

10.谈抗战前途

附录①致西班牙人民书。②致美国共产党总书记白劳德书。

游击战争的战略问题

毛泽东著

1938年11月美商远东画报社出版。报本。32开本。58面。1册 1.20

全书分8章：1.游击战争的战略问题

2.战争的基本原则与具体战略

3.主动地灵活地有计划地执行防御战中的

20×20=400

20×20=400(学文)

进攻战，持久战中的速决战，内线作战中的外线作战。

4. 与战略战役相配合

5. 建立根据地

6. 游击战争的战略防御与战略进攻.

7. 向运动战发展

8. 指挥关系

统一战线下党派问题　（时事问题丛刊）

毛泽东等著

1938年3月时事新闻编译社刊行（初版）

报纸. 32开本. 82面 1册. 1.50

3.-

内容：1. 论一党专政问题——毛泽东

2. 强固统一——扫荡报

3. 复兴国民党——时代日报.

4. 挽救时局的关键——陈绍禹

5. 抗战中的党派问题——长江

6. 关于政治党派——叶青（托派）又名任卓宣）

7. 我们对于党派问题的意见——陶百川.

论持久战　《新群丛书之15》

毛泽东著

1938年7月25日汉口新华日报社印行

报纸 32开本. 1册 1.50

1938年9月4日每日译报社出版 （每日译报时论丛刊第1种）

报纸 32开本 88面 1册 1.50

1939年1月大众出版社再版. 报纸 1册 1.50

毛泽东救国言论集 （新群丛书第26种）

毛泽东著

1939年5月新华日报馆印行 报纸. 32开本. 316面 1册 6.—

内容分报告和论文：1. 论持久战 2. 论新阶段 3. 谈话和演说.

抗日游击战争的一般问题 （新知识丛书）

毛泽东等著

1938年11月20日建设出版社出版. 报纸, 32开本. 93面 1册 2.—

本书~~[illegible]~~, 是集体写的。由毛泽东、陈昌浩、刘亚楼、萧劲光、郭化若诸先生执笔。总结了抗战十个月中游击战争的经验，解决了许多抗日游击战争的基本问题。

全书分七章：

1. 什么是游击战争 2. 游击战争与正规战争的关系

3. 历史上的游击战争 4. 抗日游击战争能否胜利.

5. 抗日游击战争的组织问题 6. 抗日游击战争的政治问题

7. 抗日游击战争的战略问题.

抗日游击战争的一般问题 （抗日战争丛书第1种）

毛泽东等著 抗日战争研究会编辑

20×20=400(横文)

1938年7月初版，1939年2月解放社再版。

报纸 28开本 1册 3.-

当前时局的中心问题

毛泽东 王明等著

1939年8月抗战编译社出版 报纸，32开本，1册 1.50

42面。 3.-

内容共书篇文章。

第二次帝国主义战争

毛泽东著

1939年10月政经出版社印行 报纸，32开本，22面，1册 1.50

本书为1939年9月14日毛主席在延安干部大会上的讲演提纲。

共分十则：1.战争的新阶段，2.战争的原因

3.战争的目的 4.战争的性质

5.战争第一阶段的特点 6.我们在战争第一阶段中的策略

7.英法苏谈判破裂与战争第二阶段的开始

8.战争第二阶段的特点

9.我们在战争第二阶段的革命政策

附国际形势与中国抗战。（本文为同年9月1日

新中华报记者访问毛主席，请其发表对于国

际形势与中国抗战有关问题的意见的问答词）

第二次帝国主义战争与中国抗战

第 页

20×20=400(横文)

毛泽东著

1938年10月20日香港时论编译社出版.

报纸　32开本.　30面　1册　1.50

内容：1.目前国际形势与中国抗战

2.第二次帝国主义战争

3.国际形势与中国抗战（新华社社论）

论新阶段　（英商每日译报时论丛刊）

毛泽东著

1939年1月8日每日译报社印行.　报纸32开本.103面.1册　2-

1939年1月大众社翻印本(石印)　土纸32开本.　1册　2.50

中国共产党的六中全会文件——论新阶段

毛泽东著

1939年1月1日新华日报馆出版,报纸.32开本.141面1册　3.

纪念中国青年节

毛泽东等著

1939年5月4日中国青年出版社出版.土纸32开本57面1册　4.

内容：1.在延安五四运动二十周年纪念大会上的演讲.

2.五四运动的二十年（[illegible]）

3.宣言.

撰文者有：毛泽东.陈绍禹.洛甫.陈云.李富春 刘少奇

林伯渠.罗迈.谢觉哉 杨松 陈伯达 吴黎平

第　页

20×20=400(纵文)

艾思奇 張法 朱宝達 張琴秋

曹轶欧 冯文彬 李昌.

新形势与新任务

毛泽东等著

1940年3月解放社出版．报纸．64开本．76面 1册 1.—

内容：1. 相持阶段中的形势与任务——毛泽东

2. 新民主主义宪政——毛泽东

3. 抗战中的两条军事路线与反对投降派反共派的斗争

——王稼祥

4. 延安民众讨汪拥蒋大会通电

目前形势与我们的任务（初稿）（时论丛书之一）

毛泽东 洛甫 林伯渠合著

1948年安东日报社编印 报纸32开本 20面．1册 .20

1940年1月桂林时论编译社出版．

1948年东北书店印本．北京新华书店印本．中原新华书店印本．太岳新华书店印本．

报纸．32开本．105面 1册 2.— 1.—

↓东北日报社印本．吉林省教育厅印本．华北新华书店印本．太岳新华书店印本．晋冀太行群众书店印本。

关于宪政诸问题

毛泽东 陈绍禹等著

1940年3月解放社出版．报纸．32开本．1册 1.20

内容包括新民主主义的宪政，促进宪政运动努力的方向等8篇文章。

论文艺问题 （毛泽东选集7）

毛泽东著

1942年5月20日新民主出版社出版。报纸，32开本，28面，1册。

内容：即毛泽东同志在延安文艺座谈会上的讲话。

毛主席三大名著

毛泽东著

1943年10月中共晋绥分局出版，土纸，32开本，196面，1册。2

1945年冀鲁豫新华书店印本 1册

三大著作即：1.论持久战。2.论新阶段 3.新民主主义论。

~~经济问题与财政问题~~

~~毛泽东著~~

~~1944年新华书店印行，土纸，32开本，60面，1册~~ 1.5

论联合政府

毛泽东著

1945年5月解放社出版。土纸，32开本，1册 8

1945年晋察冀日报社~~出版~~印本

1945年冀中导报社印本

1945年太岳新华书店印本

1945年华北新华书店印本

1945年晋绥新华书店印本

1945年新华日报馆印本

1945年胶东大众报社印本

20×20=400（稿纸）

1945年渤海新华书店印本

本书系1945年4月24日毛主席在中国共产党第七次全国代表大会上的政治报告。

经济问题与财政问题

毛泽东著

1943年晋察冀日报社印本

1944年新华书店印本　　土纸 32开本 60面 1册　1.50

1946年香港中国新民主出版社印本

1947年东北书店印本

本书系1942年12月毛主席在陕甘宁边区高级干部会议上所作的报告。原题为："关于过去工作的基本总结"。

论查田运动

毛泽东著

1947年11月中共晋察冀中央局印本.　报纸32开本 1册　50

1947年冀鲁豫书店印本

1947年冀中新华书店印本

1948年晋绥新华书店印本

1948年太岳新华书店印本

1948年华北新华书店印本

内容辑为1933年在江西苏区关于查田运动的三篇著作：

1. 查田运动是广大区域内的中心重大任务(载1933年红旗杂志第59期)。
2. 在八县查田运动大会上的报告。
3. 查田运动的初步总结。

前有刘少奇同志序言。

在古田　(红星丛书第2辑)

毛泽东著

1949年12月红星出版社出版，(报纸32开本，32面1册)黄卓林发行　1.

本书係1929年12月在闽西古田会议上的报告。内容包括中国共产党红军第四军第九次代表大会决议案，共分：

1. 纠正党内非无产阶级的不正确倾向问题。
2. 党的组织问题
3. 党的教育问题
4. 红军宣传工作问题
5. 士兵政治训练问题
6. 青年士兵的特种教育问题
7. 废止肉刑问题
8. 优待伤兵问题
9. 红军军事系统与政治系统关系问题。

第　　页

20×20=400(横文)

中国革命与中国共产党（附党章）

毛泽东著

1948年4月香港正报社出版，报纸，36开本，70面 1册 80

1948年华北新华书店印本，中原新华书店总店印本

1947年冀鲁豫书店印本　解放社印本

1946年山东新华书店印本，求知学社印本

新华书店晋南分店印本，时事研究会印本

新文化编译社印本

内容共分两章：

第一章：中国社会 分3节。

第二章：中国革命 分7节。

论医务工作者的道路

毛泽东、朱德、陈诚、周而复、白求恩等著。

"五·一二"（护士节）纪念筹委会编辑

1949年5月东北军区卫生政委会组织部出版

报纸 32开本 122面 1册 60

三民主义与共产主义

毛泽东 洛甫 陈伯达著

自修出版社出版，不著年月，报纸，32开本，85面1册 15

辩证法唯物论

第　页

20×20=400

第 [illegible] 页

毛泽东著

1946年3月 中国出版社印行（前后封都印"[illegible]社版"。）

报纸 32开本 45面 1册 1.

孙鲍氏前言里说："承重庆友人寄赠这本书，是1944年

9月十个报社出版的，不具著者名字。"

中国革命性质及动力

毛泽东谈 韦尔斯记（1937年6月在延安谈）

该社出版（不著年月）。报纸 64开本，22面 1册 1.

毛泽东选集 第五分册

毛泽东著

1946年3月1日香港中国新民主出版社编印

报纸 32开本 60面 1册 .60

内容有：1.经济问题与财政问题

2.湘三年内革命会经济工作。

毛泽东选集（六卷本）

毛泽东著

中国共产党晋察冀中央局编印，1947年3月出版。

新华书店晋察冀分店发行，报纸32开本，6册 3.

本书共选文章38篇。

毛泽东选集（五卷本）

20×20=400（横文）

毛泽东著　渤海新华书店翻印

1947年3月出版。报纸 32开本。865面 精装 1册

本书天头印"选集"页码，通连，共865面。地角印各卷页码。前有编者的话："……这里需要特别声明的：我们所选的，主要是毛泽东同志抗战以来各种著作、讲演、及其他重要方面的言论。（连有抗战前的几篇重要文献）还是很不完全的，有的是原文节录，有些文字还不是根据最后校订的版本……。"

毛泽东选集（六卷本）

毛泽东著。中共晋察冀中央局编

1947年太岳新华书店印行

本书选集了毛主席从1927年—1943年期间的重要著作。

毛泽东选集（上下两卷本）

毛泽东著　中共晋冀鲁豫中央局编印

1948年出版（精装本）

本书选集了毛主席在国内革命战争时期和抗日战争时期的重要著作。

毛泽东选集（六卷本）

毛泽东著　东北书店编印

1948年出版。

本书选集了毛主席从1927—1947年之间的重要著作。

毛泽东选集（五卷本）

毛泽东著　胶东新华书店编印

1946年出版。

本书选集了如下几篇文章：

1.经济问题与财政问题。2.论合作社

3.组织起来　4.两三年内完全学会经济工作。

毛泽东选集（五卷本）

毛泽东著　晋察冀日报社编辑

1944年晋察冀新华书店印行

本书选集了毛主席在抗日战争时期的讲演、言论，以及抗战前的几篇重要文章。

毛泽东选集（四卷本）

毛泽东著

1953年2月—60年9月人民出版社出版，新华书店发行。

精装本　平装本　简装本　各4册一部。

毛泽东自传

毛泽东口述，美国记者史诺记录，张宗汉译

1937年9月陕西延安文明书局出版，10月再版。

陈秋人发行，报纸　32开本，80面　1册　1-2

20×20=400（燕文）

内容分4章：1.少年时代 2.动乱中的中年时代

3.共产党的展开 4.超人的忠勇和忍耐心

附录：毛泽东夫人贺子珍、朱德、彭德怀、林彪、徐向前、萧克、徐海东、周恩来、叶剑英、刘伯承、林祖涵、徐特立、張闻天、吴亮平、廖承志、李伯钊、陈慧清、丁玲等人小传。

毛泽东自传

毛泽东口述，美国斯诺记录 吴平译

北方民主书社出版（不著年月）

附錄：中国共产党年表。

毛泽东自传

毛泽东口述 美国斯诺记录 翰青、黄峰译

1937年上海光明出版社。

附录：与记者的谈话和毛主席等对日抗战电文。

卷首有毛主席当时照片及手迹。

毛泽东自传

毛泽东口述，美国史诺记录，丁洛译

1946年上海三友圖书公司出版。

毛泽东自传

毛泽东口述 美国史诺记录，汪衡译

20×20=400（紫文）

华北新华书店出版。

毛泽东自传

毛泽东口述．美国史诺笔录．方霖译

1949年10月 梅城学梅书店出版 报纸32开本 70面 1册 1.−

内容分6章：1. 少年时代， 2. 长沙时代

3. 革命的前奏 4. 国民革命时代

5. 苏政权运动 6. 红军之成长

附录：中国共产党年表。

译者在前记里说："本传系由毛氏在陕北窑洞内口述，史诺依据他所说的用英文记录下来，以后又把笔记托吴黎平先生重述为中文，请毛氏加以修正。因此，史诺很自信这部稿子决无失真之处"。

毛泽东自传 （新广东丛书之3）

毛泽东口述 美国史诺记录．

1949年10月25日广州新广东出版社出版．

报纸 32开本． 41面 1册 .50

毛泽东印象记

美国斯诺著 白华编译

1937年12月20日上海进步书局出版．

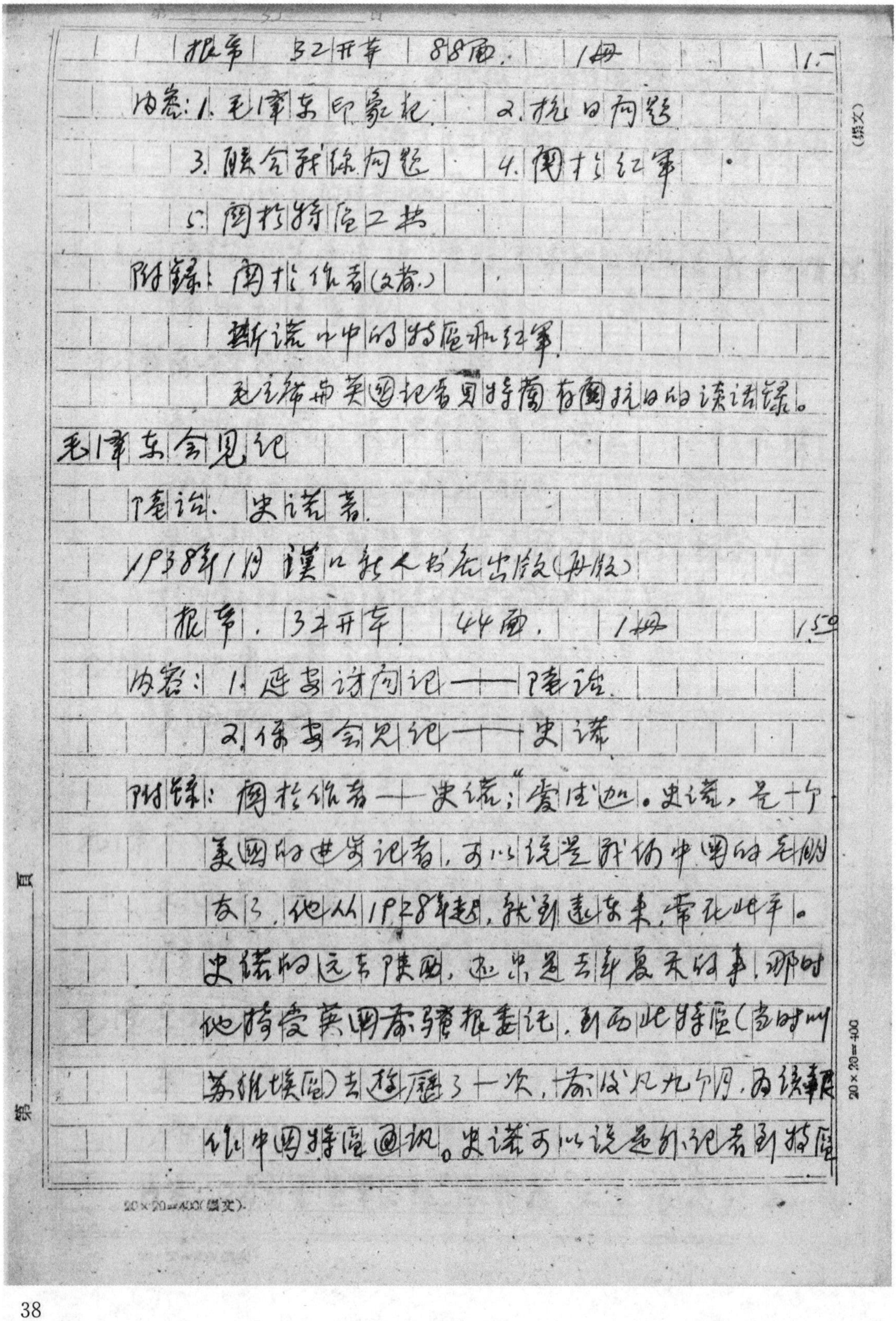

报纸　32开本　88面　1册　1.5

内容：1.毛泽东印象记　2.抗日问题

3.联合战线问题　4.关于红军

5.关于特区工作

附录：关于作者（文告）

斯诺口中的特区和红军

毛主席与英国记者贝特兰关于中国抗日的谈话录。

毛泽东会见记

陆诒　史诺著

1938年1月　汉口新人书店出版（再版）

报纸　32开本　44面　1册　1.50

内容：1.延安访问记——陆诒

2.保安会见记——史诺

附录：关于作者——史诺："爱德迦·史诺"是个美国的进步记者，可以说是我们中国的老朋友了。他从1928年起，就到远东来，常在北平。史诺的远去陕西，还只是去年夏天的事，那时他特受英国泰晤士报委托，到西北特区（当时叫苏维埃区）去游历了一次，前后凡九个月，为该报作中国特区通讯。史诺可以说是外国记者到特区者的第一个。由于他，许多特区的工作被传播了出去；许多红军的消息，也透露到西北以外的各地”。

陆诒，生年未详，曾任天津大公报记者、新华日报采访部主任等职。

毛泽东会见记

美国史诺、史沫特莱著，思三、汪馥泉译

1937年上海文化出版社出版。

本书内有毛主席与著者有关抗日的谈话录和中共所提出的统一战线的抗日救国十大纲领。

毛泽东印象记

美国斯诺著，许之桢译

1948年华北新华书店出版。

毛泽东访问记

美国斯诺著 曙春编译

1938年上海生活出版社出版，报纸32开本，62页 1册 1.50

毛泽东相行故事

东二支政治部宣传科编辑

1949年9月翻印，土纸32开本，28页 1册 2.

内容：摘自香港华商报、文汇报、大公报及新华社的回讯、部总周扬、毛主席、彭真、李维汉、罗迈、刘宁一、陈毅、李先念、冯白驹、林祖涵、欧阳祖润、潘梓年十一位同志的革命故事。

毛泽东论

张如心著

1946年学识研究社出版 报纸32开本57面1册 3.–

内容：1. 毛泽东的人生观 2. 毛泽东的科学方法

3. 毛泽东的科学预见。

毛泽东的人生观与作风

张如心著

1949年4月太岳新华书店印行，报纸32开本，1册 1.–

内容：1. 毛泽东的人生观 2. 毛泽东的科学方法

3. 毛泽东的科学预见 4. 毛泽东的作风

附录：青年学习问题。

本书是1946年作者在张家口对华北联大同学和张市知识青年的几个讲演，曾在"北方文化"上陆续发表过。

人民的舵手（第一辑）

萧三等著

1947年9月太行群众书店出版，土纸32开本 67面1册 1.–

内容包括：毛泽东传略，朱德年谱，朱德生活散记，

我们的老妈妈（徐特立），谈判生涯老丁（周恩来）

记刘伯诚、贺龙、周保中、粟裕、王震诸将军。

团结与民主

毛泽东、林伯渠等著

1940年11月3日出版，报纸，32开本，1册　　3.

会议通则（20章）

孙文著

1917年4月中华书局出版　粉连纸　1册　3

前封有中山先生亲笔题字："子均先生惠览　孙文敬赠"

孙中山社会主义谈

孙文讲　张读侠笔记（民国元年讲）

1921年出版．报纸　32开本　15页　1册　3.

据张读侠当时为中国社会党党员。

孙大元帅对全国青年联合会演说词

孙文讲　黄昌穀记

1923年10月20日出版．报纸．32开本．14页　1册　16

内容：为阐述各行革命救国的道理．

军人精神教育．（国民党丛刊之二）

前孙大总统讲演．中国国民党中央执行委员会宣传部编印

1924年7月出版．报纸　32开本．　1册　1.

内容分五讲：精神教育．2.智　3.仁　4.勇　5.决心。

中国革命史

孙文著

1924年4月出版．报纸　32开本　1册

内容分七部分：1.革命之主义　2.革命之方略．

20×20＝400（华文）

3. 革命之运动　4. 辛亥之役　5. 讨袁之役

6. 护法之役　7. 结论

附录：国民政府建国大纲。

孙中山先生对农民党员联欢会训词

中国国民党中央执行委员会农民部编印

1925年5月出版：平装　32开本　44面　1册　8.-

孙总理讲演集（10则）

孙中山讲　国民革命军军事政治学校政治部编印

1926年3月出版，平装　32开本，123面，1册　1.50

革命十讲

孙中山讲述　陆友白编订

1927年上海锦云图书公司出版，平装　32开本，128面　1册　4.-

中山先生思想概要

中山文新出版社编印（未著年月）

平装　32开本　122面，　1册　1.-

孙逸仙

黄中黄译

1906年（清光绪32年）11月30日日本东京出版　平装25开本1册　5.-

本书译自日本人白浪庵滔天所著之《三十三年之梦》

内容共分4章：第十章、孙逸仙之略历及其革命谈判。

20×20=400（稿纸）

第2章. 孙党与粤党

第3章. 南洋之风云与吾党之组织

第4章. 南征之发动及惠州事件。

孙大元帅回粤记.

张民权编辑

1924年3月印行. 报纸 25开本 64面 1册 .60

孙中山先生革命史略

于维夏编纂

1926年1219出版 报纸 25开本 1册 1.50

本书内容：正文26则 附录：七十二烈士殉难情形4则。

孙中山先生平及其主义大纲

文莊著

1926年10月光华书局出版 报纸 32开本 72面 1册 1.50

孙文主义之理论与实际（上册）.

甘乃光著

1926年11月广东省党部宣传部印行（初版）
报纸 32开本 70面 1册 4

内容分6章：1. 何谓孙文主义 2. 孙文主义之时代背景

3. 孙文主义之民族主义 4. 孙文主义中之民权主义

5. 孙文主义中之民生主义 6. 各阶级民众运动。

孙文主义大纲

20×20=400

甘乃光编

1926年6月15日国民革命军第一军政治部印.

报纸 32开本 16面. 1册 2.40

内容分五章：1. 孙文主义之时代背景 2. 孙文主义中之民族主义

3. 孙文主义中之民权主义 4. 孙文主义中之民生主义

5. 孙文主义之革命策略。

中山经济思想研究集

岭南大学经济学会编辑

本书主要阐述平均地权及单税制.

1926年9月上海三民公司印行，报纸 32开本 1册 2.50

内容有：中山平均地权论释——廖仲恺

中山平均地权述评——甘乃光

单税制与社会主义——吴兆坚

~~本书主要阐述平均地~~

孙中山 （现代青年社丛书五种之4）

现代青年社编辑（孙中山逝世二周年纪念出版）

1927年3月12日琼崖府城平民书店印行

报纸 32开本 12面 1册 1.50

内容：1. 中国空前伟大的人物 2. 孙中山略史

3. 孙中山的三民主义 4. 孙中山与国民党改组

5. 孙中山与国民革命 6. 孙中山的三大政策

7.孙中山病别等　8.我们对于孙中山的认识。

9.各报纪念孙中山　10.口号

孙中山

上海平民书局编印（不著出版年月）

报纸 32开本，58面，1册　2.50

内容：1.卷头语　2.遗墨　3.孙中山事略

4.孙中山自传　5.孙中山之谈话　6.孙中山主张

7.遗言　8.遗嘱　9.孙中山之病史

10.轶事　11.哀歌。

孙中山先生

国民党福建党务指导委员会宣传部编印（不著年月）

报纸　32开本　1册　1.

内容：1.自传　2.生平事略大纲　3.主义大纲

4.革命策略大纲　5.建国大纲　6.北上宣言

孙中山先生遗嘱浅释

国民军联军总司令部政治部印行

1927年4月出版，报纸　32开本　16面　1册

本书注释："孙文，字逸仙。"中山"二字是日本人的姓，先生在日本运动革命时，曾自称为"中山樵"，以后别人遂因之称他为"中山先生"。生于清同治5年(1866)

广东香山县一个农家。民国14年(1925年)3月12日

死在北京协和医院”。

孙逸仙伦敦被难记

1927年上海新民社出版，报纸 32开本，1册 2.-

内容：1. 被难情由，2. 被诱状况 3. 被禁详情

4. 幽囚求援 5. 师友营救 6. 访求侦探

7. 英政府之干涉 8. 省释，附录。

前有1897年伦敦自序。

中山出世后中国六十年大事记（增订本）

半粟编著

1928年12月上海太平洋书店出版，1929年4月再版，

报纸，32开本，788面，1厚册 5.-

本书自清同治丙寅5年(公元1866年)至民国(戊辰)17年(1928年)12月30日。

中山先生亲征录

黄惠龙叙述，陈铁山润辞。

1930年8月商务印书馆出版，报纸，32开本，48面，1册

前有吴铁王静安题书签及题章。

孙总理关於农工之言论

中国国民党福建省党部筹备处工人运动委员会印行。

报纸，32开本 16面， 1册 4.-

孙文主义与列宁主义

1926年4月远东书局出版，（总发行所上海，上海南京书局承印）

全书共分七则 报纸 36开本 30面，1册 3.-

（原为大埔中学学生会藏书）中国人民大学藏书

孙中山与列宁 （中山大学政治训育丛书之6）

甘乃光讲（在中山大学讲演词） 林森记录

1927年2月 广东省党部宣传部印 报纸，32开本，16页 1册 3.-

本书为孙中山与列宁专著，内容分：

1. 孙中山与列宁的时代背景 2. 孙中山与列宁生平的比较研究

3. 孙中山与列宁的主义的比较研究

4. 孙中山与列宁的政策的比较研究

5. 孙中山与列宁互相批评的话。 前有黄一鸣序。

孙中山与列宁

甘乃光讲 林森记

1927年出版 报纸 32开本，32面 1册 5.-

内容：1. 比较二人不同地方与相同地方

2. 列宁与孙中山生平的比较

3. 他俩主义的比较

4. 他俩行动与政策的比较

5. 二人互相批评的话。

按：孫中山生於1866年，列寧生於1870年。马克思死於孫中山生後17年。孫中山从二十歲搞革命工作，而列寧是从廿七歲搞革命的。

孫中山与列寧　《中山大学政治训育丛书之6》

甘乃光讲　林霖记录

1927年3月中山大学政治训育部编印。

报纸　25开本　76面　1册　4-

内容分5讲：1. 孫中山与列寧的时代背景

2. 孫中山与列寧生平的比较研究

3. 孫中山与列寧的主義的比较研究

4. 孫中山与列寧的政策的比较研究

5. 孫中山与列寧相互批评的话

附录：① 孫中山与列寧的年谱合编

② 孫中山与列寧的研究参考书。

孫中山先生榮哀録

刘中杭纂辑

1925年4月北京讲武书局印行。

报纸　32开本　226面　1册

孫中山先生哀思録

甘乃光等撰

不著出版年月. 报纸. 25开本 124面 1册 2.—

追悼孙中山先生纪念册

湖南追悼孙中山先生大会编印.

1925年4月18日出版. 报纸 32开本 31~~面~~页, 1册 3.—

孙中山先生逝世周年纪念册

总理逝世周年纪念湖南筹委会编印

1926年3月12日出版. 报纸. 32开本 1册 1.—

内容: 1. 事略 2. 三民主义浅说 3. 北伐宣言

4. 北上宣言 5. 建国大纲 6. 国民党第一次

全国代表大会宣言。

纪念总理特刊

国民革命军第1军第14师编印.

1926年3月12日出版. 报纸. 16开本 14面 1册 2.—

孙中山先生诞生六十周年纪念册

湖南人民纪念孙中山先生诞日大会编印

1926年11月12日出版. 报纸 32开本 19面 1册

内容: 1. 宣言

2. 中山生平大事记略——剑凡

3. 中山主义之时代背景——曷远槐

4. 中山先生逝世后之中国政局——铁城

5. 国民革命与世界革命——觉斋

6. 怎样继续总理的革命精神——剑凡

总理关于国庆纪念的遗教（国庆纪念宣传丛刊之十）

中国国民党中央执行委员会宣传部编印.

1929年10月10日出版 ·报纸 32开本 30页 1册

内容：1. 中国铁路计划与民生主义（民国元年国庆，总理为英文大陆报撰文）

2. 民国八年国庆纪念词

3. 述辛亥革命之经过

4. 辛亥革命与训政工作

5. 民国十年国庆日致祭先烈文.

附录：① 我们为何纪念国庆（十七年）——胡汉民

② 十三年国庆告同志国民书

③ 十七年为全国统一后国庆纪念告民众书.

粤军与孙中山

不著作者.

1922年7月出版. 报纸. 36开本. 1册 1.20

哀我国父

不著编者姓名 报纸 32开本 32面 1册 3.-

1926年3月12日广东东莞莫蘇衍寿和书局代印.

内容：1. 我们为什么要出这个纪念专号——编者.

20×20=400(與文)

略云："我们要夺回人民的政权，使人民更加觉悟，更加团结，更加奋斗，完成孙总理交给我们的使命，达到中国真正独立、平等、自由。"

2. 世界革命中之两大伟人——孙中山和列宁——的地位——清泉

3. 总理逝世后之中国国民党——余少傑

4. 总理逝世后十周年革命政府之经过——谭其镜

5. 我们能努力国民革命，才懂得总理"周年纪念"之意义——陈绍平

6. 孙总理之死和民众的觉悟——刘钊

7. 我们要怎样纪念总理的周年——宜枚

8. 孙总理逝世后的中国民众——谢子材

9. 悼总理——勗民众——仪进

10. 纪念总理之真谛——陈绍平

封面为包惠僧题签。

党中之声

不著作者及出版年月　报纸，32开本，20面，1册

内容：1. 发刊词　2. 孙总理与世界

3. 孙总理与中国　4. 孙总理与青年

5. 孙总理与妇女　6. 孙总理与商人

7. 孙总理与农工人。

20×20=400

中国不亡论　（救亡文丛之2）

宋庆龄著

1938年4月生活书店出版．报纸36开本　1册　50

内容包括6篇文章。

宋庆龄抗战言论集

宋庆龄著

1937年11月抗战新闻出版社出版，报纸32开本32面1册　1

内容：1.中国当前的急务　2.中国是不可征服的．

3.致英国工党书　4.国共统一运动感言

5.两个十月　6.向光荣的将来前进。

抗战到底

朱德著（当时为第八路军总指挥）

1937年10月四维新社初版 11月再版。

报纸 36开本 47面，1册 1.50

内容分：第二个"九一八"的炮声响了等四篇文章。附录12则。

1937年12月大众出版社刊行，报纸32开本52面，1册 1.-

1937年8月汉口抗敌出版社印行，报纸，32开本47面，1册。 2.-

抗日游击战争 （新群丛书第12种）

朱德著

1938年7月10日新华日报馆初版，11月再版。

内容共分7则。附录。 报纸 32开本 128面 1册 2.-
初版150面 1.50

抗敌的游击战术

朱德等著

1938年1月（初版），长沙抗敌救亡出版社印行，3月再版。

报纸 32开本 122面，1册 4.-

内容分6编：第1编：游击战术基本原则，又分五章

第2编：游击队的政治工作讲授提纲，又分2章

第3编：战争动员问题讲授提纲 又分4章

第4编：民族解放战争的战略 又分5章

第5编：怎样发动游击战 又分2章

20×20=400(横文)

第6编：附录。

第八路军将领抗战回忆录

朱德等著　陈卓呆编

1938年3月烽火出版社出版．报纸32开本 68面 1册． 2.—

内容：1. 八路军半年来抗战的经验教训——朱德

2. 抗日战争的经验——林彪

3. 南方三年游击战争经验对于当前抗战的教训——项英

4. 山西抗战的回忆——任弼时

5. 我们怎样打退了正太路南进的敌人——刘伯承

八路军半年来抗战的经验与教训

朱德著

1938年1月(初版)汉口华中书店印行

报纸 32开本．　1册． 1.—

论游击战　(战斗知识丛书)

朱德著

1938年11月建社再版．报纸32开本．43面．1册 1.50

内容分上下附三编．

上编：游击战争在抗日自卫战中的重要意义．

下编：抗日游击战争的诸要素

附编：八路军抗战的一周年．

第 5-3 页

论解放区战场

朱德著

1945年5月解放出版社出版，土纸，32开本，65面，1册 1.—

本书系朱德同志在中国共产党第七次全国代表大会上的（1945年4月25日）军事报告。内容分：

1.抗战八年　　2.论解放区战场

3.中国人民抗战的军事路线　　4.今后的军事的任务

5.结束语

1945年东北书店印行，报纸，32开本，56面，1册 4.00

争取持久抗战胜利的先决问题

彭德怀著（当时为第八路军副指挥）

1938年1月上海南华出版社发行（初版）

1938年1月再版，大公书局经售，报纸32开本18页1册

三年来的抗战

彭德怀著

1940年解放社出版，土纸，32开本，81面，1册 5.—

内容分：1.抗战三年的国内环境

2.三年抗战中的八路军

附录：第十八集团军出师战斗统计表

20×20=400（级文）

抗战政治工作纲领

周恩来著

1938年1月10日上海朝明书局印行. 报纸32开本34面1册

内容: 1.抗战军队的政治工作.

2.抗战政治工作纲领

3.应该优待俘虏

第二期抗战及将来

周恩来著

1938年3月汉口人民书店出版 报纸 32开本 42面 1册

内容包括:初期抗战的经验与教训等九篇文章。

怎样保卫华南 (又名 周恩来谈怎样保卫华南)

周恩来著

1938年3月广州新光书店印行. 报纸32开本62面1册

内容:1.怎样保卫华南. 2.怎样进行持久抗战

附录:从过去八路军政治工作的经验谈到今后抗战军队的政治工作——罗瑞卿著

怎样进行持久抗战

周恩来等著

1938年3月抗战新论社出版. 报纸32开本 1册

内容:1.目前抗战危机与坚持华北抗战的任务.

2. 论北方战局

3. 目前抗战形势与今后任务

4. 目前抗战与保卫武汉

5. 怎样进行持久抗战

6. 挽救时局的关键

7. 抗战形势与抗战前途

8. 附录：①中国共产党对时局宣言.

②关于准备召集党第七次全国代表大会的决议

(附组织名单)

周恩来邓颖超最近言论集

周恩来　邓颖超著

1938年2月15日 广州离骚出版社出版

报纸　32开本　70面　1册　15 3.

内容：甲.周恩来著：

1. 目前抗战形势与坚持长期抗战的任务

2. 目前抗战危机与坚持华北抗战的任务

3. 敌人进攻的形势

4. 怎样进行持久抗战

5. 现阶段青年运动的性质与任务

乙.邓颖超著：

第　页

20×20=400(横文)

1. 对检讨[illegible]妇女运动的意见

附录：① 周恩来的生平

② 周恩来夫人访问记

生平略云：周恩来同志，浙江人，毕业于天津南开大学，为校中优秀生。世界大战后为留法勤工俭学生。在法与陈秀年、李立三等组织中华少年共产团，並被選为负责人之一，并担任赤光杂志的编辑。1924年回国，首在北方工作，同年冬奉党的命令去广东，任黄埔军官学校政治部主任，同时兼任党内的政治领导工作。军校在周恩来同志与恽化英（代英）、安体诚、杨匏安、萧楚女、张秋人的熏陶下，燃起百万青年的革命火焰，奠定了中国1925——1927大革命的基础。

抗战的新形势与新策略

周恩来 王明著 张德毅编

1938年6月出版， 报纸 32开本 133页 1册 4.

内容：抗战新形势与新政策研究大纲。分为三章：

1. 抗战的新形势

2. 抗战的新政策

3. 国际形势与我们的外交政策。

我们对于保卫武汉与第三期抗战底意见（《新群丛书》第十种）

周恩来、王明（陈绍禹）博古（秦邦宪）合著

1938年6月新华日报馆印行 报纸 32开本 36面 1册 4

四川宜宾印本，附新华日报社论，土纸 32开本 38面 1册 1

本书内容：系三位同志提出共同意见，作为答复自徐州我军撤退以来，共产党各级地方组织和各界人士征询我们对保卫武汉和第三期抗战各问题的意见，作为研究问题的参考。

论抗日民族统一战线的发展困难及其前途

周恩来、博古、凯丰著

1938年11月抗战书报社编印 报纸 32开本 25面 1册 1

内容：1. 论抗日民族统一战线的发展困难及其前途——博古

2. 辛亥、北伐与抗战——周恩来

3. 巩固和扩大抗日民族统一战线——凯丰

中日战争之政略与战略问题报告大纲（《抗日小丛书》）

周恩来著

1939年抗战编译社出版 报纸 32开本 22面 1册 3

中日战争之政略与战略问题（《抗日小丛书》之3）

1939年抗战编译社出版 报纸 32开本 22面 1册 5

怎样动员农民大众（《当代青年丛书》战时增刊本）

陈毅著

20×20=400(京文)

1937年10月16日上海杂志公司出版，报纸，32开本，138面，1册 1.

全书分四章，阐述怎样动员农民群众参加抗战。

论反帝统一战线问题

王明著

1938年1月中国出版社出版，报纸，32开本，69面，1册 4.

作者在附言中说："这本小册子是1935年10月在共产国际第七次世界大会中的发言，以论文形式发表时，曾略加删改补充，此次出版，国内政治环境已有极大变动，有些词句，又加一修改"。

全书分四部分：

1. 帝国主义的加紧进攻与殖民地革命力量的日益发展

2. 建立扩大和巩固反帝统一战线，是殖民地和半殖民地

第____页

20×20=400(横文)

国家中共产党之地位与任务.

3. 殖民地和半殖民地国家内的法西斯主义问题.

4. 殖民地革命在革命与战争新周期中的意义和作用.

论目前抗战形势与抗日民族统一战线的发展困难及其前途. 博古等著

中心出版社编印. 报纸 32开本 44面 1册 3.- 4.-

抗日救国政策 附:中共抗日救国十大纲领.

王明(陈绍禹)著

1937年10月陕西人民出版社初版. 1938年1月再版.

报纸. 32开本. 60面. 1册 1.50

1938年2月5日汉口救国出版社出版.

报纸 32开本 63面 1.20

目前国内外形势与参政会第四次大会的成绩

陈绍禹著

1939年10月20日香港时论编译社印行

报纸 32开本 45面 1册 4.-

托派在中国

陈绍禹 徐特立等著

1939年5月新中国出版社印行

报纸 32开本 92页 1册 4.-

揭穿阴谋的新花样　《新群丛书第19种》

陈绍禹 凯丰著

1939年3月1日新华日报馆编辑印行　报纸32开本 45面 1册

内容分：(一)揭穿阴谋的新花样，是1939年1月15日下午四时在延安各

界民众抗日讨汪大会上的演辞：

1. 汪精卫是近卫的传声筒

2. 所谓东亚新秩序就是灭亡中国.

3. 蒋委员长驳斥得理直气壮

4. 所谓中日共同防共实际就是灭华

5. 所谓中日经济提携就是日满经济合作的重演.

6. 在抗战紧急之际，传播违背国策之谬论.

7. 汪精卫媚敌投降的行为不是偶然的.

8. 中共六中全会指出的媾和投降派的阴谋

9. 目前形势的特点

10. 附第广问转君勤

(二)动员全体人员参加抗战——凯丰

1. 抗战以来动员民众的经验

2. 怎样使民众动员起来

3. 各种不同阶层中的民众工作.

力争时局好转 克服时局逆转

20×20=400(景文)

王明著

1940年3月 三友出版社印行 纸本 32开本 1册 120

内容介：卷头语，中共中央关于目前时局与党的任务的决定。毛泽东访问记，彭将军德怀谈话等八篇文章。

共产主义与共产党

石苇作者

觉世书店翻印（1万册）

1925年5月1日 .1926年11月汕头外马路第6号汕头书店再版。 25-

报纸 32开本 12面 1册 4-

内容：1. 共产主义决不是共财主义

2. 共产主义也不是均财主义

3. 共产主义也和无政府共产主义不同

4. 共产党的四个特性：

①最有阶级觉悟，最先进。

②是代表全工人阶级利益的政党。

③是最革命的阶级

④是富于牺牲性的无产阶级政党

共产主义的ABC 《新青年社丛书第一种》

布哈林著

1926年1月新青年社出版 报纸 32开本 176面 1册 5- 8-

内容分五编。

共产主义的ABC问题及附注 《中国青年社丛书》

中国青年社编辑

1926年12月印行，汉口长江书店代售

报纸 32开本 21面 1册 10-

20×20=400（燕文）

第　页

本书前有说明："这一本小书是美国工党（即共产党）教育部编印的"共产主义CBC"是布哈林同志在苏俄无产阶级革命成功以后，受俄国共产党委托著作的一本通俗的共产主义的教本，这书初译成中文时，名为"共产主义初步"，后经新青年社改订出版，仍依原名"共产主义CBC"，在中国研究共产书籍中，是最浅显易懂的。人类处在这时代问题，没有人不可不研究共产主义，所以"共产主义的ABC"可以说是青年们必须阅读的，为使读"共产主义的ABC"的人们能够注意书中一切应注意的地方，为使他们在看完这书以后，能清楚瞭解关于共产主义的各种根本观念，我们以为将这些问题及附注译印，供献于读者，亦是有利益的。"

共产主义初步

布哈林著　莫莲编译

1925年9月初版　报纸　32开本　2插画　1册　10.5 8.-

内容分五章：1. 资本主义制度，分8节

2. 资本主义制度的发展，分5节

3. 共产主义与无产阶级专政，分7节

4. 资本主义的发展怎样走向共产革命，分9节

5.第二国际与第三国际，分6节。

资本主义与共产革命

不著作者及出版年月　报纸，32开本，18面，1册。　44

内容分：1.绪言，　2.资本主义的定义

3.资本主义的发生　4.资本主义发展的过程。

5.共产主义社会　6.无产阶级专政

俄国共产党之建设（黄埔丛书之十）

俄国加卡诺维赤著

1927年4月初版 32开本 41面 1册 4.

中国国民党中央组织部翻版。1927年7月黄埔中央军事政治学校政治部重印。

报纸 32开本，60面，1册 8.— 4.—

内容：1. 绪论，2. 党员问题 3. 纪律

4. 党之组织的建设 5. 小组

6. 党对于非党组织的指导 7. 监察委员会

本书前有蒋中正感言，陈果夫序，左有此序。(晏云：此书之完全抄本，得自邓主任(文仪)书箧中。) 邓文仪序(词句有动)。

俄国共产党党纲（康民尼斯特丛书第2种）

俄国共产党著 舒觉译

1922年1月初版，广州人民出版社印行

1927年3月6版 长江书局印行

报纸 32开本 40面 1册 10.— 6.—

本书系1919年3月18日党第八次会议时的决议书。

分15条：1. 总纲 2. 普通政治范围

3. 民族关系范围 4. 军事范围

5. 裁判范围 6. 人民教育范围

7. 宗教关系范围 8. 经济范围

9. 乡村经济范围 10. 分配范围

20×20=400（荣文）

11. 货币和银行事业之范围　12. 财政范围

13. 居住问题的范围　14. 社会安全劳动保护的范围

15. 人民健康的保护范围。

俄国党史（上册）

包潑夫著　曾昌译

1930年3月上海社会科学研究社出版。

报纸　32开本　1册　3.-

俄国农民与革命

李伟森编

1930年3月上海泰东图书局出版（印1500册）

报纸　32开本　272面　1册　8.-

全书分十三章：1. 俄国农奴生活一瞥

2. 农奴制度之形成与发展　3. 两百年中之农民大暴动

4. 农奴解放之经过　5. 解放后之农民生活

6. 农民之思想　7. 19世纪之革命思潮与农民运动

8. 1905年革命之前后　9. 3月革命后之农民问题

10. 农民问题之解决——多数党与农民　11. 苏联农业之现状

12. 苏维埃农村生活　13. 农民之自白

卷首有铜版"在农村中"，末有作者跋，附录大事记。

俄国革命纪实

托洛次基著 周诠译

1922年1月广州人民出版社初版

报纸 32开本 127面 1册 5.-

俄罗斯大风潮 （少年中国新学丛书第二种）

英国克喀伯著，署名中国独立之个人译

1902年（光绪28年）10月初5日少年中国学会出版，马君武发行

报纸 双页线装 32开本 14页 1册 4.-

并有译者序。序中赞扬社会主义（公产主义），提倡力争言论自由之权，痛恨旧社会之所谓圣贤之道，痛恨所谓贤君英主，并渲染革命地进步思想。

俄国革命画史（上集）

不著编者出版年月，道林纸 铜版画 16开本 1册 20.-

新俄国之研究

邵飘萍著

1926年12月日本东瀛编译社出版，

内容分24章。 报纸 32开本，84面 1册 5.-

憶莫斯科

里奥·福克脱凡格著，黄立译

1938年9月新知书店出版。 报纸 32开本 132面 1册 2

按里奥·福克脱凡格，係德国籍犹太作家，1884年生於

德国南部巴伐里亚之慕尼黑城，并在该地及柏林受过完善的教育，曾写小说剧本及诗很多，小说最受欢迎。有"犹太人许斯"、"权力"、"丑恶的女公爵"、"为黑人"等等。1933年被德国纳粹党驱逐出境。

苏联革命与中国抗战

胡愈之编

1937年11月生活书店出版．报纸 32开本 1册 3.-

苏联状况大纲 （政治讲义第11种）

赵文炳著 （首页书题下署赵文炳著，封底版权页署汪兆铭著）

1927年1月（再版）中央军事政治学校政治部印行

报纸 32开本，63面 1册 5.-

内容分五讲：1．革命前之政治与革命运动．

2．军事共产时期与新经济政策

3．苏维埃政府之内政与外交

4．苏俄之农工与红军

5．苏俄组织与苏联组织之关系及其宪法之规定。

苏维埃宪法浅说

萨诺普夫著 仁子译

1932年1月人民出版社出版，新生书社发行

报纸 32开本 88面 1册 .50

末有啟事說："本社所印書是讀者欲讀，凡是1932年以後所印的東西，都經過了本社主任汪華堃(辛)先生親自校閱與審查，錯誤之處大概不致有的。"特此聲明。

苏维埃俄罗斯之政治组织

　　中央军事政治学校政治部编辑

　　1925年出版。报纸28开本23页。1册　5

苏俄对于李顿报告书的观察

　　国际译报社编　季虞译

　　1933年4月初版。报纸64开　42页　1册　1

　　季虞小序云：此文係俄(苏)著名记者卡尔·拉狄克所作，内中对于国联解决"满州问题"之主张，各帝国主义者在满州的冲突，以及本报告之真实意义，多所论述批评，兹特将拉氏原文译出，以观苏俄最近对于国际中心问题所持之政治态度。

　　调查团以李顿爵士（曾做孟加拉省长）为首，有法国的克劳德；美国的麦考益，义国的马柯迪。

苏俄红军九周纪念特刊

　　中国国民党长沙市党部宣传部编印

　　1927年2月23日出版。报纸32开本。9面　1册　2

内容包括两篇文章："纪念苏俄红军——陈龙骧。

2. 苏俄红军与中国国民革命——陈达伍

第三国际议案及宣言 （《康民尼斯特丛书》第4种）

第三国际著 成则人（沈泽民）译

1922年5月初版，1926年10月人民出版社（广州昌兴马路26号）出版

报纸 32开本 1册 1角

内容包括：甲、第三国际议案

1. 国际共产党的宪典

2. 国际共产党的根本事业

3. 共产党在无产阶级革命中的任务

4. 共产党与议会主义

5. 劳动组合运动——工厂委员会和第三国际

6. 在什么时候，在什么情形下方来组织劳工代表的劳农会

7. 关于民族问题与殖民地问题的议案

8. 农民问题的议案

乙、第三国际第二次大会宣言

1. 凡尔赛和会后的国际关系

2. 经济地位

3. 战后的有产阶级政体

4. 劳农俄罗斯

5. 无产阶级革命和国际共产党

20×20=400（崇文）

附录：第三国际第一次宣言——拉高夫斯基　列宁，
季诺维埃夫
托洛斯基　柏拉登
（中国人民大学收藏）

共产国际纲领

共产国际第六次世界大会制定，1928年9月1日第六次世界大会通过
1930年3月中国共产党中央委员会印行
报纸　32开本　116面　1册　20
本书封面伪装，前封印："環球旅行指南，常惺编著，天津书店印行"。

内容：1. 资本主义的世界系统其发展与其必然的灭亡（又分4小节）
2. 资本主义的总危机与世界革命第一个发展时期（又分4节）
3. 共产国际的最终目的——世界共产主义。
4. 从资本主义进到社会主义的过渡时期与无产阶级专政（又分9节其中第3节又分七个问题）
5. 苏联无产阶级专政与国际社会主义革命（分3节，
6. 共产国际在为无产阶级专政而斗争中的战略与策略（又分2节）

第三国际宣言（第一次宣言）

第三国际著　李春蕃译（柯柏年）
新青年社印行（不著年月）

第 72 页

报本，32开本（袖珍），20面，1册　15

中国共产党五年来之政治主张
中国共产党中央执行委员会编辑
嚮导周报社印行

1925年3月15日出版，1926年5月1日再版

报本，32开本，138面，1册　25 8 7 4

封内有声明云："这本小册子的第二篇（第二次全国大会宣言）本是1922年（5-12）发表的，误排七月，兹特改正，并声明这篇应列在第十篇。"

内容：1. 第二次全国大会宣言
2. 第一次对于时局的主张
3. 为吴佩孚惨杀京汉路工告工人阶级与国民
4. 告滇军士兵
5. 1923年"五一"节敬告工友
6. 第三次全国大会宣言
7. 第二次对于时局的主张
8. 第三次对于时局的主张
9. 第四次对于时局的主张
10. 第四次全国大会宣言
11. 第四次大会对于列宁逝世一周年纪念宣言
12. 为孙中山之死告中国民众
13. 1925年"五一"告中国农民阶级及平民

14. 为反抗帝国主义野蛮残暴的大屠杀告全国民众，

15. 告"五卅"运动中为民族自由奋斗的民众

16. "五卅"二周月纪念告上海工人、学生、兵士、商人。

17. 为南京青岛的屠杀告工人、学生和兵士。

18. 为坚持罢工告工人、兵士、学生，

19. 全国被压迫阶级在中国共产党旗帜底下联合起来呵！

20. 为总工会被封告工友

21. 对反奉战争宣言

22. 为郭松龄倒戈告全国民众

23. 为日本出兵干涉中国告全国民众

24. 为吴佩孚联奉进攻国民军事告全国民众

25. 中山先生逝世周年纪念日告中国国民党党员书

26. 为段祺瑞屠杀人民告全国民众

附录：1. 祝全国铁路工会代表大会

2. 为孙中山之死致唁中国国民党

3. 给第二次全国劳动大会的信

4. 为廖仲恺遇刺唁国民党

对中国国民党第二次全国代表大会宣言

1926年1月1日 中国共产党广东区委员会

报纸，32开本，11面，1份

12-
4-

中国共产党对于时局的主张

中国共产党扩大中央执行委员会撰

1926年7月14日出版 报纸 32开本 27面 1册 16.

目前时局宣言

中国共产党中央委员会撰

1930年8月14日印行 报纸 64开本 27面 1册 1.-

内容：中国共产党对目前时局宣言。共分六部分：

①世界大战与世界革命的危机

②国民党反动统治的崩溃

③两个政权与两个战争

④反革命的改组派、取消派、社会民主党

⑤中国革命的总要求 …

⑥积极的全国武装暴动的准备。

中国共产党英勇奋斗的十五年

米夫著 不著译者、出版者

1936年出版 报纸 32开本 130面 1册 12-

内容：1. 半殖民地的中国 2. 欧战后的中国——中国共产党的[illegible]

3. 中国革命第一阶段中的中国共产党

4. 中国革命第二阶段中的中国共产党

5. 新革命高潮前的中国共产党

6. 新的革命高潮前面建立苏维埃政权的斗争.

7. 中国共产党与抗日救国统一战线的斗争.

中共六中全会决议和宣言 （收新群丛书第20种）

新华日报馆辑印

1938年12月出版. 报纸 32开本 41面 1册 3.

目前政治形势与党在准备武装暴动中的任务

李立三著

不著出版年月. 报纸 32开本 31面. 1册 4.

封面伪装："文艺珍品. 李立山著. 上海书局印行"

本书为李立三同志8月6日在中央行动委员会上的报告，内容分：

（?年）

甲. 目前中国革命形势的特点：

1. 中国革命生长于世界革命的第三时期

2. 统治中国的军阀制度的崩溃.

3. 中国资产阶级与无产阶级之斗争的尖锐化.

4. 中国的农民革命

5. 红军的存在与发展

乙. 全党的总任务

1. 准备武装暴动 2. 反军阀战争与革命战争.

丙. 争取以武汉为中心的附近省区的首先胜利

1. 更迫切的准备武装暴动的任务.

2. 红軍进攻与无產階級的領导
3. 坚决的反帝国主義的戰争
4. 士兵暴動問題
5. 怎樣組織工人群众。

中共对於抗日民族統一戰線的主張（真理小丛书之6）
解放出版社翻印
1938年1月9日出版（印5000册）報紙32开本．48面 1册 2.

内容：1. 為抗日救国告全体同胞
2. 関於召集全国抗日救国代表大会通電
3. 停戰議和一致抗日通電
4. 中国共産党致中国国民党书
5. 関於綏遠抗戰通電
6. 对西安事变通電
7. 給国民党三中全会通電
8. 中国共産党為日軍进攻芦溝橋通電
9. 中国共産党為日本帝国主義进攻華北第二次宣言
10. 中国共産党為公佈国共合作宣言
11. 中国共産党对時局宣言
12. 中国共産党抗日救国十大綱領．

十年来的中国共産党

平凡编译

1938年1月上海南华出版社印行。报纸 32开本 1册 5.-

内容分十一章：

1. 关于十年来的中国共产党
2. 中国红军的组织及其策略
3. 中国红军的战斗力
4. 中国苏维埃政府的建立
5. 苏区的财政
6. 苏区的文化事业与革命组织
7. 苏区的工业
8. 苏区社会实况的分析
9. 由苏维埃到民主共和制度
10. 国共两党统一战线成立后中国革命的迫切任务
11. 中国共产党在现时环境中的任务

附录3则。

十年来的中国共产党（真理丛书之2）

洛甫等著

1938年1月5日解放出版社出版

1938年2月扬子江出版社印行

32开本 70面 1册 2.-

报纸 36开本 46面 1册 1.-

内容：1. 关于十年来的中国共产党——洛甫

2. 中国共产党十五周年纪念——季米特洛夫

3. 中共中央关于抗日救亡运动的新形势与民主共和国的决议

4. 中共中央告全党同志书。

中国共产党二十六年鬥争史（纪念"七一"讲话材料）

中共冀鲁豫区党委宣传部编

1947年6月20日出版. 土纸. 32开本 8面 1册 30

抗战以来重要文件汇集（1937年—1942年）

中共中央书记处编

1946年8月光明书店翻印 报纸 25开本 318面 1册 10.

我们现在为什么争鬥

人民周刊社编印 南昌明星书社代售

1926年2月初版 18-

1926年12月30日印 纸质报纸 32开本 64面 1册 9-

1927年7月3日再版

内容：1. 我们现在为什么争鬥——陈独秀

2. 国民革命及国民革命势力的团结——周恩来

3. 现在廣东的政治鬥争——周恩来

4. 现在政治鬥争中的我们——周恩来

5. 论廣州工潮——莫平

6. 论廣东农潮——绮园

7. 论廣东学潮——寳同

马恩列斯毛论农民土地问题

土地问题研究会编

1947年10月华北新华书店~~[illegible]~~出版.

晋绥新华书店出版

土纸 32开本 216面. 1册 1.50

土地问题处理办法

晋冀鲁豫边区太行第七行政督察专员公署编.

1945年10月10日翻印 报纸本. 36开本 9页 1册. .50

内容为边区处理土地的各种法令分:

1. 土地问题处理办法18条

2. 合理负担简易办法20条

3. 军事支差轮行办法8条

组织起来——陕甘宁晋绥边区关于生产运动的文献

中共晋绥分局编印

1944年1月出版. 土纸. 32开本. 337面. 1册 5.

全书共分七辑。

告农民书

冀东区新农会临时委员会编

1947年12月冀东新华书店出版, 报纸32开本, 14面1册. .20

中国土地法大纲

中国共产党中央委员会

1947年9月13日中国共产党全国土地会议通过.

前附：中共中央决议文.

1947年10月印. 土纸. 32开本 11页. 石印 1册 50

土地改革中的几个问题

任弼时著 本书为1948年1月12日任弼时同志在西北野战军前委扩大会议上的讲话

1948年5月晋冀鲁豫军区政治部印
1948年8月华北新华书店出版.
土纸. 32开本. 24面 1册 1.
土纸 32开本 27面 1册 1.

内容：1. 土地改革中的几个问题

2. 坚决纠正左倾冒险主义

3. 检查纠正右倾冒险主义。

土地改革与整党工作重要文献

不著编者

1948年翻印. 土纸. 36开本 1册 1.

内容：1. 中共中央关于1948年土地改革工作与整党工作的指示

2. 中共中央关于在老区与半老区进行土地改革工作与整党工作的指示

3. 毛主席在晋绥干部会议上的讲话

4. 晋察冀中央局关于土地改革后农村发展生产的指示

5. 土地改革中的几个问题——任弼时演说词

6. 绥德黄家川村的土地改革

7. 整党与发动群众相结合

全体农民起来分土地（第一集）

晋察冀日报社编

1948年1月晋察冀新华书店印，土纸，32开本，51页 1册 20

统一战线下的中国共产党（时事问题小丛书第一种）

国际时事研究会编

1938年1月初版，一般书店总经售

报纸，32开本，47页 1册 3.-

内容：1.绪论

2.统一战线与中国共产党，包括：

①我们对于抗日民族统一纲领的意见——张闻天

②国共统一战线成立，中国革命的当前任务——毛泽东

③中国共产党在抗战环境中的任务——陈绍禹

3.苏区概况，包括：

①从苏维埃到民主共和制度——林伯渠

②中国苏维埃运动的七年——蔡和森

③广施人物——长江

4.从红军到八路军，包括：

①红军的诞生——毛泽东

②从围剿到长征——毛泽东

20×20=400（横文）

附录：①中国共产党为公布国共合作宣言；

②中国共产党抗日救国十大纲领。

中共抗战一般情况的介绍

叶剑英著

1944年7月解放社出版。土纸，32开本，38面 1册 .80

本书为1944年6月22日第18集团军参谋长叶剑英同志向中外记者参观团的讲话。

中共中央论目前抗战形势及抗日民族统一战线

周恩来、博古著

不著出版年月日。报纸、32开本，25面 1册 4.-

中国共产党的抗日根据地之民主建设

新华书店编印；

1943年出版。土纸，32开本，64面 1册 2.-

内容为晋冀鲁豫边区政府施政方针纲领等。

中国共产党的政策

不著编者

1945年8月25日苏北出版社印行

报纸 32开本 20面 1册 3.50

内容：1.中国共产党中央委员会对目前时局的宣言。

2.中国共产党的一般纲领。

3.中国共产党的具体纲领摘要

20×20=400（横文）

附件。

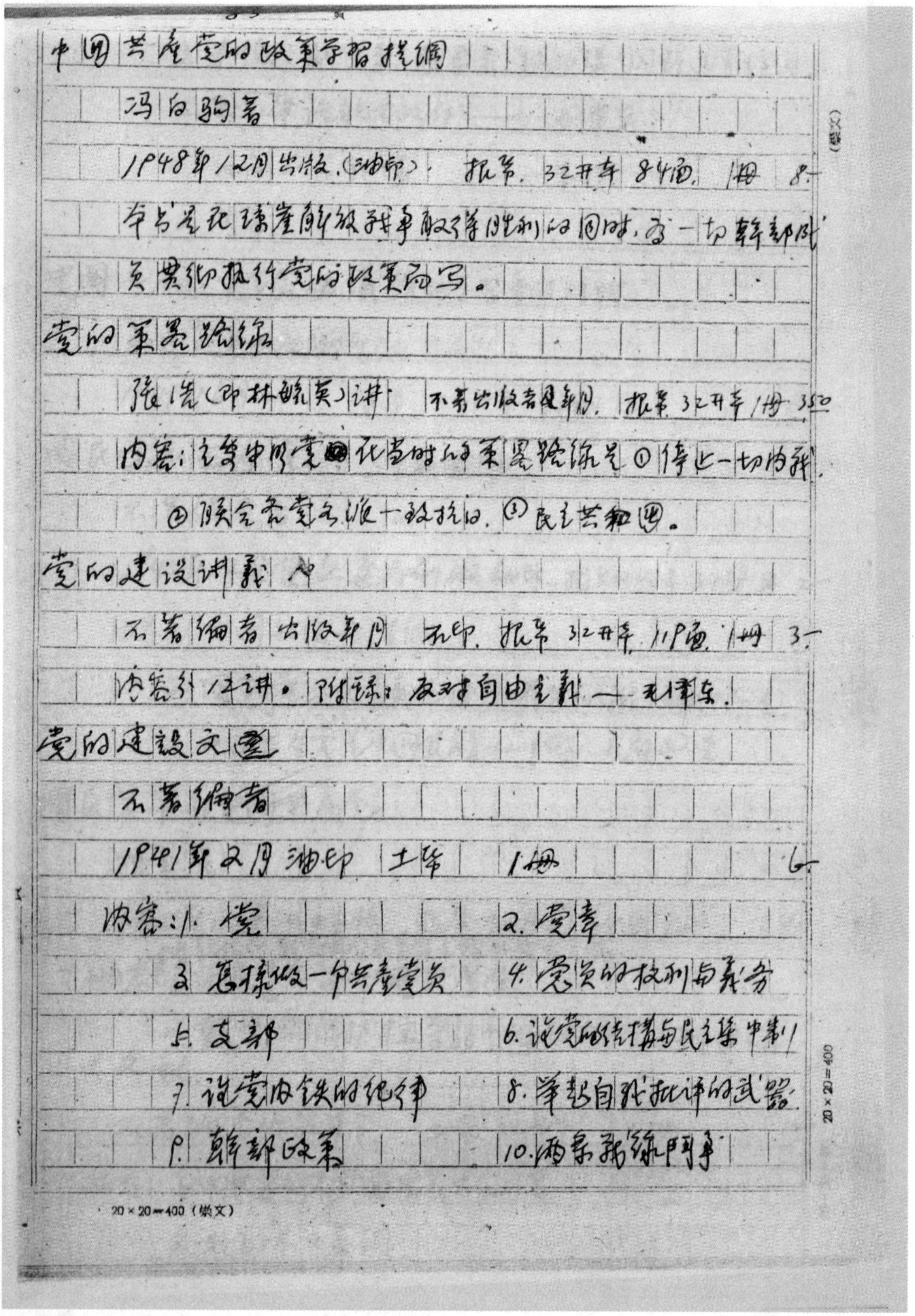
中国共产党的政策学习提纲

冯白驹著

1948年12月出版（油印） 报纸 32开本 84面 1册 8—

本书是在琼崖解放战争取得胜利的同时，为一切干部成员贯彻执行党的政策而写。

党的策略路线

张浩（即林毓英）讲 不著出版者及年月 报纸 32开本 1册 350

内容：主要中国党在当时的策略路线是①停止一切内战，②联合各党各派一致抗日，③民主共和国。

党的建设讲义

不著编者 出版年月 石印 报纸 32开本 119面 1册 3—

内容分12讲。附录：反对自由主义——毛泽东。

党的建设文选

不著编者

1941年2月 油印 土纸 1册 6—

内容：1. 党 2. 党章

3. 怎样做一个共产党员 4. 党员的权利与义务

5. 支部 6. 论党的结构与民主集中制

7. 论党内铁的纪律 8. 掌握自我批评的武器

9. 干部政策 10. 两条路线斗争

20×20=400（棠文）

3. 朱德、刘少奇、周恩来、林伯渠、冈野进等讲词。

4. ~~毛主席~~论联合政府 ——毛泽东

5. 论解放区战场 ——朱德

6. 闭幕。

中国七届二中全会决议干部学习参考材料

苏北新华书店编印

1949年6月出版。报纸 32开本 73面 1册 60

国民党和共产党（干部读物）

不著编著者

1945年12月冀热辽印刷厂翻印。报纸32开本34面1册 2.

内容：1. 中国社会各阶级。

2. 国民党三民主义是什么？蒋介石是什么样的人？

3. 中国共产党是中国民族和中国人民的救星。

国民革命与中国共产党

抽玉著

1925年10月20日出版。报纸32开本，34面 1册 4.

内容：主要是批判戴季陶的反革命立场和实质。分为：

1. 国民革命与中国共产党

2. 戴季陶拥护掠夺弱小民族的国际资本帝国主义。

七大文献

不著编者出版年月 土纸 32开本 1册 160

内容：1. 中共第七次全国代表大会开幕

2. 毛主席开幕词。

11 组织的领导　　12.宣传教育工作及其方式

13.巩固党和非党群众的关系

附录：①了解具体情况 ②论公开工作和秘密工作。

共产党党章

1938年8月 拂晓中国出版社编印

报纸 32开本 61面 1册 2.50

内容分：1.中国共产党党章 2.苏联共产党党章（布尔什维克党章） 3.共产国际章程

中国共产党党章教材 （不[illegible]）

1948年6月 东北佳木斯书店出版 报纸 32开本 74面 1册 .60

中国共产党党章教材

文儒、石澜编

1947年10月8日 太行群众书店出版

土纸 32开本 76面 1册 1.-

共产党员的修养

刘少奇著

1941年新华日报华北分馆出版 土纸 32开本 30页 1册 1.50

本文为刘少奇同志于1941年7月8日在延安马列学院的讲词

中国共产党烈士传

华应申编

1947年9月山东新华书店出版，大本 32开本，224面，1册

本书收辑共23位烈士：

1. 李大钊，字守常，河北乐亭人，1888年生，1927年4月28日被奉系军阀在日本帝国主义指使下绞死。天津北洋政法专门学校毕业，留学日本，中国共产党创建人之一。

2. 向警予，湖南溆浦人，1897年生，1928年5月1日在汉口牺牲。长沙周南女校肄业，以勤工俭学生留学法国。1922年在法国蒙达尼与蔡和森结婚。回国后被选为中国中共委员。

3. 苏兆征，广东中山县人，1885年生，1929年1月病逝上海。海员工人出身，1925年入党，1928年被选为赤色职工国际副委员长。享年45岁。

4. 邓中夏，湖南宜章人，1894年生，1933年在南京雨花台牺牲。

5. 刘华，“五卅”运动领导人之一，1925年12月17日下午八时为孙传芳秘密杀害。

6. 彭湃，广东海丰人，1921年入党，1929年在上海牺牲。

7. 恽代英，江苏武进人，1895年生，1931年春在南京被国民党杀害。武昌中华大学毕业，曾是中国共产党领导人之一。

8. 蔡和森，湖南湘乡人，1898年生，1931年春。被陈济棠杀害。和毛主席同时肄业于湖南第一师范。早期的党员，曾主编向导，以勤工俭学留学法国，

9. 瞿秋白，江苏武进人，1899年生，1935年6月18日在福建长汀被蒋匪杀害。是中国共产党早期领导人之一。北京俄文专修馆毕业。曾任晨报驻莫斯科记者。

10. 关向应。辽宁省满族人，曾当印刷工人，1924年赴苏联求学，1925年入党，1946年7月21日病逝。

11. 方志敏，江西弋阳人，1900年生，1935年在南昌被害。著有可爱的中国。

12. 刘志丹，名景桂。陕西保安人，1902年生，1936年在山西三交镇之役牺牲。

13. 左权，湖南醴陵人，黄埔军校毕业，赴苏联留学，1942年6月2日牺牲，年36岁。

14. 彭雪枫，河南镇平人，1927年9月入党，1944年9月在[illegible]宿县抗日之役牺牲，年39岁。

15. 罗炳辉，云南彝良县人，1929年入党，1946年6月21日因脑溢血逝世于山东兰陵，年48岁。

16. 王若飞，贵州安顺县人，1919年赴勤工俭学留法，1931年10月回国后在绥远被捕入狱，1937年被释放，1946年4月8日由重庆国共谈判回延安时飞机遇难逝世，50岁。

17. 秦邦宪（博古）江苏无锡人，1925秋入党，1926留学苏联，1930年5月回国，历任解放日报社长（1941）新华社社长，1946年4月8日飞机遇难逝世，39岁。

18. 叶挺，字希夷，广东惠阳人，1896年生，1946年4月8日飞延安时飞机遇难逝世。保定军校第六期毕业，1924年入党，1937年新四军成立任军长。

19. 邓发，海员罢工领导人之一，1946年4月8日黑茶山飞机遇难逝世，42岁。

20. 罗登贤，东北抗日联军的创始者，后曾被捕，绝不为敌人所屈服，牺牲于1945年南京狱中。

21. 杨靖宇，本名张贯一，河南确山县人，1940年在东北辽东濛江城南牺牲，时为抗联第一路军总指挥。

20×20＝400（荣文）

(印旅寿钱)

22.李兆麟。辽宁辽阳县人，东北抗日联军第三路总指挥。1930年入党，1945年遇害。

23.吉鸿昌，字世五，河南扶沟县吕潭镇人，任西北军第21军军长，1933年在北京（北平）为蒋介石何应钦杀害。

飞延遇难诸先生事略

中共代表团编

1946年4月出版。 报纸 1册。 3.-

遇难者有：1.王若飞 2.秦邦宪 3.叶挺 4.叶夫人李秀文

5.叶女扬眉 6.邓发 7.黄齐生 8.李绍华参谋

9.黄晓庄 10.魏万吉中尉。（1946年4月8日遇难）

四八被难烈士纪念册。

中共代表团编印。

1946年10月出版。 报纸。32开本。626页。1厚册。 8.-

本书系纪念王若飞、叶挺、秦邦宪、邓发等同志暨黄齐生先生，因参加国共谈判与政治协商会议，于1935年4月8日返回延安途中飞机失事遇难的文章。

四八烈士纪念特刊

不著编者出版年月。 报纸 32开本 1册 2.-

国际问题 （政治丛书第21册）

高品衡编 中央陆军军官学校政治训练处印

1930年7月1日初版 1931年1月20再版.

内容分为8章, 报纸. 32开本 1册 1.50

国际社会运动小史

高尔松著

1926年6月初版. 1927年4月再版. 光华书局发行.

道林纸. 28开本. 120面 1册

全书共分4章: 1. 国际社会运动的种类

2. 社会主义者的国际运动 又分15节

3. 劳动组合的国际运动 又分6节

4. 劳动立法的国际运动 又分7节

目前国际形势与国内形势

太行群众书店编印

1947年10月20日出版. 土纸 32开本. 68面 1册 2.—

内容有"维辛斯基演说全文"等九篇文章. 附录5则.

国际形势与抗战前途

郭沫若著

1938年1月汉口新人书店出版. 报纸. 32开本 31面. 1册 60

内容分: 1. 国际形势与抗战前途

20×20=400（樂文）

2. 对于文化人的希望

3. 日寇之史的序幕

太平洋会议之参考资料

嘉定、顾衡方编辑

1931年10月上海申报馆印行，报纸 32开本 1厚册 4.—

托拉斯基派的国际活动（每日译报丛书之5）

每日译报社编译部编（英斋）

1939年9月20日第三版，报纸 32开本，149面 1册 2.—

变动中的欧洲

前进出版社编辑

1944年2月油印，报纸，32开本，62面 1册 .50

内容为：1943年12月—1944年2月的时论汇集。

法西斯蒂的新工具——托洛斯基

树樑编译

1938年汉口大众出版社出版。

本书内容：主要是揭露托派的黑幕；揭发在中国托派的勾结日寇，企图破坏中国的民族统一战线。有鲁迅给托派的公开信等十二篇文章。前有编译者自叙。

罗达编答批评 （解放丛书第十种）

马克斯著　李春蕃（柯柏年）译

1925年8月印行，1926年1月再版，报纸，32开本 53面 1册　5

中苏的关系

君平编

1937年11月上海抗战研究社印行，报纸，36开本　1册　80

本书为纪念苏联革命二十周年而编印，内容包括：

1. 中国民族解放战争与苏联，2. 中苏与世界和平

3. 中苏关系史略　　4. 中苏与日本

5. 中苏经济文化关系……等。

現代文獻資料所見錄

（二）

革命势力的联合与革命战略

鲍罗廷演说 伍朝枢翻译，钱君陶纪录

1925年11月印行。 报纸 32开本 15面 1册 10

本文为苏俄革命八周年纪念，俄代表欢宴各界大会，

鲍罗廷先生在会中的演说词

鲍罗廷先生演讲录

钱君陶笔记

1927年3月三民出版部印行（第4版）。

报纸 32开本； 32面 1册 4

本文为鲍罗廷先生在国民党政治特别训练班的演说词，

题为"国际形势"。

国际政治笔记

鲍罗廷演述，黄道蓬、陈尊平笔记

1926年9月三民出版部再版。报纸 32开本 40面 1册 15

内容包括两讲：

1.国际政治及中国革命根本问题

2.中国革命的根本问题——农民问题、土地问题。

国际政治及中国革命根本问题

鲍罗廷讲述 黄道蓬 陈尊平笔记

1927年海南书局印行。报纸 36开本。 1册 5

陈独秀先生讲演录

赖特才、侯家鉴笔记　新青年社编辑。

1924年5月广州书店出版（初版），6月再版，11月3版。

1925年4月4版。　报纸　32开本，36面，1册　15.－

内容分三讲：

第一讲，我们为什么相信社会主义？

第二讲，我们相信何种社会主义？

第三讲，社会主义如何在中国开始进行。

政治工作演讲集（原名政治工作须知）

1927年国民革命军总司令部政治部印

报纸，32开本，58面，1册　4.－

内容：1. 苏俄政治经济状况及西北军最近情况—徐季龍

2. 省港罢工之两要求及英策略问题—陈其瑗

3. 革命的理论—陈启修

4. 军队中之政治工作—革格初夫

5. 为何做工人运动—陈复

政治讲演大纲

恽代英编

中央军事政治学校入伍生部政治部印行。

报纸，32开本，36面，1册　2.5 / 5.－

20×20＝400（横文）

第 P4 页

内容分：（一）中国政治经济状况。又分三节：

①帝国主义在中国的势力。

②国内政治上各种势力。

③中国之财政。

（二）世界革命与中国革命 又分三节：

①革命的意义

②中国的革命运动

③我们的革命势力

按：恽代英同志（1895—1931）江苏武进人，武昌中华大学毕业，中共领导人之一。曾主编《中国青年》杂志，第一次国内革命战争中被派到黄埔军校任政治教官，及武汉政治学校的主持者。嗣后参加"八一"南昌起义和广州起义，1931年春被国民党军阀杀害于南京。

廖党代表讲演集

1926年3月国民革命中央军政学校政治部印行，

报纸 32开本，33面，1册 5.-

内容分七则：

1. 救国的三要件。　2. 作事必须有恒心。

3. 学生应当受军事训练　4. 革命党应有的精神。

5. 对教导团全体官兵演说　6. 对入伍生训话

7. 中国实业的状况及不发达的原因。

20×20=400（燃文）

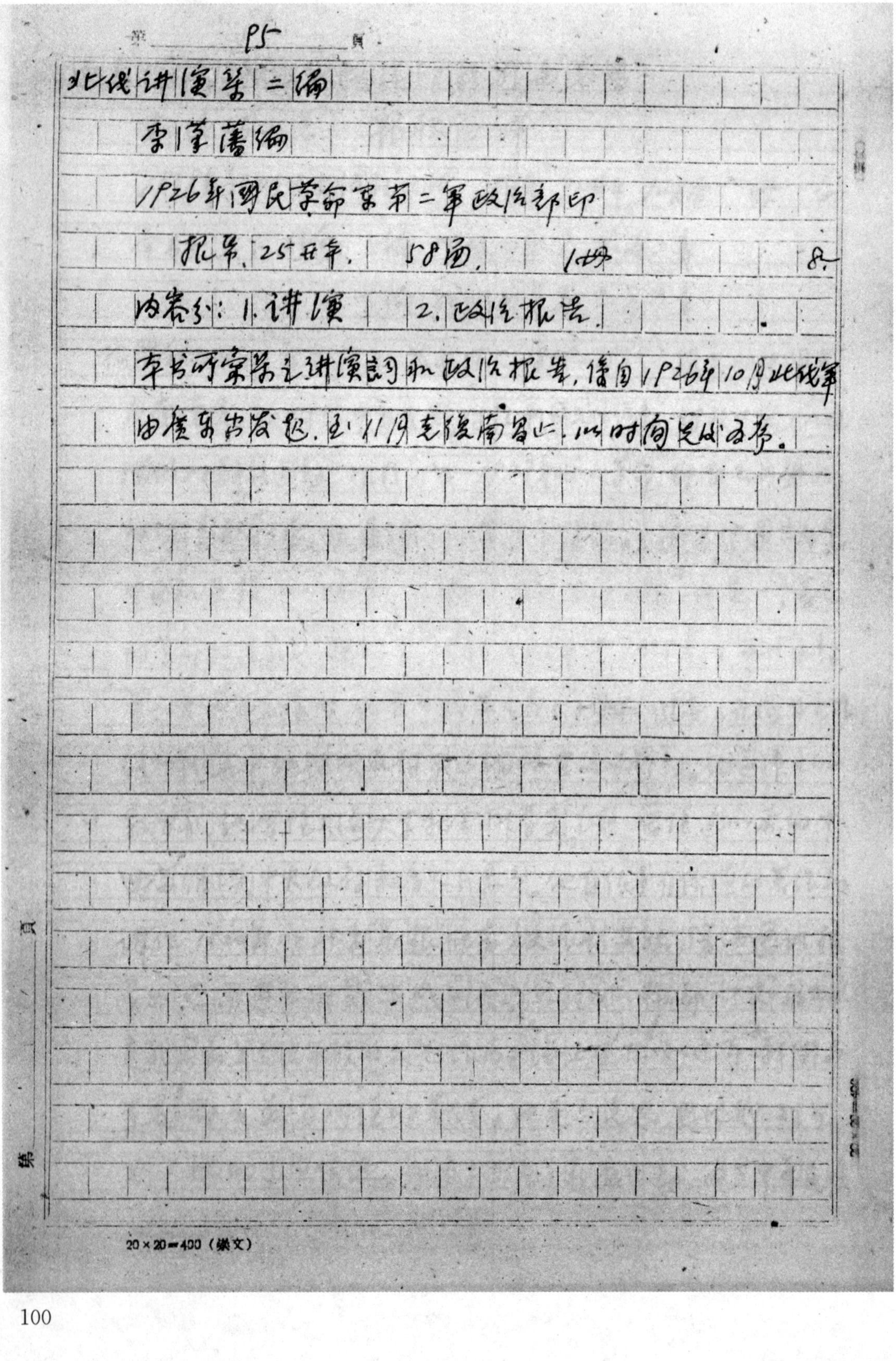

第 85 頁

北伐讲演第二编

李荣藩编

1926年国民革命军第二军政治部印

报纸，25开本，58面，1册 8.

内容分：1.讲演 2.政治报告.

本书所采集之讲演词和政治报告，係自1926年10月北伐军由广东出发起，至11月克复南昌止，以时间先后为序。

第 頁

20×20=400（燃文）

无产阶级政党之政治的战术与策略

斯徒巧夫著　瞿秋白译

1938年新时代出版社出版．报纸 32开本 128面 1册 6.

全书分上下二编：上编：阶级与政党，分为二章．

下编：战术与策略，分为五章．

按：瞿秋白同志，原名霜，江苏武进人（1899—1935），优秀的中国共产党党员。他对于中华民国，对于中国文化运动，对于中国工人阶级的解放运动，对于1925—1927年的大革命，都有不可磨灭的功绩与勋劳。他是伟大的革命宣传家。主编过中国共产党中央机关报——"向导"；主编过上海"热血日报"，他是一个著名的革命政治家和组织者。他亲身领导过1925年的"五卅"运动，第一次国共合作时，他是中国共产党的全权代表。在国共合作统一战线中，他坚决反对不正确的言论与行动。他是伟大的教育家，他曾任上海大学社会科学系的主任，曾任过江苏的中国苏维埃中央政府教育人民委员。他有很多有价值的著作和译作，1920年以北京"晨报"记者被派到苏联，除写通讯报导外，还用游记体裁写成《饿乡纪程》和《赤都心史》两本书，是我国最早介绍苏联的文艺作品，《海上述林》和这本《战术与策略》都是最有价值的著译。他是马克思、恩格斯、列宁、斯大林的忠实信徒。他为了共产主义运动，为了中华民族的解放，掌握好革命的方向吧！

红军主力长征时，他被留在江西根据地，1935年3月在福建游击区被蒋匪逮捕，6月18日就义于福建长汀。著有《瞿秋白文集》8卷，4册；译有《高尔基论文选集》《高尔基创作选集》《[illegible]文学与现实主义》、《高尔基作品选》、《爱森的袭击》、《茨冈》等，编有《鲁迅杂感选集》时写的序言曾用何凝笔名。笔名还有：“宋阳”“萧参”。遇难时曾化名“林祺祥”。

战争论（第1—4册）

克劳塞维茨著

1941年八路军杂志社出版，土纸，32开本，4册　4.—

战争论

钱俊瑞著。

1940年3月新知书店出版，白报纸，32开本，92面，1册　2.—

全书分三节：1. 怎样确定战争的性质

2. 第二次帝国主义战争及战后的基本局势。

3. 第二次帝国主义战争的新阶段

末有附录。

战时小丛书（存4种）

1938年2月战时出版社刊行　报纸　32开本。　存4册　6.—

1. 怎样争取最后胜利——毛泽东著——（丛书之三十一）

2. 鲁迅与抗日战争——巴金等著——（丛书之[illegible]三）7

3. 抗战将领访问记——郭沫若等著——（丛书之十[illegible]）10

4. 毁灭中的日本——郭沫若等著——（丛书之[illegible]十一）11.

战时新闻纪年特刊

国民革命军总司令部政治部编印（非卖品）

1927年1月1日出版。 报纸 32开本。 182面 1册 6. 25.

~~战时新闻~~ 内容包括孙中山文"一年来中国民族运动"等十篇文章。

对日决斗之认识与策动

金平欧著

1933年9月18日南京拔提书店初版。报纸 16开本 1册 5

内容分四章：1. 从国难说到中日斗争

2. 伴谋暴日侵略的理论

3. 剖视暴日朝野数十年的准备

4. 证明日寇暴动的真相和责任。

前有自序。

抗战与觉悟

郭沫若著

1937年9月上海抗战研究社初版。12月5版

报纸，32开本，95面。1册。 1

抗战与觉悟 （抗战小丛书之一）

郭沫若著

1937年10月大时代出版社印行。报纸32开本84面 1册 1.-

内容包括我们为什么抗战等十三篇文章。

长期抗战的认识与实践

清明社编辑 （非卖品）

1938年1月初版。 报纸32开本 1册。 3.-

本书收辑，有"毛泽东论中日战争"，宋庆龄"中国是不可征服的"，以及周恩来、彭德怀、林彪、徐特立、陈绍禹、钱俊瑞、黄炎培、冯玉祥等[论述]对抗日战的文章。前有卷头语，后有附录。

新社会观

俄国郭范伦科著　王伊维译，瞿秋白校订

1927年10月重庆国民书店重印　报纸 32开本 72面 1册　5:

全书分12章:

1. 资本主义　2. 阶级斗争与政党

3. 帝国主义与社会主义革命　4. 共产主义

5. 第一国际及巴黎公社　6. 俄国革命运动史之一斑

7. 俄国共产党史之一斑　8. 第二国际及第三国际

9. 无产阶级的独裁制及苏维埃俄国，10. 职工联合会及其功能

11. 苏维埃俄国之经济政策　12. 红军

新社会观　（湘乡晋里农村师范讲习所讲义）

石印本，粉连纸　1册　4:

新社会观　分十二章，

1925年6月平民书社出版，报纸　32开本　98面，1册　3:

新社会观　分十二章　署郭速甫著　伊维译

1926年7月（8月）国光书店再版（3版），报纸，32开本　66面，1册　6

社会科学概论

瞿秋白著

1924年10月上海书店印行，报纸，32开本　90面，1册　5

本书为1924年瞿秋白同志在上海夏令讲学会的讲稿。

全书分十二章:

[redacted]:1. 总论　　2. 社会之意義

3. 经济　　4. 政治

5. 法律　　6. 道德

7. 宗教　　8. 風俗

9. 藝術　　10. 哲学

11. 科学　　12. 社会现象之联系

社会科学概论　分十二章

瞿秋白著　1939年2月1日霞社校印

报纸 25开本.. 85面　1册　3.— 2.50

此本附录:马克思、列宁的青年时代。

社会科学概论　(政治讲義第10种)

萧楚女编述

1926年11月中央军事政治学校政治部宣传科印行.

报纸　32开本　39面　1册　12.6.5.

内容分:1. 总论　　2. 社会及其意義

3. 经济及社会之真实基礎 4. 政治

5. 法律与道德—伦理学説 6. 風俗与文化.

社会进化简史

張伯简编译

1926年3月国光书店再版印行. 报纸. 32开本. 120面. 1册　5.—

1926年11月国光书店3版.　199面 1册　4.— 3.50

内容共分8章：

1. 原始共產社会　　2. 氏族的血族公社

3. 封建社会　　4. 奴隸制度和农奴制度

5. 城市手工业制度　　6. 商业资本社会——手工工厰制度

7. 工业资本社会　　8. 共產社会

附録：各时代社会经济结構系毒表

社会进化史　（政治讲義第7种）。

廖划平编述

1926年10月中央軍事政治学校政治部宣传科印行。

报纸，32开本，62面，1册　6. 3.

全书分8章：

1. 人類社会的三階段　　2. 原始共產社会

3. 氏族社会　　4. 封建社会

5. 城市手工业社会　　6. 商业资本主義社会

7. 工业资本主义社会　　8. 共產主義社会。

社会进化史

廖化平编述。

1927年4月中央軍事政治学校出版，报纸，32开本，58面1册　3.-

社会观

陶孟仁著。

第 103 页

1922年5月上海泰东图书局初版 1924年3月再版

赵南公发行. 报纸 32开本. 1册 2—

内容分：1.社会之制度 2.社会结合之基本

3.社会之安宁 4.社会势力之权威

5.社会道德堕落之原因，6.罪恶之社会

7.社会之感化力 8.社会消极的观念

9.富贵社会之生活 10.贫民社会之生活

11.社会民众过穷之现象，12.社会民众过富之现象

13.社会阶级制度之破除，14.健全之个人与社会之关系，

15.社会当培成健全之个人，16.社会之凡人

17.社会之巨人， 18.社会之青年

19.社会之老人 20.最高尚的社会。

按：陈安仁，广东东莞人，1890年生。1911年广东省高等师范学校毕业，广东大学法科毕业。历任“天声”“民醒”杂志社总编辑；岭南大学讲师，国立中山大学史学系教授。著有《社会观》《人生问题》，泰东图书局出版；《中国政治思想史大纲》，商务出版；《中国近代政治史》《六朝时代学者之人生哲学》，民智书局出版。

社会问题（讲义之十七）

钟建闳编述

20×20=400（樂文）

第 104 页

国民党民军广东守备军干部教导队出版

报纸 32开本 172面 1册 3.—

全书分四章：1.绪论

2.劳工问题

3.中国国民党与国民政府对于劳工运动的主张及法令.

4.中国国民党与国民政府对于农民运动的主张及法令.

政治概论 （中央陆军军官学校政训处政治丛书第十种）

梁棟 张鑑暄合编

1929年4月印行，报纸，32开本，1册 3.—

全书分五讲：1.政治，2.国家，3.政府，4.民权

5.政治的运用，附录。

政治学概论 （政治讲义丛刊第5种）

恽代英编

1926年9月中央军事政治学校政治部宣传科印行

报纸 32开本 30面 1册 12.—

5.—

1927年1月中央日报馆印行，报纸32开本，20面，1册 4.—

1926年9月重庆新蜀报社重印本，报纸32开本 30面 1册 2.50

全书分五讲：1.政治——国家，2.国体

3.政体——人民参政的方式 4.人民的权利 5.党

本书为作者授课时讲稿，每讲后附研究问题。

政治学

20×20=400（燊文）

湖南农村工作人员训练所印. 不著年月.

报纸 32开本 87面、1册 2.-

政治问答集(一) (政治丛书第5种)

1927年2月中央军事政治学校政治部宣传科编印.

报纸. 32开本. 166面. 1册 3.-

本书内容共分十编，把1926年黄埔日刊里所刊载的"政治问答"收集汇编而成。多是黄埔军校学生提出要求解答的问题，也是当时一般青年要求解答的问题。解答问题是由黄埔政治教官恽代英、萧楚女、廖划平、张秋人等担任。

政治讨论结论集

中央军事政治学校政治部编印

1927年5月出版. 报纸、32开本. 16面. 1册 3.-

政治常识

苏联蔺吉涂夫著

社会科学研究社出版、报纸 36开本. 1册 3.-

社会主义 (湘乡育里农村师范讲习所讲义)

赖特才、侯曾龄笔记.

油印，粉连纸. 1册 5.-

科学的社会主义

德国恩格尔斯著. 郑次川译. 王岫庐校阅.

1920年7月印行. 报纸 32开本 60页. 1册 3.-

1921年7月公民书局再版本

附：恩格尔传8章. 卷首郑次川序

按郑次川著有《教育思潮概说》、《教育思想大观》、《现代教育思潮》、

《高丽一瞥》、《意大利一瞥》、《欧美近代小说史》等。商务出版。

近世社会主义 上下二册

日本福井准造著. 武陵赵必振译

1903年(光绪廿九年正月25日)上海广智书局印行.

排印. 线装. 竹连纸. 2册 10.

本书共分四编:

1. 第一期之社会主义——英法二国之社会主义 共分五章

2. 第二期之社会主义——德意志之社会主义 共分四章

3. 近时之社会主义, 共分五章

4. 欧美诸国社会党之现状 共分6章

卷首冠有光绪28年清廷查禁香港人冯镜如在上海开设广智书局编译西书刊印的谕旨二道。

社会主义与农民问题 (农民丛书第7种)

郭敬芳译

1926年8月 中国国民党中央执行委员会农民部印行

报纸 28开本 158面 1册 8.— 15.—

全书分廿章，有的封面红印，有的有误书字宣。

内容係叙述社会主义发生的理论书。

社会主义讲授大纲（中央农民运动讲习所丛书）

萧楚女著

1926年出版 报纸 32开本 66面 1册 4.—

1927年3月出版 报纸 32开本 88面 1册 6.—

社会主义讨论集（新青年丛书第二种）

新青年社编辑部编辑

1922年9月初版 1926年7月再版 新青年社印

广州国光书店发行 报纸 32开本 510面 1册 12.— 8.— 5.—

本书共收集陈独秀、施存统、许新凯、李汉俊、李季、李达、周佛海等人的25篇文章。

社会主义浅说

梅生编 墨亮校

1923年4月教育研究会出版 报纸 32开本 44面 1册 3.—

1924年2月4日第4版，1925年3月国光书店再版本

作者於1923年2月在南洋义务学校时编写的，其内容主要是向人们介绍社会主义的目的，和远大的周到的计划，驳斥那些误解和曲解社会主义，或用近视目光看待社会主义的人们中的谬论：

1.导言 2.社会主义的变迁 3.社会主义的理论

又分甲.马克思主义，乙.修正派社会主义，丙.工团主义，

丁.无政府主义，戊.基尔特社会主义，己.布尔塞维克主义。

卷首1923年2月4日梅生自撰例言。

社会主义史 （新青年丛书第一种）

英国克卡朴原著，辟司增订 李季译。

1920年10月新青年社印行 报纸 32开本 2册 10.

本书分上下2卷，卷首蔡元培序，后有附录。

社会主义入门 （民族解放丛书之三）

马克思 恩格斯著。

1938年1月延安民族解放青年出版社印行。

1938年3月再版。 报纸 32开本，163面 1册 2↑ 15

本书内容：系讲述马克思恩格斯从空想到科学的社会主义

之发展。

社会政策大意 （中山大学政治训育丛书之九）

何思源讲，林霖记录

1927年4月出版，报纸，25开本 80面，1册 4.

内容分四讲：1.绪论，2.劳动法，3.劳动保护，4.社会保险。

20×20=400（横文）

经济学概论　　政治讲义本四种(另刊)

杨道腴编纂

1926年9月中央军事政治学校政治部宣传科发行.

报纸　32开本　38面　1册　180

本书内容主要阐述个人主义经济组织之本体构成，和它的弊害，和人们应该迫切要求及社会主义的经济状态，并附述新旧经济学代表人物的见解，以及我国经济发展的来源与指明努力的方向。

全书共分五章：1. 总论.　2. 资本主义经济的构造方面.

3. 资本主义之发生和发展　4. 社会主义的经济和发展.

5. 中国经济发展之来源。

经济学概论

杨道腴编纂

1927年6月再版.　报纸、32开本.　56面.　1册　5.

经济学概论

张佳玖编著

1927年8月广东地方武装团体训练养成所政治训练部印.

报纸、32开本　1册　2.

本书编著大意说：为使学者首先明了一般的经济理论.其次了解中国当时之经济情况.最后指出解决中国经济问题的道路为本书主旨。共分三章：

1. 经济学之概念　2. 生产论　3. 交易论.

20×20=400（崇文）

4. 分配论　　5. 消费论。

[illegible]佳玖，字贻佩，广东顺德人。1900年生，国立北京大学经济学系毕业，曾任广州大学经济系主任兼教授。著有《日本农村经济考察记》，译有《农村经济》等。

经济斗争与政治斗争之关系（工人丛书之二）

不著作者。

1926年5月中国国民党中央执行委员会工人部印行。

海口海南书局翻印，报纸，32开本，14页，1册　15.

内容：1. 绪论　　2. 什么是经济斗争

3. 什么是政治斗争　4. 中国之现象

5. 中国工人现在斗争的方略。

经济学大纲（新青年社丛书之一种）

蒲格达诺夫著　施存统译

1927年新青年社出版。报纸，32开本，566页，1册　3.

全文分三篇：1. 自然自足社会　分三章

2. 商业社会　分六章

3. 社会化的有组织的社会，一章。

前有序论，分三节。

农村经济论辑

农村经济研究会编

1944年9月黎明书局出版，土纸，32开本，263面，1册 4.-

全书分三章：1. 社会经济的几个理论问题 又分5节

2. 战前中国农村经济结构问题 又分5节

3. 战时中国农村经济 又分3节.

现代中国经济略史（中山大学政治训育丛书之十）

陈友琴著 中山大学政治训育部编辑科编印.

1927年4月出版. 报纸，25开本 38面 1册 3.80

内容：1. 甚么是中国经济史. 2. 我国人口的现象

3. 我国农业的衰落 4. 我国工业的进化

5. 我国的劳动组织和劳动立法. 6. 结论。

经济侵略下之中国（书内题 帝国主义与中国）

不著编者

1926年印行. 报纸 32开本 164面 1册 5.-

内容包括：帝国主义侵略中国的实况——萧楚女

辛丑条约与帝国主义——周恩来[illegible]

反帝国主义运动与国民党——瞿秋白

……等二十四篇文章。

中国政治经济近况（政治讲义丛刊第二种）

萧叔萱编述

1927年5月广东地方武装团体训练员养成所政治训练部印

报纸 32开本. 115面 1册 6.-

本书共分8讲：1、中国的国际地位 2、军阀的由来及派别，

3. 政治党团及政客在政治上之势力 4. 学术界及教育界

5. 中国资本事业， 6. 中国生产事业，

7. 民众之组织及势力. 8. 政治之理想(共15章。)

抗战中的中国经济

时事问题研究会编

1940年抗战书店出版. 土纸. 32开本. 1册 3.

俄国新经济政策

王国源译述

1927年3月 三民出版部出版(4版)

报纸 32开本 59面 1册 4.

欧洲和议后之经济. (新青年丛书第6种)

英国坎斯著 陶孟和 沈性仁译

1920年11月新青年社出版. 报纸 32开本 219面 1册 4.

内容分七章：1. 绪言 2. 战前的欧洲、

3. 和会 4 条约

5 赔偿 6. 和约后的欧洲

7. 补救 前有陶孟和序.

工人宝鉴

不著编者 出版家。

1929年出版，报纸 32开本。 1册。

封面伪装，题为"卓别林故事"。前有"瑜海"小引。

世界劳工运动现状 （新青年丛书之一种）

洛若夫斯基原著， 瞿秋白译

1927年4月新青年社出版。报纸 32开本 62面 1册

内容：1.劳工运动的速度和规模 2.政治反动的增长，

3.工人阶级的生活状况 4.经济上剥削工人的新形式。

5.阶级妥协的新形式 6.殖民地上职工运动之迅速发展

7.国际的社会改良派与中国革命 8.改良派工会中左派之形成

9.英俄工会对于各国工人影响之增长，10.统一职工运动之英俄委员会

11.黄色职工国际内部各派的斗争。

12.美国劳动总同盟影响于欧洲改良派工会

13.黄色职工国际与法西斯蒂派。 14.英俄委员会和黄色职工国际

15.黄色职工国际与赤色职工国际 16.职工国际的统一运动

17.赤色职工国际之巩固 18.统一战线策略之应用。

19.反对开除革命工人镇压革命的职工运动及分裂工会之斗争。

20.工会运动——往群众中去 21.工会运动的纲要（16条）

工钱劳动与资本 （马克思全书第2种）

20×20=400（崇文）

马克思著　袁让编译

~~1921年广东人民出版社印行~~

1926年广州市汉民北路国光书店出版.

1921年12月广东人民出版社印行.

报纸　32开本.　54面.　1册　8.-　5.-

本书是根据1891年柏林出版的经过恩格斯加以修正的德文本译出. 全书分九章。

中国国民党与劳动运动（政治讲义第6种）

恽代英编

1926年广州中央军事政治学校政治部宣传科印行

编辑大意云："本书系搜集本党关于劳工运动主要文件所辑成，末附全国劳动大會决议案，以示最近全国劳工运动之趋势，附中華全国总工会所印行各种工会组织法大纲，以示着手组织应注意之各点。本书为便于学者能了解本党对于劳工运动之态度与各种主张，与参加劳工运动应注意之事项。内容分：

A. 中国国民党的劳工政策

B. 总理在劳动纪念会对各工团之演说词.

C 蒋校长在第二次全国劳动大会关于农工兵大联合的报告。

D 总理公布的工会条例

E 第三次全国劳动大会关于中国职工运动总策略决议案.

附录：各种产业或独立市工会组织法大纲。

英国一九廿六年大罢工之起源及其收幕

约翰彼得原著．陈学然译　李瑞澄题签

1927年3月1日（英国共产党出版）丁卜工场印行．

报纸　32开本　140面　1册　.25

本书内容：主要记述了同指英国工党活动情形，国际工人之同情状况及失败原因。全书分十章，第一章分11节，第二章分8节。附载英国煤矿工资争议与总罢工，英国大罢工的经过。

一九二六年之广州工潮（劳工运动丛书第20种）

邓中夏著

1927年2月出版．　报纸　32开本　文152面，序目10面　1册　.18

内容：1.为什么发生工潮　2.劳资的纠纷．

3.工会的纠纷　4.工潮与经济发展抑或衰落．

5.广东经济不发展的原因．6.一年来广州工人运动之发展．

7.怎样解决工潮．　8.工人阶级应有的认识与努力．

前有黄平撰序．题为"什么是工潮"。附录五则。

世界职工运动

省港罢工委员会教育宣传委员会编

1926年11月7日国光书店印行（前后封面红印）

报纸　32开本　52面．　1册　.10

内容分3章：1.欧战前后之世界工运动

2.欧战结束时之世界职工运动

3.国际工会联合会

附：赤色职工国际代表鹭柏诺夫在劳动学院报告.

一九二五年的中国铁路工会

中国铁路总工会编辑.

1925年5月1日出版. 报本 32开本 64面. 1册 15

本书为全国铁路第二次代表大会报告及决议. 内容分:

1.序 2.开会纪事. 3.祝词.

4.中国铁路总工会执行委员会报告.

5.关于中国铁路总工会执行委员会报告的决议.

6.太平洋运输工人会议报告.

7.关于太平洋运输工人会议报告的决议

8.汉堡第四次国际运输工人会议报告.

9.关于汉堡第四次国际运输工人会议报告的决议.

10.中国铁路总工会与赤色职工国际之关系报告及决议

11.中国工人阶级与中国现状报告及决议.

12.铁路工会目前进行方针报告及决议

13.各铁路工会报告.

14.各铁路问题决议

15. 铁路工会组织条例及章程

16. 宣传问题决议

17. 合作社问题决议

18. 审查"二七"抚恤账项的决议

19. 会费征收及支配问题决议

20. 工贼问题决议

21. 闭幕词

22. 宣言

工人运动 （黄埔丛书之八）

古有成编

1927年7月 黄埔中央军事政治学校政治部宣传科印行.

报纸 32开本 86面 1册 12.6.

工人运动

不著作者出版年月

石印 报纸 24开本 32页 1册 7.

本书阐述了英美帝国主义国家的工人运动，往往是求得斗争时的经济满足即止。但我国的工人运动则不然，如上海、香港、京汉铁路的工人运动，其初起每由经济，而渐渐则转入政治斗争。并叙述了工人运动之发生，国内外工人之状况，中国国民党对工人运动的政

20×20=400（编文）

某种计划，内容分：

1. 导言，2. 中国工人概况，3. 中国国民党的劳工政策。

附录：工会条例21条

工人运动须知

中国国民党工人运动宣传委员会编印

1927年2月增版　报纸　32开本　96面　1册　20. 10.

内容包括孙中山总理和廖仲恺部长对工人运动的一些言论及宣传条例共十二则。

中国劳动运动的状况

柏格森著　文雯编

1930年8月上海乐山书店印行.

报纸　32开本　156面　1册　4.

本书叙述了1928—1930年中国劳工运动的状况。

内容有：1. 中国政治经济危机的开展

2. 两个政权下面的工人生活

3. 两年来工人革命斗争发展概况.

4. 改良主义与国民党工会

5. 赤色工会发展的概况及其活动.

6. 全总的工作及其活动。

前有文雯编的话。后附宣传出版物统计表。

20×20=400(横文)

中国民族运动与劳动阶级（人民周刊社丛书第七种）

赫莱尔著　东声译

1926年6月国光书店印行. 报纸32开本20面1册 6/8

内容:1.中国民族运动与劳动阶级

2.这次运动的社会的背景

3.政治的新形式与劳动运动的发生

4.纺织工与他们反对资本家凌辱与剥削的运动

5.上海香港罢工的结果.

6.英国的孤立

7.在前线上的工人阶级

8.新的自由的中国的诞生

9.商业与工业资本阶级

10.~~新的自由的中国的诞生~~

农民劳动阶级与小资产阶级.

11.奋斗的将来

工会条例释义

邵元冲著

1925年7月上海民智书局印行 报纸32开本11页1册

内容:共21条,附工会条例理由书。有邵元冲自序.

按:邵元冲,字翼如,(1890—1936)浙江绍兴人。1911年

任上海民国新闻社总主笔,上海交通部编辑部主任.

第　页

20×20=400(稿文)

1917年任孙文广东军政府总司令部秘书长代理，大元帅府秘书长。1919年去美国留学，归国后任黄埔军官学校政治部主任教授。广州潮梅民政厅长，杭州市长，广东省政府秘书长。1932年任国民政府委员，立法院长。1936年西安事变时死去，著有"邵元冲讲演集"，[illegible]，"西北揽胜"，"各国革命史略"等。

工会组织法及工商纠纷条例（广州大学丛书之6）

陈友琴编

1927年5月10出版．民智书局发行

报纸．25开本．16页．1册　6.–

本书共收集了十七则，包括孙总理在劳动纪念会对各工团的演说词等。

工人觉悟团结起来（工人丛书之4）

中国国民党中央执行委员会工人部编印

1926年9月出版

报纸　32开本　18页　1册　10.

内容包括"绪言""工人的革命性"，"工人解放的前途"等八篇文章。

对时局宣言

1927年3月16日印．报纸　64开本　16面　1册　10.

宣言单位：1.中华全国总工会广州办事处

20×20=400(稿纸)

2. 广东农民协会　3. 省港罢委会

4. 中共广东区委会　5. 广州工人代表会

6. 香港总工会　7. 铁路总工会广东办事处

8. 全国海员工业联合会.

工会组织须知.

中国国民党福建省党部筹备处工人运动委员会编印

1927年1月出版. 报纸 32开本 14面 1册 1.50

工会论 上下编　（职工运动丛书之十） 存上编

邓中夏讲演词. 罗伯良记录

1925年12月22日中华全国总工会宣传部印

报纸. 32开本 30面 1册 15.—

本书上编为理论的叙述，下编为事实问题的研究。

上编分六章：

1. 工会的作用是什么？ 2. 工会要怎样组织呢？

3. 工会应否过问政治？ 4. 国际工会运动的情形如何？

5. 工会与农会的关系应该怎样？ 6. 结论。

工人救国　（五一国际劳动节纪念刊） 彩画封面.

中国国民党中央执行委员会宣传部编印

1930年5月1日出版. 报纸 32开本 133面 1册 8.—

全书分甲乙丙三编：

20×20=400（横文）

甲、总理关于工人的遗教。 ~~工人教育计划纲要~~

中央及各省区联席会议对工人最近政纲

乙、中央对于工人的扶植与训励

丙、工人教育计划纲要

工商同业公会法，

团体协约法 4条。

工人救国

中国国民党中央执行委员会宣传部编印

1931年7月出版． 报纸 32开本 134面 1册 5—

全书分甲乙丙三编：

甲、总理关于工人的遗教。

乙、中央对于工人的扶植与训励

丙、工厂法施行条例，工会法施行条例。

香港工会统一问题 第一册

中华全国总工会编印。

1925年出版． 报纸 32开本． 16面． 1册 18—

全书分四章。附录：香港总工会章程草案。

二七斗争 （革命军日报社丛刊之二）

武昌国民革命军总司令部政治部革命军日报社编辑，

1927年7月出版． 报纸 32开本 53面 1册内容共七则，前附施洋、林祥谦、刘寿真三烈士铜图3页。

二七特刊

入伍生部政治部编印　（非铅字）

1927年2月7日出版　报纸　32开本，28页，1册　6.-

内容收集方韵英撰"二七惨案给我们的教训"等十二篇文章。

二七纪念刊

国民革命总司令部政治部编印

1927年出版　报纸，32开本，30面，1册　12.-

内容：1."二七"纪念——郭沫若　2."二七"纪念的意义

3."二七"纪念与国民革命军——杨福民

4.怎样才不辜负"二七"惨案的牺牲者——刘茂华

5."二七"惨案在革命史上之价值——徐啟孝

6."二七"惨案在中国阶级斗争之新纪元——汪静之

7.军阀铁蹄下的十个罢工的劳工自叙——戚振提

8.附录：关于"二七"死伤工人调查详表

前有被军阀萧耀南惨杀的施洋同志、林祥谦同志、刘寿真同志铜图4页。

京汉工人流血记

20×20=400(横文)

北京工人周刊社编辑

1923年5月出版. 报纸 32开本 188面.

内容纲要：1.京汉工人的组织运动.

2.二月一日军阀进攻 3.为大冲突的京汉路各站罢工经过

4.惨杀以后 5.六路及各省武汉工团援助纪略

6.北京各界民众大游行 7.曹锟军阀的政治及其干涉.

8.全国一致不平鸣 9.国会方面的调解

10.结论。

附录：本人死伤调查表。

第三共产国际拥护中国铁路工人宣言。

前有邓中夏序，后有君宇序。

目录后有施洋、林祥谦像铜版。

悲壮的五月

中国国民党广东省党部宣传部编印.

1926年5月出版 报纸. 32开本 36面·1册 4.6.

内容：(一)五一劳动节：

1.劳动节之起源， 2.劳动节之意义.

3.巴黎之劳动节 4.我国之劳动节

5.劳动运动与国民革命 6.一年来工人参加国民革命之事实

7.劳工运动之进步 8.摧残劳工运动之反动势力.

20×20=400(横文)

9. 反革命势力之消灭 10. 被压迫阶级便一致参加五一纪念。

(二) 五四运动纪念 分：

1. 五四运动的起因 2. 五四运动经过之概略

3. 五四运动之意义及其影响 4. 五四运动之缺点

5. 纪念五四运动之意义。

(三) 五七国耻纪念 分：

1. 日本提出二十一条件之原因. 2. 日本提出二十一条件之经过

3. 二十一条件之简单的分析 4. 废除二十一条件之理由.

5. 废除廿十一条件运动失败之经过 6. 纪念五七国耻之意义.

(四) 五卅惨杀案 分：

1. 引言 2. 损我主权之租界及领事裁判权

3. 帝国主义之经济侵略 4. 帝国主义在上海残杀情形.

5. 汉口广州及其他各地之流血 6. 一年来交涉经过之大概

7. 纪念五卅惨案之意义。

五一 《五月小丛书第十种》..

— 山东省立民众教育馆编印

1930年5月初版 报纸，32开本 30面 1册 .50

两个工人谈话

安利科马费特斯太保著，李少穆译

1920年初版. 1926年广州国光书店再版.

报纸 32开本 74面 1册 15.—

本书通过魏速——纺纱工人、解克——书邦工人。

用对话体裁，说明为什么要学习的道理。

政治常识

省港罢工委员会教育宣传委员会编辑

1927年3月国光书局印行. 报纸 32开本 60面, 1册. 5.—

内容：1. 香港政府与香港工人 2. 帝国主义是什么？

3. 帝国主义与军阀. 4. 半封建政治与军阀.

5. 民族革命与工人 6. 何谓无产阶级专政

7. 苏维埃之组织.

全书共分十九课，是一本教育工人革命的课本。前收封红印

劳动界 （存第八册）

新青年社编.

1920年10月3日出版 报纸 32开本. 15面 1册 18.—

劳动界~~[illegible]~~每七天出版一册，星期日出版。

劳动节 （香江晨报劳动节纪念增刊）

香江晨报社编辑

1920年5月1日出版 报纸 16开本 1册 18.—

劳动运动

杨嗣震著

20×20=400(横文)

1924年5月15日出版　报纸，32开本，78面，1册　6分

内容：1.卷头语，　2.劳动运动的起源

3.劳动运动的哲学　4.劳动运动的沿革

5.劳动运动的目的　6.劳动运动的手段

7.结论。

附刊：世界文化伟人列传：

1.绪言　2.马克斯　3.卢森堡女士　4.列宁

5.易卜生　6.爱伦凯女士　7.五十运动浅史——李大钊

劳动运动史。（新青年社丛书之一种）

施存统（即施复亮）

1927年汉口长江书店印行　报纸32开本　103面1册　12.

全书共十三章：

1.绪言　2.劳働阶级的起源及沿革

3.产业革命　4.劳働争议

5.英国劳働运动　6.法国劳働运动

7.德国劳働运动　8.美国劳働运动

9.俄国劳働运动　10.日本劳働运动

11.其他各国底劳働运动　12.劳働阶级底国际运动。

13.结论。

中国第二次全国劳动大会决议案及宣言

20×20=400(横文)

中華全國總工會編印，　報紙，32开本　38面，1册　20.
2.

不著出版年月，內容分：

1. 工人階級與政治斗爭的決議案　2. 組織問題的決議案

3. 工農聯合的決議案　4. 工農與大聯合的決議案

5. 對於赤色職工國際代表報告的決議案　6. 廢除工賊的決議案

7. 工人教育的決議案　8. 香港問題的決議案

9. 廣東問題的決議案　10. 上海問題的決議案

11. 中華全工會總章　12. 中國第二次全國勞動大會宣言。

中國第二次全國勞動大會

國民革命軍總司令部政治部編印

不著出版年月，　報紙，32开本　8页　1册

內容：1. 大會宣言

2. 中華全國總工會總章

3. 工會條例

歡迎全國第三次勞動大會代表

全省第二次農民大會代表紀實錄

全省第五次教育大會代表

中央軍事政治學校刊印，　不著年月，報紙，32开本，30面1册　15

本刊內容有工界代表鄧中夏演說詞；李立三演說詞；

省港罷工代表蘇兆徵演說詞。

20×20=400(編文)

第三次全國勞動大會之宣傳大綱

中華全國總工會編

1926年出版，報紙，32开本 13面 1册 12.-

內容：1.為什么要召集全國勞動大會。

2.第三次勞動大會的特殊意義。

3.在此次大會上要討論些什么？

第三次勞動大會決議案

缺扉頁封，不詳編者，及出版年月：

報紙 32开本 54面 1册 2.-

全书共輯錄十九項決議案。

中華全国總工会第五次全国勞動对黄色工会決議案

中華全國總工會編印

1928年12月出版，報紙，64开本 25面，1册 1.-

本书封面偽裝為"伏狗術"。

附錄：反对國民政府工会法決議案。

太平洋勞動會議秘书处的[illegible]組織綱領及其工作

~~編~~不著編者

1928年出版 報紙 1册

中国國民党中央工人部北伐期中工人宣傳大綱

~~國民革命軍總司令部政治部編印~~ 不著編者

30×20=400（稿文）

1926年8月出版，报纸 32开本 12面 1册

内容：1.出师北伐的意义 2.国民政府是人民的政府，

3.工人对于北伐的运动要求

4.北伐胜利就是工人解放胜利。

5.工人和农民的牺牲与最后的大胜利。

6.一致拥护北伐。

中国民众与国际工人——国际工人代表团演说。

国民革命军总司令部政治部刊印

1927年2月22日出版，报纸 32开本 18面 1册 20.

演讲者：1.国际工人代表团：汤姆曼（英国） 2.白劳德（美国） 3.多里越（法国）。

国民政府与工人

国民革命军独立第二师政治部印。

1927年2月出版，报纸 64开本，16面 1册 3.-

本书内容阐述为什么要拥护国民政府。

国民政府与工人（工人丛书之一）

中国国民党中央执行委员会工人部编印。

1926年8月出版，报纸 32开本 14面 1册 8.- 10.

内容：1.国民政府是什么？ 2.国民政府的劳工政策，

3.国民政府现在的政治环境。 4.劳工现在的高压重围。

20×20=400（稿文）

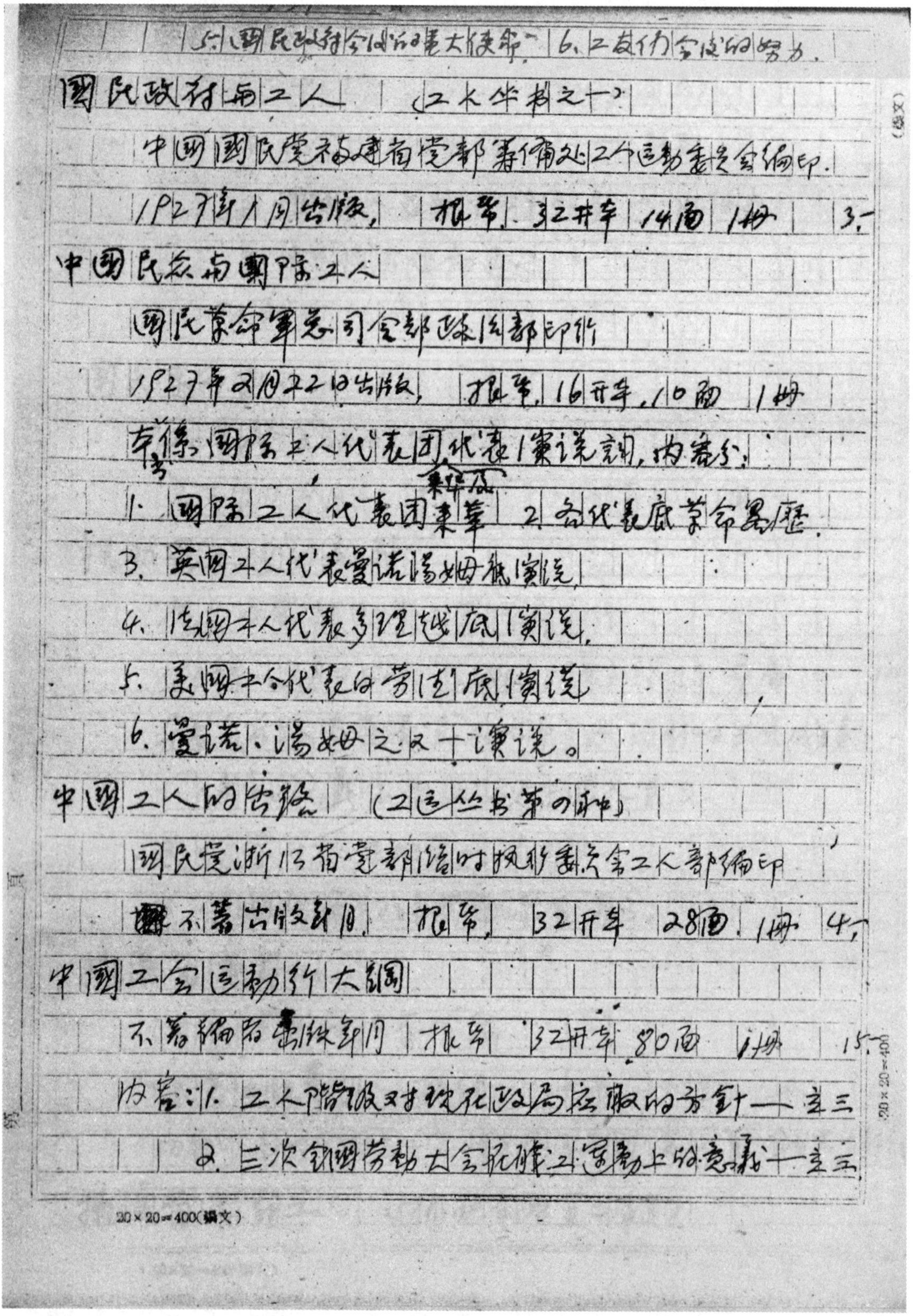
5.国民政府今后的最大使命 6.工友们今后的努力.

国民政府与工人 （工人丛书之十）

中国国民党福建省党部筹备处工人运动委员会编印.

1927年1月出版, 报纸. 32开本 14面 1册 3.—

中国民众与国际工人

国民革命军总司令部政治部印行

1927年2月22日出版, 报纸, 16开本, 10面 1册

本书系国际工人代表团代表演说词, 内容分:

1. 国际工人代表团来华及来华 2. 各代表底革命略历.

3. 英国工人代表曼诺·汤姆底演说.

4. 法国工人代表多理越底演说.

5. 美国工人代表白劳德底演说

6. 曼诺·汤姆之又一演说。

中国工人的出路 （工运丛书第四种）

国民党浙江省党部临时执行委员会工人部编印

不著出版年月. 报纸. 32开本 28面. 1册 4.—

中国工会运动行大纲

不著编者出版年月 报纸 32开本 80面 1册 15.—

内容: 1. 工人阶级对于现在政局应取的方针——五三

2. 三次全国劳动大会在工人运动上的意义——五三

20×20=400(稿文)

3. 共产主义者在职工运动中的当前工作

4. 工会出版物的群众化——郑至

5. 国际工人运动中的新现象——北伯鲁

6. 中国职工运动史。

附：通告

国民革命与工人

大本营宣传部编印

不著出版年月，报纸，32开本，1册

援助罢工周的意义

广东各界援助罢工筹备会印行

1926年2月8日出版，红印，报纸，32开本，7面，1册，10

本书主要叙述省港罢工七个多月，得到的三大成绩：

1. 使帝国主义不敢奴视中国人民了。

2. 使革命根据地更加巩固了。

3. 使广州的经济逐渐发展了。

拥护省港罢工

中央军事政治学校编

不著出版年月，报纸，32开本，40面，1册，15

内容有当时全国总工会刘少奇同志讲演词等，全书共十部分

拥护省港罢工　（拥护省港罢工专号）

20×20=400（稿文）

中央军事政治学校编

1926年8月出版。报纸 32开本 48面 1册 8.-

内容：1. 中央军事政治学校拥护省港罢工宣言

2. 省港罢工委员会致全体罢工工友书

3. 本校答复省港罢工委员会暨全体罢工工友书

4. 本校特别党部复罢工委员会书

5. 省港罢工的面面观——熊雄

6. 援助省港罢工的重要——傅诚

7. 省港罢工不是本人"一己的问题"。

8. 是援助工友吗，还是解决自己的事呢，——戈平。

9. 从省港罢工演绎的结论——从周

10. 省港罢工与五卅事件——畢君傑

11. 本校廿五日开拥护省港罢工大会纪实。

12. 方教育长致开会词

13. 陈其瑗先生讲演词

14. 全国总工会刘少奇先生讲演词

15. 香港学生代表讲演词。

省港罢工工人代表大会第一百次纪念册

省港罢工委员会宣传部印行

1926年5月出版。报纸 32开本 66面 1册 15.-

20×20=400(横文)

内容有苏兆征同志代表本会发表的文章，邓中夏撰：

工人阶级的一篇功课等，共分五部分：

1. 插画。 2. 论文 3. 百期纪念大会情形

4. 讲演词。5. 祝词。 前附红印代表铜画四页。

省港罢工概观

邓中夏著

1926年8月31日中华全国总工会省港罢工委员会宣传部印行。
（广州国光书店加印2000册）。

报纸 32开本 正文64面 附录30面 序2面
共128面 铜画4页 1册 12.-

本书注意的两篇文章是： 15.- 18.-

1. 一年来省港罢工的经过 2. 省港罢工的胜利。 12.-

附录五则，附录内有苏兆征委员长题词。

按：邓中夏同志，湖南宜章人。（1897—1933），北京大学毕业，五四运动领导者之一，中国共产党北方组织的创始人之一，1921年夏在长辛店工人俱乐部创办了北方路工运动的基石，中国劳动组合书记部负责人之一，省港罢工委员会上海罢工委员会负责人之一，1933年被反动派杀害。

省港罢工中之中英谈判

邓中夏著

1926年7月中华全国总工会省港罢工委员会宣传部印行。

20×20=400（横文）

报纸 32开本 72面 1册 6.

中国人民大学 耕芸 8.

内容：1.罢工战争过去未了吗？ 2.解决罢工交涉中的先决问题

3.中英谈判的状况 4.香港能推卸责任乎？

5.今日大会的意义 6.中英谈判经过报告(上)

7.中英谈判经过报告(中) 8.中英谈判总评(上)

9.中英谈判总评(下)

附录：中英谈判来往公函。

外交部宣传局关于中英谈判之报告。

七月二十一日农工学商各界示威大会详情及宣言。

罢工的政策

省港罢工委员会宣传部编辑

不著出版年月 报纸 32开本 64面 1册 25.

本书内容：主要收辑了邓中夏同志的演讲词，指导省港罢工的一些具体措施。

罢工与东征

省港罢工委员会宣传部编辑股编印。

不著出版年月。 报纸 32开本 36面 1册 7.

内容有邓中夏、谭平山、鲍罗廷等人的演讲词，叙述了省港罢工与革命军出军东江的意义。

20×20=400(横文)

十四、农民运动

黄新民编

1927年5月光华书局出版　报纸　32开本　90面　1册。　6.-

全书共分28章。

革命政府对于农民运动宣言　（农民运动丛书第一种）

湖南省农民协会宣传部印

1926年10月出版.　报纸　32开本　80面　1册　8.-

内容包括第一、二、三次宣言。湖南建设厅关于组织农民协会章程。取缔假借旧农会组织之农民协会暨令移交各级旧农会存款检拨费训令全文。湖南建设厅保护农民运动通令全文。

国民党国民政府对于农民运动之决议与宣言

农民部编印　（农民运动丛书第一种）

1927年1月1日出版.　报纸　32开本　64面　1册　4.-

革命政府对农民运动第一二三次宣言

湘乡省里农村师范讲习所讲义

不著年月　石印本　粉连纸　1册　4.-

广东省农民运动经过概况　（农民运动丛书第二种）

湖南省党部农民部编印

1927年1月1日出版　报纸　32开本　344面　1册　20.-
15.-

20×20=400（稿文）

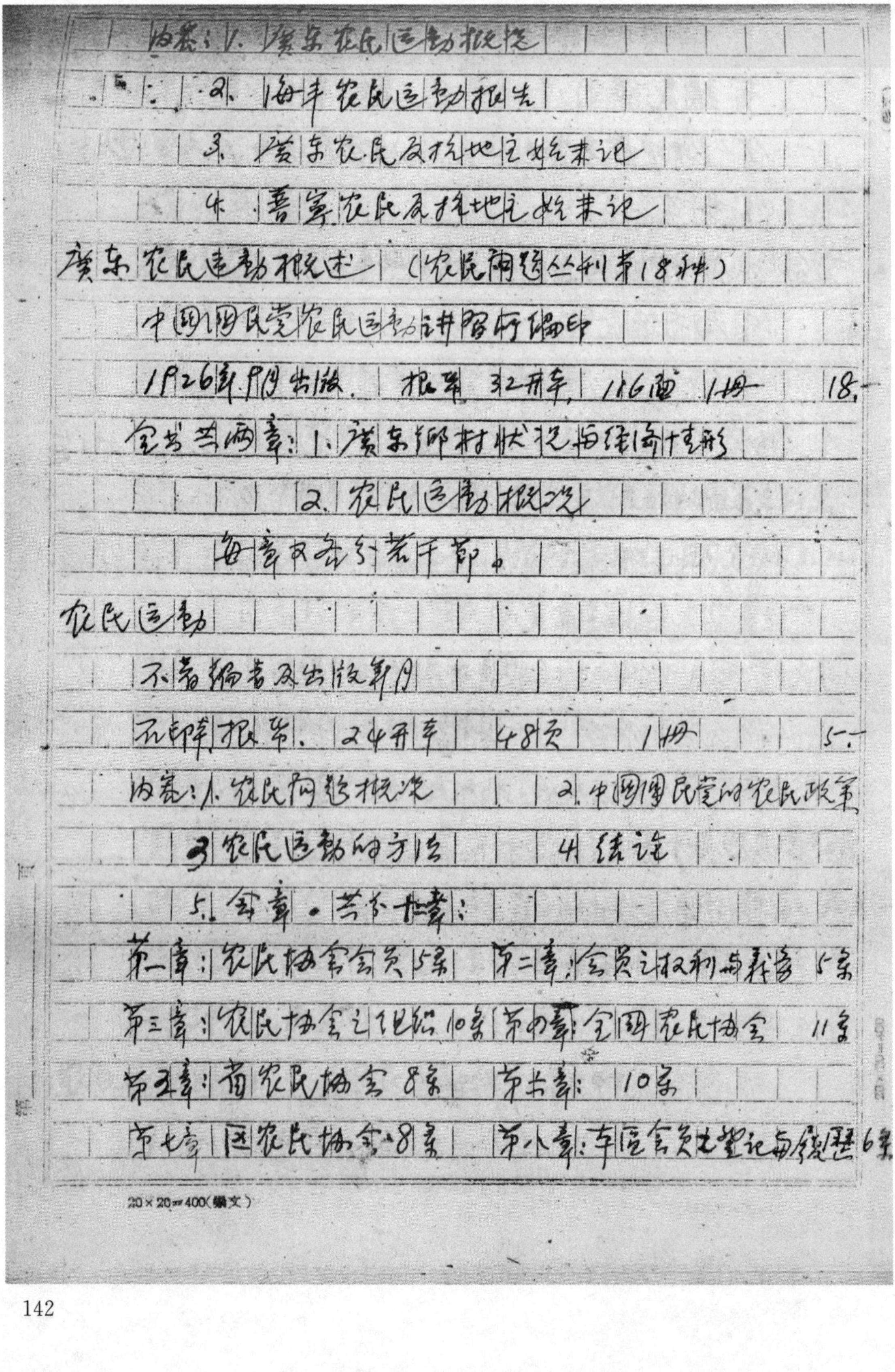

内容：1. 广东农民运动概况

2. 海丰农民运动报告

3. 广东农民反抗地主始末记

4. 普宁农民反抗地主始末记

广东农民运动概述（农民问题丛刊第18种）

中国国民党农民运动讲习所编印

1926年9月出版　报纸32开本　116面　1册　18.-

全书共两章：1. 广东乡村状况与经济情形

2. 农民运动概况

每章又各分若干节。

农民运动

不著编者及出版年月

石印本　报纸　24开本　48页　1册　5.-

内容：1. 农民问题概况　2. 中国国民党的农民政策

3. 农民运动的方法　4. 结论

5. 会章·共分八章：

第一章：农民协会会员 5条　第二章：会员之权利与义务 5条

第三章：农民协会之组织 10条　第四章：全国农民协会 11条

第五章：省农民协会 8条　第六章：　10条

第七章　区农民协会 8条　第八章：本会会员之登记与惩罚 6条

20×20=400（横文）

第九章：8条　　第十章：任期 3条

第十一章：纪律 3条　　第十二章：经费 8条

中国国民党与农民运动　（政治讲演第八种）

恽代英编

1926年5月中央军事政治学校政治部宣传科印行

报纸　32开本　48面　1册　5. 6.

内容：A 中国国民党的农民政策

B 革命政府对于农民运动的宣言。

C 中国国民党中央执行委员会农民部致各署之公函。

D 总理对农民运动讲习所毕业生训词（1924.8.21.）

E 总理审定之农民协会章程

附：农民自卫军组织大纲。

农民协会组织手续

按本书系搜集中国国民党对于农民问题各项重要文件所辑成。意在使读者可以透彻了解中国国民党农民政策之意义。不为一般骑墙妥协之说所欺蔽，而且一定要向这种骑墙妥协之倾向奋斗，以彻底解决土地问题，而实现三民主义之革命。

农民运动辑要　《农民运动丛刊第十种》

王敬之编述

20×20=400（编文）

1927年5月广东地方武装团体训练员养成所政治训练部印行.

报纸 32开本 133面 1册 8.

全书分为八个部分：

甲、中国国民党的农民政策（三则）

乙、孙总理对于农民之训词（二则）

丙、革命政府对于农民运动之宣言（廿则）

丁、中央执行委员会政治会议对于农民运动之重要决议

戊、中央执行委员会农民部致广东省署之公函，

己、广东省党部第一次全省代表大会关于农民运动之决议（摘录）

庚、广东全省农民协会第一次代表大会决议案（六则）

辛、广东全省农民协会第二次代表大会议决案（10则）

农民运动宣传大纲

广东省农民协会筹备处编印

1926年10月26日出版， 报纸 32开本 12面 1册 10.

本书着重说明农民的生活痛苦，都受到不平的待遇，以及各种剥削，使农民对国民政府采取应有的认识，及组织农民协会的利益等。

农民丛刊 1—4卷

不著编者及出版年月 报纸，32开本 4册 20.

卷一、广宁农民反抗地主始末记——周其鉴

20×20=400(横文)

本书为甘乃光在中央大学政治训育讲演全文，分上下二篇：1.为什么要做农民运动？

2.怎样去做农民运动？並对农民作了分析。

中国农民运动近况（农民运动丛书之一）

中国国民党中央执行委员会农民部编印

1926年10月出版，报纸 36开本 62面 1册 3.-

8.-

内容分上下两篇： 10.

上篇：全国农民运动概观，分九章

下篇：各省农民运动实际状况，分七章。

中华以前的国内农人运动状况（农人运动丛书第二种）

中国国民党浙江省党部农人部编印

报纸 32开本 58面 1册 2-

全书共十四章，阐述了浙江、广东、广西、河南、直隶、山东、热察绥三特别区、江苏、安徽、湖南、湖北、四川、江西、福建、陕西农人运动的状况。

农运指南（农运丛书第一种）

中国国民党广西柳庆党务整理处农民部编印

1927年3月出版 报纸，28开本，89面 1册 15.-

农运常识

不著编者 出版年月

卷二、中国农民问题研究

卷三、海丰农民运动报告

卷四、普宁农民反抗地主始末记

农民运动丛刊

广东省执委会农民部编印 20.

1926年3月20日出版。报纸、32开本 61面 1册 12.

内容：~~[illegible]~~。包括：政府对农民运动第一二次宣言、决议、章程、组织大纲、等共十项，其中第十为廖仲恺的演讲词，题为："农民运动所当注意之点"。 6.

农民运动须知 （农民丛书第七种）

中国国民党中央执行委员会农民部编委会编印

1926年8月1日出版。报纸 32开 185面 1册 15.

广州民智、国光、丁卜书局发售 12.

内容包括：孙总理对农民运动之演说词，广东省党部关于农民之宣言及决议案，农民协会章程、组织手续，农军组织大纲，农运理论，工作方法及实际经验等。 6.

农民运动初步 （中山大学政治训育丛书之三）

甘乃光讲 潘庆淳记

1927年2月中山大学政治训育部编辑部印行。

报纸 25开本 2插 1册 15

20×20=400(稿文)

湘乡西里农村师范讲习所讲义。

石印本，粉连纸，1册。 4.

海丰农民运动 （广东省农民协会丛书之一种）

广东省农民协会编辑

1926年10月国光书店印行。 报纸、32开本 168页 1册 10.8.

本书分三章：开首为彭湃同志的"海丰农民运动纪"等八篇文章。

第一章：海丰的农民状况。分三节：①海丰农民的政治地位，

②经济状况，③文化状况

第二章：农民运动的开始。分三节：①农民运动的开始，

②六个人的团结而奋斗 ③由赤山农会到海丰总农会。

第三章：①粮业维持会之压迫农民，②"七五"农潮始末，

补充六则。

海丰农民运动报告 （农民运动丛书第十种）

不详作者，~~出版年月~~

1926年8月出版。 报纸 32开本 100页，1册。 7.5.

内容：1.海丰的农民状况，计3节。

2.农民运动之开始期（从1921年5月），

3.粮业维持会之压迫农民。

4."七五"农潮始末（自1923年旧历七月初五阳历八月十六日）

湖南农民运动问题论文集

20×20=400（稿文）

不著编者

1927年3月出版 报纸 32开本 1册 10.-

本书係将战士週报所发表地关于农民运动的文章汇集而成。共收集了宣華、介侯、维雄、人龍、尹文、协夫、容轩、许生等人所撰十三篇文章，以发表先后为序。分为正副两编，正编以"中国共产党湖南区对农民运动的宣言"作为结论。副编所列几篇文章是叙述农民运动中事实和廣泛地讨论中国农民运动的文字。使读者藉以了解当时农运发展的情况。

湖南农民协会总章 （农民丛书第二种）

中国国民党湖南省执行委员会农民部印行

湘乡县党部翻印 粉连纸 64开本 13页 1册 4.-

农民协会章程 附政府对于农民运动宣言

中国国民党中央执行委员会农民部刊行

1924年[redacted]3月出版 报纸 32开本 24面 1册 15.-

农民协会章程与农民自卫军组织大纲 （农民运动丛书第1种）

广东省农民协会宣传部编印 （非卖品）

1925年12月3版 报纸 64开本 36面 1册 5.-

全书分十四章 86条，宗旨14条。

农民协会章程

20×20=400(横文)

国民革命军总司令部政治部印

不著出版年月　报纸　32开本　22面　1册　5.—

本书计十三章。附：农民自卫军组织大纲

　　　　　　　　农民协会组织手续。

第一章：总则　　　第二章：会员

第三章：会员之权利与义务　第四章：组织

第五章：省农民协会　　第六章：县农民协会

第七章：区农民协会　　第八章：乡农民协会

第九章：任期　　　第十章：纪律

第十一章：经费　　第十二章：农协与其他机关之关系

第十三章：章程之实施

农民协会章程

国民革命军总司令部政治部印

1926年9月11日出版　报纸　64开本　29面　1册　6.—

内容计为十三章，附录：农民自卫军组织大纲。

　　　　　　　　农民协会组织手续。

农民商学联合起来　（第5种）

国民革命军总司令部政治部编印

1926年出版　报纸　32开本　12面　1册　6.

湖南农民第一次省代表大会决议案（草本）

20×20=400(稿纸)

不著编者出版年月。《封面红印国旗标头》根第32开本，56面1册

内容：1、拥护中国共产党湖南区第六次代表大会对于农民目前最低限度要求之主张案。

2、拥护省民会议决议案。

3、农业生产问题案

4、农民银行案

5、农民政纲案

6、金融问题案

7、农村合作社问题案

8、民食问题案

9、社仓积谷问题案

10、食盐问题案

11、废除牙帖取缔牙商案

12、地租问题案

13、取缔高利贷案

14、苛捐问题

15、田赋问题

16、禁止瓜分乡村公产。

17、农村雇工问题

18、没收逆产问题

20×20=400（编文）

19. 乡村自卫问题　　20. 农民协会组织问题
21. 农协经费问题　　22. 宣传工作
23. 工农商学大联合案　　24. 农村教育案
25. 成立全国农协案　　26. 加入农民国际案
27. 乡村自治问题案　　28. 禁烟问题案
29. 司法问题案　　30. 湘西问题案
31. 解散苗猺案　　32. 农村妇女问题案。

中国国民党之农民政策
国民政府对于农运宣言（农民问题丛书第二三种）
中国国民党中央执行委员会农工部编印
1927年8月出版. 报纸 32开本 21面. 1册 10.

中国国民党之农工政策
国民革命军总司令部政治部印行
1927年2月出版. 报纸, 32开本, 11页 1册
内容：(一)关于工人方面的：
1. 制定劳动法　　2. 主张八小时工作制.
3. 最低工资制定.　　4. 保护童工
5. 改良工厂卫生, 设置劳保, 6. 在法律上工人有集会结社言论自由
险.　　取消包工, 例假照给工资等11项
(二)关于农人方面的：

20×20=400(横文)

1. 政治的。分甲乙丙丁戊己庚辛八号　2. 经济的 十十号。

3. 教育的 分甲乙丙三号。

劳农政府与中国

吴飞编辑

不著出版年月　报纸，32开本　172面　1册　15.

内容：1. 总论　2. 俄国革命与劳农政府

3. 全俄扰乱和劳农政府出现

4. 劳农政府的由来和经过

5. 劳农政府的宪法

6. 劳农政府的土地国有法

7. 劳农政府的新法令

8. 劳农政府的教育

9. 劳农政府的劳动者之审察

10. 劳农政府与各国

11. 劳农政府与中国的关系

12. 结论。

附录：① 列宁的手段与奋斗的精神

② 列宁的谈话。

③ 协约国与俄国消费协力社

④ 俄国现象杂记

20×20=400（编文）

北伐中农民的实际行动

杨佳学编

1926年12月 中国国民党中央军人部印行.

报纸 32开本 16面 1册 20.-

河南农民及农民自卫军

国民政府军事委员会总政治部印

1927年5月出版. 报纸 32开本 12面 1册

内容: 1. 河南的农民状况

2. 河南的红枪会——农民自卫军。

绅士民团县长与农民 (农民运动丛书第十种)

中国国民党中央执行委员会农民部编印

1926年11月1日出版. 广州民智书局发售

报纸 32开本 36页 1册 5.-

本书收辑了甘乃光等人撰述有关"绅士民团县长何以反对农会"的文章八篇。

广宁农民反抗地主始末记 (农民运动丛书第二种)

周其鉴著

不著出版年月. 报纸, 32开本, 86面 1册 5.- 7.-

普宁农民反抗地主始末记

不著编者 出版年月 报纸, 32开本, 16面 1册 2.-

20×20=400(横文)

各国之农业进步及其原因 （农民问题丛刊第25种）

中国国民党农民运动讲习所编印

1926年9月出版。 报纸 32开本 50面 1册 5.—

湖南区乡自治条例 附：湖南区乡自治筹备简章。

湖南省政府颁布，湖南省农民协会印发。

报纸 32开本 13面 1册 2.50

国民革命与农人

国民革命军总司令部政治部编印

1926年7月7日出版。 报纸，32开本。13面 1册 10.—

国民革命与农民 （第三种）

国民革命军总司令部政治部编印

1926年出版。 报纸 32开本 14面 1册 5.—
4.—

本书叙述北伐的国民革命军由湖南省出发了，应当赶快组织我们的团体，容纳国民党的指导，援助国民革命北伐军。

（马列编译局去。）

农民问题丛刊

邓演达等著 宋子明编

1927年5月国民政府军事委员会总政治部印

报纸 32开本 1册 8.—

国民与革命

石英译

1927年10月上海泸滨书局印行，报本32开本，138面，1册，2.50

全书分七章，是依照日本北尾式民的日译本第一版翻译的。

告民众书

中国国民党中央执行委员会农民部编

1924年8月出版，报本32开本，35面，1册 3.-

内容：1.总说。2.农民的痛苦。3.痛苦的救济。

土地农民问题指南

神农老段著

1930年6月时代书局出版，报本32开本，185面，1册 4.-

内容：1.六次大会土地问题决议案（1928年）。

2.六次大会对于苏维埃问题解释书

3.1929年6月7日共产国际执行委员会政治书记部对农民各种社会成份之正确路线。

包括：①共产国际执行委员会致中国共产党书

②中央接受国际对农民问题指示的决议

4.农村工人运动大纲

5.工农联合会决议案

6.中国革命和农民运动的策略——秋白

7.顺直农村工作的紧急任务。

中国农民问题 （农民问题丛刊第十三种）

中国国民党遂宁县党部农运人员训练班所刊印

1927年10月出版 报纸 32开 32面 1册 6.

怎样做农工行政 （农工行政丛书第一种）

甘乃光演讲. 李樸生、周根先编辑

1927年3月中国国民党农工行政人员讲习所编印.

报纸 32开本 292面. 1册 10.

全书分四编：1. 农工行政学生应有的认识.

农工行政与农工运动

2. 怎样做一个成功的行政人员.

3.

4. 国民革命时期所需要的政治家.

附录：各种条例备览16则。

农村工作

1929年11月7日 中华全国第五次劳动大会编印

报纸、64开本，28面 1册 1.

内容：1. 第五次劳动大会农村工人运动工作大纲决议

2. 第五次劳动大会工农联盟决议案

3. 告全国农民书.

20×20=400(纸文)

商民运动

不著编者、出版年月

石印本。报纸。24开本 36页 5.

内容：1. 序言 2. 国际帝国主义在华之经济势力

3. 中国商民之状况 4. 中国国民党之商民政策。

5. 商民运动之计划 6. 结论

附：商民协会章程。分为九章：

1. 会员。 2. 组织 3. 全国商民组织 4. 省(或特别市)

5. 县(或市) 6. 商民协会。 7. 任期 8. 纪律。 9. 经费。

商民协会章程

国民革命军总司令部政治部编印

1926年7月17日出版 报纸。64开本 20页 1册 6.

全书共10章。

商民协会章程

中国国民党广州执行委员会商民部编印

1926年6月出版。报纸 32开本。16页 1册 4.

广东省各级商民协会章程

中国国民党汕头市党部商民部编印。

1926年2月出版。报纸 32开本 16页。1册 5.

本书内容分为三级：第一级包括：

20×20=400(横文)

墟、市、镇、村、街、邑，21条。

第二级 包括：县城市。22条。

第三级 为广东省商民协会章程22条。

中国商人与工人 （商民运动宣传品）

中国国民党广西省执行委员会商民部编印

1926年出版。报纸 32开本 21面 1册 8.-

内容：1.普通商人之心理　2.中国现状

3.国民革命之意义　4.工商之误会

5.商人之恐怖　6.罢工之种类

7.试观罢工之历史　8.海员之罢工

9."二七"之罢工　10.沙面与双十之罢工

11.刘杨之役之罢工　12.五卅之罢工

13.工人所要者何人之工　14.商人与非罢工人之事

15."五一"运动之罢工　16.商团之役之罢工

17."五卅"后之罢工　18.商人罢工之原因

19.工人与资本家　20.商人与店员

21.过渡时期之小冲突　22.联合战线之真意义

农工商学兵联合起来

国民革命军总司令部政治部编印

1926年9月国民革命军第十军政治部翻印

20×20=400(稿文)

报纸. 32开本. 14面. 1册 3.—

1.50

农工商学联合起来

国民革命军总司令部政治部印。 不著出版年月.

报纸 32开本. 14面 1册 7.—

工农商学妇女联合 （纪念册）

中央军事政治学校编印. 不著出版年月.

报纸 32开本 32面 1册 6.—

（马列编译局藏）

本书辑录工界代表邓中夏、李立三两位同志的演说词。

答汉口总商会书

湖北全省总工会编印

1926年12月出版. 报纸. 32开本 14面 1册 5.—

本书内容为：湖北全省总工会对于"汉口总商会劳资问题意见书"之解答。且希望社会各界起来讨论。

中国学生运动概况

不著编者

1926年上海光华书局出版. 报纸32开本 128面 1册 6.—

民国十五年学生运动概况

~~不著编者~~ 杨家铭著

1927年4月上海光华书局出版 报纸32开本 132面 1册 6.— 10.

内容分九章：1.政治运动 2.劳动. 3.教育. 4.文化 5.军事.

6.组织学会. 7.出版. 8.纪念节等方面.

9.白色恐怖中的牺牲者。附录。

华北学生运动小史(第一分册)

华北学生运动小史编辑委员会编印

1948年出版. 报纸32开本 98面. 1册 1.—

内容：1.序 2.木刻画(团结就是力量)

3.从复员到抗暴(1946年7月—12月).

4.抗暴运动(1946年12月)

5.从抗暴到反饥饿反内战运动(1946年12月—1947年5月)

6.反饥饿反内战运动(1947年5月—6月)

7.助学运动(1947年7月—9月).

北京大学示威运动专刊 (非卖品)

国立北京大学非常学生会编印.

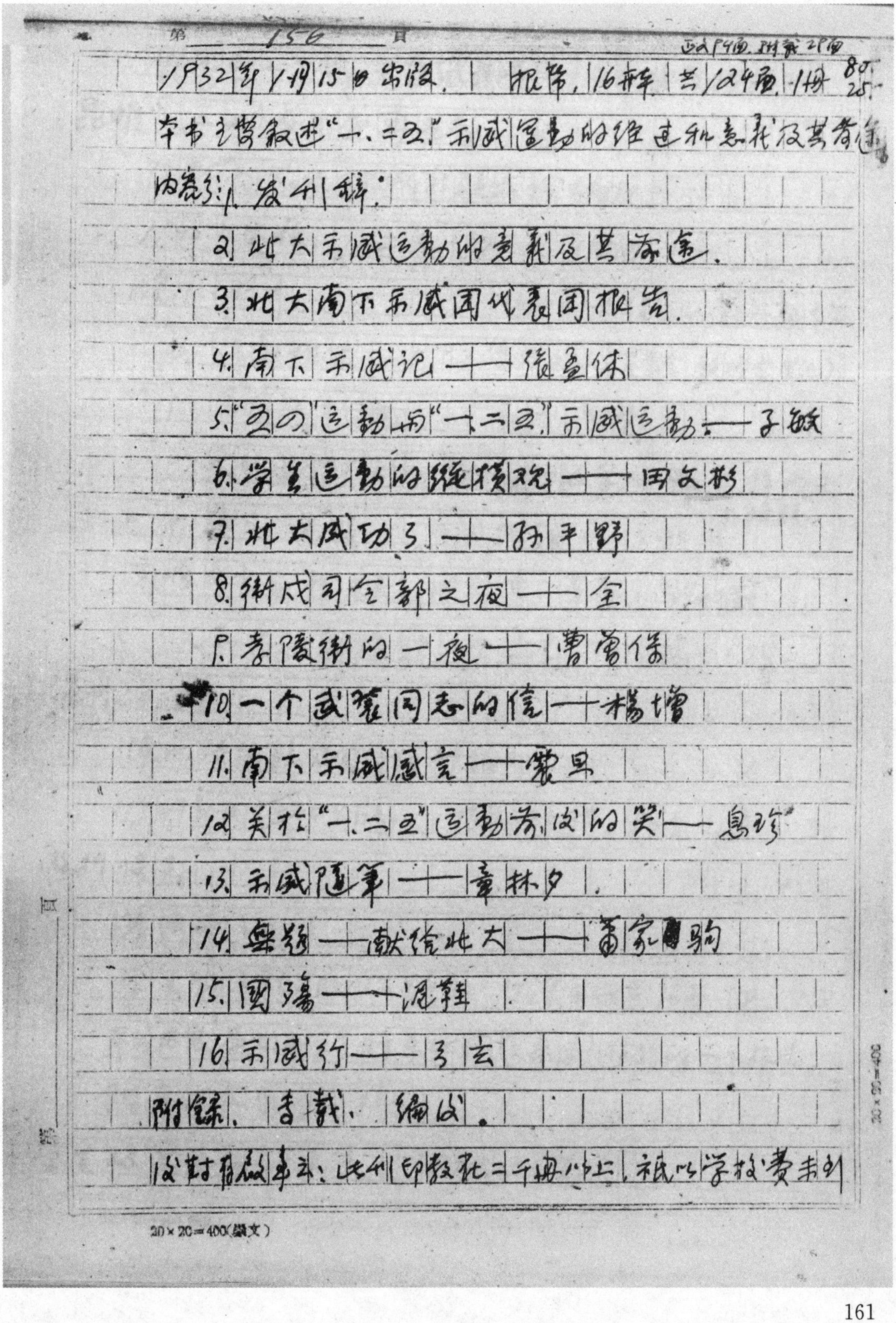

第 156 页　　正文104面，附录20面

1932年1月15日出版。　报纸，16开。　共124面，1册。　80/25

本书主要叙述"一、十五"示威运动的经过和意義及其前途

内容：1.发刊辞。

2.北大示威运动的意義及其前途。

3.北大南下示威团代表团报告。

4.南下示威记——張益休

5."五四"运动与"一二五"示威运动——子钺

6.学生运动的縦横观——田文彬

7.北大成功了——孫平野

8.衛戍司令部之夜——全

9.孝陵衛的一夜——曹曾保

10.一个武装同志的信——楊增

11.南下示威感言——震果

12.关于"一二五"运动前后的笑——息珍

13.示威随笔——章林夕。

14.樂题——献给北大——蒲家[illegible]驹

15.国殇——泥鞋。

16.示威行——弓玄

附録，专载，编后。

发封面题字：此刊印数在二千册以上，祗以学校费未到

20×20=400(横文)

仅允印二十份，其余纸张费等，由李樸教授捐助。

昆明"一二·一"学生爱国运动

陪都各界反对内战联合会编印。

1945年出版。 土纸 32开本 150面 1册 4.—

内容：1. 照片 2. 历史的大转变(代序)——郭沫若

3. 运动始末 4. 各项文件(罢委会、教授会、其他)

5. 昆明四烈士传略 6. 慰唁函电

7. 各地追悼情形 8. 哀悼文字 甲.祭文 乙.诗 丙.文 丁.挽联。

9. 舆论选辑 10. 附录

哀悼文字有：郭沫若、沈钧儒、茅盾、马叙伦、沈志远、鄭振铎、李公樸、邵荃麟等人撰文。

温州学生

温州学生联合会宣传部编印。

1927年6月30日出版。 报纸 32开本。90面。1册 3.—

游行归来

集体创作

学生出版社出版。(未著年月) 报纸 32开本，16面，1册。1.50

本书内容，是上海学生对东北问题示威游行的一个报告。

附东北问题研究大纲。

学生救国运动论文集 (现代丛书第二种)

韩立生编

1936年10月1日现代出版社出版，报纸，32开本100面 1册 2.- 1.-

学生与奉系军阀

国民革命军总司令部政治部编印

1927年2月出版 报纸 32开本 22面，1册 2.50 3.-

本书为叙述"五卅"运动中之学生与奉系军阀的斗争，东三省的学生受奉系军阀摧残的真像，以及反对军阀，拥护革命。内容分：

1.引论

2."五卅"运动中之学生与奉系军阀。

3.东三省的学生及奉系军阀最近摧残学生的真像。

4.学生反奉与国民革命。

学生潮（卷上）

毘陵潘競民，青溪郎毅上辑

1919年出版，报纸 32开本 101面，1册 15.-

本书主要叙述与学潮有关的事实，自"五四"运动起至上海"六五"运动止，内容分：学潮起因、学潮经过、北京、天津、武汉、济南、江宁、杭州、上海罢课情况。

前有蔡孑民等肖像十一帧，[illegible]。

集美风潮之经过

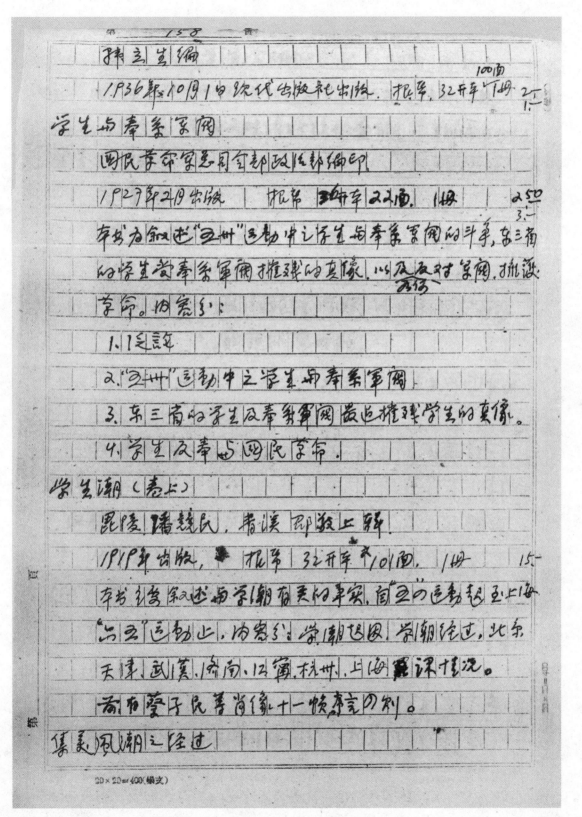

集美学校学生会编印

1926年12月20日出版。报纸 32开本。13页。1册。 3.50

本书内容主要为反对该校校长叶渊。（另列编译为是）

学界风潮纪

翠童编辑

1919年中华书局出版。报纸。32开本。104面。1册 4.—

本书分为上下二编，上编为纪事。下编为文件。

上编分三节：1.风潮酝酿时期 2.风潮剧烈时期
3.风潮结束时期。

下编分：1.令。2.电。3.书 4.呈文。5.演讲。
6.评论。

本编编辑大意亦录。

血搏

血搏编辑部编辑

1928年7月1日上海大夏大学学生会出版。

报纸 25开本。70面 1册 2.—

本书内容，系收集反日复仇、雪耻，纪念济南"五三"惨案的文章。

香港学生罢课周年纪念

香港学生联合会编。

1926年印行 报纸 32开本, 56面 1册 10.-

内容: 1.宣言——香港学联

2.勗香港学生——黎樾廷

3.英帝国主义与香港学生——寿華

4.香港学生运动的过去、现在、将来——信白

5.本会一年来工作的经验——展育

6.香港学生与香港学生联合会——泽舫

7.怎样纪念"六一八"?——明生

8.反帝罢课周年的回顾——远剑

9.去年今日的感想——锡来

10.圣保罗罢课经过——秋戈

11.皇仁中学罢课之经过——建如,

前有何香凝、甘乃光、邵元冲、黎樾廷题词。

陕北的青年学生生活

罗瑞卿 成仿吾 等著

1938年11月上海大华大学图书有限公司印行

报纸 32开本, 108面, 1册 3.-

抗大欢迎世界学联代表团特辑 (抗大丛书之二)

抗大编辑委员会编辑

1938年7月 抗大政治部出版, 报纸 32开本, 68面 1册 5.50

本书内容有：艾思奇同志的“歡迎世界学联代表团”，“林彪同志的“歡迎詞”，“罗瑞卿同志的“答詞”，毛泽东同志的“与四代表之談話”。柯乐满、雷克难、傅路德、雅德女士，四位代表的演詞等十三篇文章，前有四位代表题字，末有附录三则

中華民国学生联合会总会第七届全国代表大会宣言及决議案

1925年7月20日印，报纸，32开本，81面，1册 15.—

全书包括宣言，决議案八项，附録三则。

中華民国学生联合会总会第八届全国代表大会宣言及决議案

1926年8月30日印 报纸，32开本 80面 1册 15.—

内容为决議案十项，文電八则，总章，代表姓名録。

中華民国学生联合会总会第七届全国代表大会宣言

国民革命军总司令部政治部印，不著年月，

报纸，32开本 26面，1册

内容1. 宣言

2. 会章

3. 各校学生会组织系统表．

4. 各地学生联合会组织系统表．

5. 全国各省联合会组织系统表。

中華民国学生联合会总会第七届全国代表大会宣言．

中国国民党广州市党部印，不著年月，

抄本 32开本，24面，1册 3.-

中華民国学生联合会总会第七届全国代表大会宣言

1925年7月20日广州学生联合会翻印，

抄本 32开本，81面，1册 10.-

北京惨案真像

1926年 中华民国学生联合会总会编印

报纸，32开本．46面 1册 6. 10. 18. 5.

内容：1. 各国使之联席会议

2. 執政府前之小流血

3. 外交部中代表坐候

4. 十八日的国民大会

5. 空前未有之屠杀

6. 屠杀后之救護

7. 事后政府之嫁祸

8. 诱杀之阴谋

9. 民众之愤起

10. 结论

附：殉难烈士调查表。受伤者调查表。

前有铜图三页。

漢口惨杀案

高尔松 高尔柏编

1925年9月青年政治宣传会出版．

报纸，32开本．118面 1册 8. 6.

全书分三编：1. 惨案发生以后的武汉（总叙） 12.

20×20=400（稿纸）

2. 汉口大屠杀的经过(三则)

3. 惨案发生后的武汉(八则)

汉口惨杀案

高尔松 高尔柏编 青年政治宣传会出版

1927年4月3版 报纸，32开本，118面，1册 6.

全书分三编：(1)惨案发生以前的武汉，又分五则：

1. 绪言 2. 慷慨激昂的学生界

3. 愤激欲动的工人及下层民众 4. 半冷半热的商界

5. 为党作伥的军阀。

(二)汉口大屠杀的经过

1. 惨杀的暴发 2. 郑汉祥报告惨杀

3. 帝国主义铳弹下之牺牲者

(三)惨案发生后的武汉

1. 惨杀后武汉各方之进行 2. 商界示威大游行与汉案侨俗人权保障运动

3. 萧督办的作为 4. 责望於萧督

5. 外人方面的行动 6. 各方代表纷纷来汉

7. 汉案交涉之经过 8. 各地援助汉案的蜂起

济南惨案 (民训丛书之一)

蒋鸿福 黄远仁编辑

1928年7月 中国国民党济南市指导委员会民众训练会训政科编辑

报纸，25开本 148面，1册 6.- 4.-

本书分前、中、后三篇。第一篇分五章，第二篇分九章，第三篇一章。前篇分述山东之概况，日人侵略山东的事实，和济案发生的远因；中篇叙述对济案主动人田中之历史，作有系统的叙述；后篇则说明雪耻的工作。

济南惨案

不著编者及出版年月。报纸，16开本 1册 5.-

本书叙述了惨案的经过事实，并说明其发生背景。附各项调查统计表。并有济南惨案歌，国耻反日运动歌，日本军惨杀我同胞的铜版28页。

济南惨案前、后日本之阴谋

不著编者及出版年月。报纸，32开本 20面 1册 5.-

本书分析了日本在济南屠杀之前因后果及其阴谋，分：

1. 惨案之原因——远因、近因。

2. 肇事之情形，

3. 济案之侵略，甲青岛及胶济路方面。乙天津方面

丙东三省方面 丁长江华南方面。

济南惨案真像录

民众宣传会编纂

1928年5月出版。报纸，32开本，96面，1册。 .80

20×20=400(XX)

内容分四章：1. 惨案始末记　2. 蔡公遇难记

3. 日本在华之兵力.　4. 各国之态度

五三新血

杨汉辉编述

1928年出版　报纸. 32开本. 112面　1册　2.50

内容分五编：1. 五三惨杀的前后

2. 五三惨杀后的中外舆论

3. 全国各界反日救国的主张

4. 中央政府关于五三惨案交涉文件

5. 附录.

五三血路

国民革命军第三集团军特别党部山西太原党务指导委员会宣传部编.

杨经棠编审

1928年8月出版. 报纸. 32开本　1册　2.80

内容分七编.

五九纪念册

中国国民党上海特别市党务指导委员会宣传部编印(非卖品)

1928年5月9日出版. 报纸. 32开本. 40面　1册　.50

本书叙述1915年(民国四年)五月九日袁世凯承认了丧国辱权的日本帝国主义提出的二十条，使中国人民永远不忘。

第 167 页

五卅凶手之供状

不著译者姓名　1926年4月2日译　报纸，36开本，30面　1册　25.- 15.- 6.-

（上书另有翻印本，报纸，32面，封底载四烈士照片）

本书内容，系上海美国商团团员论述"五卅"惨案的指挥者流梨·史密斯，工程师出身，"五卅"时替公共租界的老闸巡捕房服务，当惨时我亦出席。这里是他给美国人"罗克"写的一封信，这封信就等于"五卅"凶手的自供状。前有译者序言，封底有刘华（陶静轩）汪寿华（何松林）王炎夏（宋主要）四烈士照片。

五卅后之上海学生

上海学生联合会编辑

1925年12月30日出版，报纸，32开本，64面，目录2面，1册　12.-

内容共分十二章：

1. 五卅运动初期之上海学生　　2. 五卅运动中之上海学生与上海民众
3. 对英日绝交之概况　　4. 宣传五卅惨案之经过
5. 暑假期中之工作　　6. 上海学生联合会之改组
7. 反奉战争与上海学生　　8. 反对关税会议与司法重查
9. 学潮　　10. 援助周兴惨案及反抗警厅压迫
11. 联欢会与同乐会　　12. 结论

附录：平民教育报告。前有杨贤江、殷实南序言。

20×20=400（学文）

五卅惨杀纪念录

大中华国货协进会编印

1925年6月出版　报纸，16开本，16面，1册　25

本书系根据"新闻报"、"字林报"、"申报"三报编辑而成。前有"五卅"牺牲者铜面二页。

五卅

上海学生联合会编辑股编印　不著年月。

报纸，32开本，15面　1册　5

内容：1. 开篇话——开基　2. 五卅事追述——楼兆绵

3. 为五卅血泪痛告同胞——赵铎

4. 五卅运动失败的原因——朱镜仁

5. 我之五卅的经过和感想——陈鸣扬

6. 国耻与人格

五卅血史

民情社编辑部编辑

1925年7月出版。报纸，32开本，173面，1册　20

本书分十章，每章又分若干节。

第一章，五卅惨剧之起源，分6节

第二章，南京路之大屠杀　分6节

第三章，惨剧发生后之各方情形　分5节

第四章：罢业罢工及救济　分3节

第五章，交涉之经过　分3节

第六章，汉口惨剧概说　分3节

第七章　沙基惨剧概说　分4节

第八章　[illegible]向救者之黑幕　分6节

第九章，外人之言论　分3节

第十章：菲律宾华侨救济之始末分3节。

五卅纪念

广东大学秘书处出版部编辑

1926年"五月卅"惨案纪念日出版．报纸，16开本，48面，1册．2.5

本书由王独清等十五人撰文。

血债　（五卅纪念手册）

国立中山大学学生工作委员会主编

1947年5月出版，报纸，32开本，90面，1册　2.50

本书内容为反饥饿、反内战、挽救教育危机。

并附：中山大学"五卅一"血案及"六一"大逮捕的照片。

沙面惨杀案

高尔松　高尔柏编

1925年10月青年政治宣传会出版

报纸　32开本　134面　1册　6.—
5.—

内容：1.沙面惨案发生前的广东

2.沙面惨案的暴发

3.惨案发生后广东民众的愤慨

4.惨剧发生后的外交

5.军政界重要人物的热烈表示

6.国民党对于沙面惨案的表示

7.外人表示同情

8.沙面惨案的宣传大纲

9.黄昌穀之沙基惨案发生后之广东谈.

沙基痛史

钱义璋编

不著出版年月，报纸，16开本，200面，1册　　6.

本书叙述香港之工人学生，骤得五卅惨案消息后，急起声援，工人罢工，学生罢课，并对香港政府提出废除不平等条约的要求，因而遭到帝国主义者的惨杀……。

内容：1.引言.

2.惨案经过之情形，3.惨剧后之情形（惨剧后之沙面、香港、澳门被难之善后）

3.国民政府之交涉经过。

5. 民气之发扬

6. 外人之言论

7. 被压迫民族大结合之动机

8. 补言

9. 附录。前有插画36幅。

沙基血痕

~~[illegible]~~ 青白花社编

1926年6月23日出版。报纸 32开本 17面。1册 4.-

本书为“~~[illegible]~~沙基血案”周年纪念的特刊。青白花第十三期之抽印本。

沙基惨案杀害真相（像）

不著编者出版年月。道林纸 25开本。18面。1册 2.50

上海日英帝国主义者屠杀同胞之经过。

梅电龙编述。

上海大专学联合会印行（无年月） 报纸 32开本 18面。1册 2.-

内容：1.引言　　2.惨剧发生之远因

3.惨剧发生之近因　　4.“五卅”南京路惨杀纪实

5.惨剧之继续不断发生　　6.依据学校与损伤人。

7.惨剧之余波　　8.结论

上海民众纪念“九一八”发生惨案真像。

上海各界救国联合会编。

20×20=400(锦文)

1936年9月18日出版。 报纸，32开本，56面，1册 5-

内容：1. 惨案发生之经过 2. 我们的呼吁

3. 民众的创痕 4. 家属的悲思

5. 凶手们的成绩 6. 受伤者的自述。

"三一八"惨案

国民革命军总司令部政治部编印。（不书年月）

报纸，32开本，38面，1册

三一八 （现代青年社小丛书之三）

现代青年社编辑 广东省城平民书社印行

1927年3月18日纪念出版。 报纸 32开本 13面 1册

全书分上下两篇。

上篇：1. 巴黎公社纪念日 2. 巴黎公社产生的意义

3. 巴黎公社前前后后，4. 巴黎公社与无产阶级

5. 巴黎公社与世界革命（苏维埃革命）

6. 巴黎公社与中国国民革命

7. 巴黎公社的失败与成功

8. 怎样纪念巴黎公社。

下篇：1. 什么是"三一八"纪念节 2. 惨杀的经过。

3. 章士钊与"三一八"惨杀。 4. "三一八"纪念与国民革命

5. "三一八"惨杀与巴黎公社纪念 6. 一周年的三一八纪念

20×20=400(横文)

九一七 （"九一七"二周年纪念特刊）

国民革命军第二集团军政治工作委员会编.

1928年.9月17日出版. 报纸.16开本; 1册 2.-

本书是为纪念冯玉祥于1926年九月十七日在五原受中国国民党的"洗礼",兼就"国民军联军总司令"职,宣誓剷除卖国军阀,打倒帝国主义。

一二八松沪抗日周年纪念专刊

中国国民党中央执行委员会西南执行部编印（非卖品）

1933年1月28日出版. 报纸25开本, 102面, 1册 1.-

一二九 （学习丛书之二）

学习出版社出版.

1947年3月出版. 报纸,32开本. 1册 1.50

内容: 1.一二九运动的回顾与前瞻

2.一二九运动小史

3.一二九街头示威速写

七二四惨案

张铁如编

1927年7月出版, 报纸.25开本,39面, 1册 2.-

本书记述1926年7月24日广东军阀张毅在潮汕一带屠杀人民,以及他被伏诛的经过情况。

20×20=400（横文）

世界的中国的青年运动之路（民族解放青年丛书之二）

民族解放青年出版社编印

1938年3月再版本 报纸 32开本 1册 3.-

内容：1. 世界青年运动的情况

2. 中国的青年运动情况

3. 附录 祝词

青运文献

1949.12新华书店翻印

1949年7月再版本 报纸 32开本 58面 1册 40

本书内容多为新民主主义青年团的重要文献。

中国青年运动的新方向

冯文彬著

1939年6月1日解放社出版 延安新华书店发行

香港东苍书社总经售 报纸 36开本 98面 1册 1.-

本书系作者1938年11月19日—21日在西北青年救国联合会第二次代表大会上的总报告。阐述抗战[illegible]政策了一步，以及青年对统一战线的认识、前途任务，向着团结前进。

五四在北大

北大壁报联合会委托风雨社编辑兼发行

1945年12月出版. 报纸 32开本, 62面 1册 .50

五四运动史.

包遵彭 曾荒著

1946年8月青年出版社再版.

内容分五章：1. 绪论.

2. 五四运动之历史关系

3. 五四运动的背景

4. 五四运动的经过

5. 五四运动的性质及其影响.

五四运动纪实及其他

匡互生著

1925年自由社刊行. 报纸 32开本 44面 1册 .60

内容：1. 绪言 2. 五四运动的起因

3. ~~[illegible]~~ 五四运动的真相

4. 结论

附：告少年 克鲁泡特金著 旅东译.

五四运动与知识青年

章炼峰编著

东北书店印行. 不著年月 报纸, 32开本 20面 1册 .20

内容：1. 五四运动的史实, 2. 毛泽东论五四

3、纪念五四与知识份子的道路。

苏康有毛泽东同志指示说：“知识份子如果不与工农兵相结合，则将一事无成”。

“五四”四周年纪念和一九二三年的全国学生大会

1923年北京学生联合会编印 报纸 32开本 17面 1册 18-

“五四”历史演义 16回。

蔷薇园主编订

1937年5月上海读书生活出版社出版。

报纸 32开本。245面。1册。

本书第十三十四二回，叙述毛主席的早期革命活动，第192页第十三回题：林琴南反对白话文 表戟道误闹天演说。——且说湘江评论的主人，不是别个，就是在北京住过的董折录。

这本书在解放前是被禁止出版的，因而传本很少。 （吴晓铃芑）

新五四演义12回（绣像全篇小说）

上海市学生联合会编辑。

1947年6月出版。报纸 32开本。14面 1册 1.

本书叙述上海学生反饥饿运动进行，与特务们搏斗的情况。

20×20=400(横文)

革命青年

中国国民党中央执行委员会编印

1930年五月四日纪念出版. 报纸 32开本 1册 2.50

青年农工

青年农工社编

1925年11月7日出版 报纸 32开本，1插画，1册 25.-

本书为十月革命纪念特刊.

福建革命青年（一）

中国国民党福建省党部筹备处青年运动委员会编印

1927年1月15日出版. 报纸 25开本 26面. 1册 2.-

内容：1. 告福建青年——张志业

2. 青年运动的基点——刘铺民

3. 青年学生对于中国国民党应有的认识——蔡来茂

4. 敬告福建革命青年——尤永增

5. 对党一点小意见——思洪

6. 青年运动方案.

·末附：总理遗嘱. 目录.

我们的学术

广东全省青年纪念国际青年日大会编印.

1926年9月5日国际青年纪念日出版. 报纸 32开本 26面 1册 4.-

内容：（一）我们的要求：

1. 西方青年的际遇　　2. 国际青年日与青年之反抗。

3. 帝国主义之侵略与中国青年　4. 中国的青年与抗战生活。

5. 我们的要求。（并提出具体要求之7则。）

（二）大会宣言。

国际青年纪念日告全国青年。

今日之民族青年　（民族解放青年丛书之一）

不著编者　全书分五部分

1938年1月民族解放青年出版社印行　报纸　32开本　1册　2.—

上海青联

青年会、女青年会、晓光团、上青经济研究会编

不著出版年月　报纸　32开本　1册　1.50

20×20=400（横文）

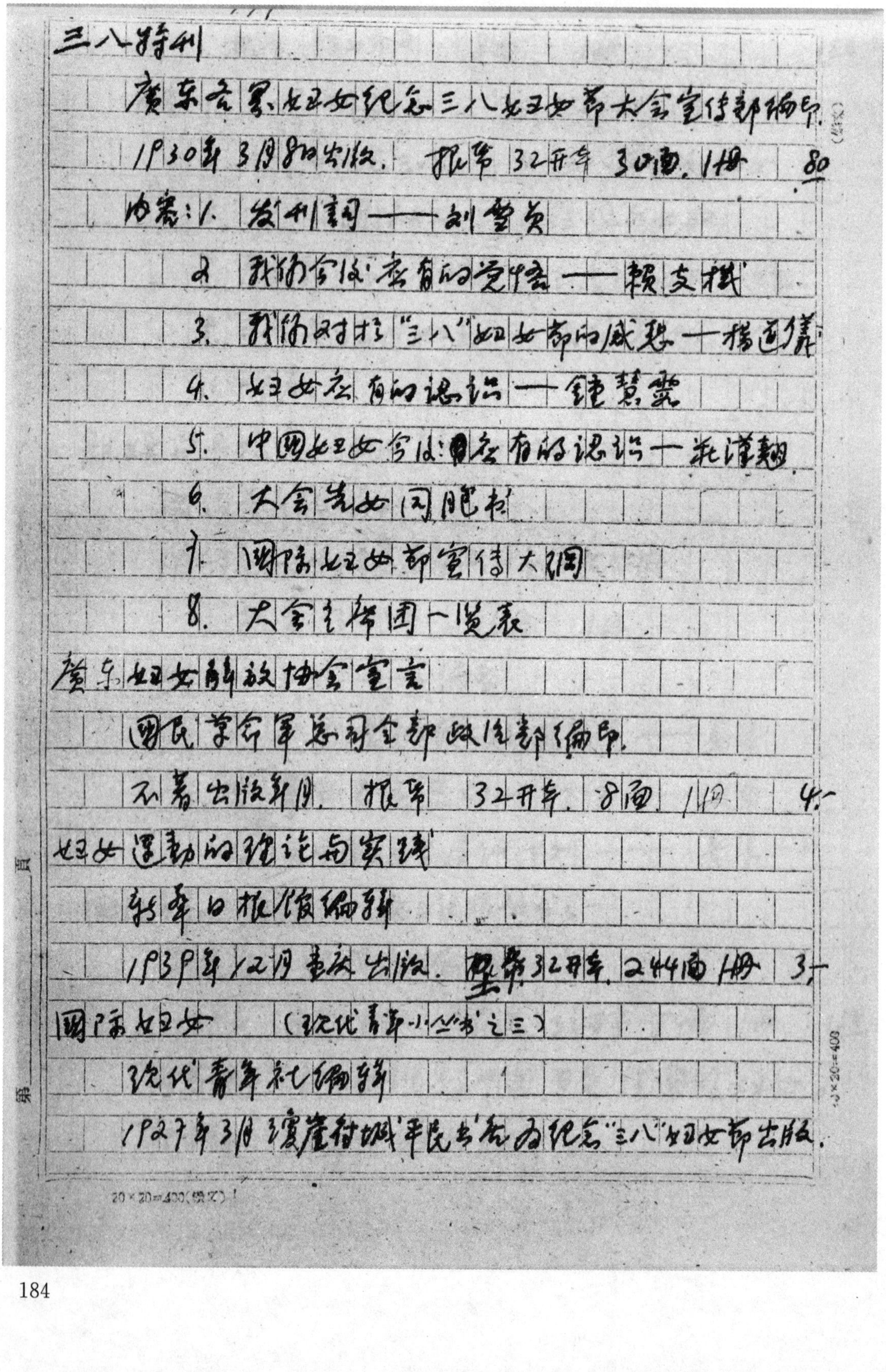
三八特刊

广东各界妇女纪念三八妇女节大会宣传部编印.

1930年3月8日出版. 报纸 32开本 30面. 1册 80

内容：1. 发刊词——刘云英

2. 我们今后应有的觉悟——赖支棣

3. 我们对于"三八"妇女节的感想——杨道仪

4. 妇女应有的认识——钟慧雯

5. 中国妇女今后应有的认识——张汉翘

6. 大会告女同胞书

7. 国际妇女节宣传大纲

8. 大会主席团一览表

广东妇女解放协会宣言

国民革命军总司令部政治部编印.

不著出版年月. 报纸 32开本. 8面 1册 4.-

妇女运动的理论与实践

新华日报馆编辑

1939年12月重庆出版. 土纸32开本. 244面 1册 3.-

国际妇女 （现代青年小丛书之三）

现代青年社编辑

1927年3月琼崖府城平民书店为纪念"三八"妇女节出版.

第 页

20×20=400（横文）

报纸. 32开本 8面. 1册 1.50

内容：1.“三八”的来源.　　2.“三八”的经过.

3.为什么纪念“三八”.　　4.“三八”与劳动妇女.

5.“三八”与国际妇女.　　6.“三八”与女权

7.国民革命与“三八”运动　　8.共产主义与“三八”运动.

9.“三八”与广东妇女.　　10.怎样去纪念“三八”

11.呼声.

離婚与退婚（现代青年社小丛书之二）

现代青年社编辑

1927年2月10日广东省城平民书局出版.

报纸 32开本. 16面 1册

内容：1.小引——编者

2.与旧婚挑战的初步策略——喜集

3.寄给老婆的一封信——侠贞

4.自由離婚建议十则——喜集

国际妇女动态（每日译报丛书之一）

英商每日译报社编辑.

1938年3月8日出版. 报纸 32开本. 94面 1册 1.50

内容叙述苏联、西班牙、中国、日本、法国的妇女。

附录：列宁论妇女解放。

20×20=400（绿文）

妇女与奉系军阀

国民革命军总司令部政治部编印.

1927年3月出版. 报纸. 32开本. 12面1册.

内容：1. 妇女的仇敌奉系军阀

2. 奉系军阀被吴佩孚打败后在唐山一带蹂躏民间妇女.

3. 张宗昌在北京劫掠女公子(林琴南之女)

4. 奉军兵士骗奸少年的奶妈.

5. 张宗昌的白俄兵在山东蹂躏小脚妇女

6. 奉系军阀到江苏蹂躏民间的妇女和军官的家眷.

7. 江苏奉军被孙传芳打败后的骚扰

8. 奉系军阀在北京北海公园污辱中西女学生

9. 奉系军阀在天津蹂躏剪发的妇女.

10. 奉系军阀在八大胡同枪杀无辜的妓女.

11. 奉系在北京石头胡同和宪兵衙室开枪争斗. 杀死了无辜妓女和游客.

12. 张宗昌猪玉璜同奸婢僮画小令

13. 最近鲁军南下在徐州浦口一带的骚扰

14. 张宗昌招暗娼妓女做女宣传队是“一举两得”.

15. 妇女们应该起来打倒奉系军阀。

新社会的妇女

20×20=400(报文)

文学研究社编辑

1926年5月初版. 报纸, 32开本. 84面, 1册 4.—

中国妇女与文学 (第6章)

陶秋英著

1933年4月北新书局出版. 报纸, 30开本, 1册 1.20

将来之妇女 (中国青年社丛书第19种)

张秋人译, 中国青年社编印

1925年上海书店出版. 报纸, 32开本, 38面/26面. 1册. 5.— 4.—

内容: 1. 何谓社会主义, 2. "人"的工作.

3. 教育 4. 公众生活

5. 社会主义破坏家庭和家族制度否。

6. 家庭. 7. 婚姻

8. 母性

一个革命女性

宁谟·韦尔斯著

1939年文化出版社印行. 报纸, 36开本 28面 1册 3.—

本书内容, 作者叙述女革命家蔡畅同志的革命事迹。

打倒奉系军阀

国民政府军事委员会总政治部编印. 不著年月

报纸. 32开本. 24面. 1册

内容: 1. 打倒奉系军阀的必要

2. 奉系军阀的产生及其历史.

3. 奉系军阀实力的一般

4. 奉系军阀内部的冲突及其种种危机

5. 奉系军阀勾结帝国主义及施行民众的罪恶.

6. 打倒奉系军阀.

革命军人与军阀 (丛书第4种)

国民革命军总司令部政治部编印

1926年12月出版. 报纸. 32开本 30面 1册. 5.-

前封里面有孙中山总理遗嘱。

本书阐述了革命军人与军阀之区别.

我们为什么要打倒陈炯明.

谭平山先生讲演. 饶君强笔记. 不著年月

报纸 32开本. 18面. 1册 4.-

本文系于双十节时在国民革命第三军军官学校讲演记录.

万恶军阀张宗昌铁蹄下的山东工人

中国国民党山东省党部编印.

不著出版年月　报纸，32开本，12面，1册。

内容：1. 卷头语

2. 四方纱厂惨杀案

3. 解放胶济路总工会及沿路分会

4. 解放胶济路总工会青厂修机分会

5. 解放鲁丰纱厂工会

6. 摧残津浦路济南大厂工人

7. 压淄迫川大荒地炭矿工人

8. 帮助资本家兴顺富压迫工人

9. 武力解放济南面粉工会筹备会

张宗昌祸鲁小史

中国国民党山东省党部编印

1927年出版。报纸，32开本，22面，1册

本书将张宗昌在山东的祸民罪行作了一次清算。

缺原目。

商人与奉系军阀

国民革命军总司令部政治部编印

1927年2月出版。报纸，32开本，18面，1册

内容：1. 导言

2. 奉系军阀剥削商人之一般

5. 奉系军阀把持铁路下一般商人的痛苦。

6. 奉系军阀不打倒，商人绝无独立之望。

讨伐叛党祸国殃民的阎锡山

中国国民党中央执委会宣传部编印

1930年4月出版. 报纸 32开本 1册 . 3.50

内容为：1. 罪状 2. 讨伐电文。

書林掇英

書刊报纸部份

（三）

资本制度浅说

山川均著　施存统译

1925年2月上海书店印行。~~[illegible]~~报纸32开本，文75面目4面1册 4.

全书分为十六章。前有1923年11月7日译者自序

1926年10月广州国光书店第三版。报纸32开本106面1册

按施存统，改名复亮，一字伏量，浙江诸暨人。

1925年"五卅"运动时曾任上海学生联合会主办之暑季讲习会教授。曾参加留法勤工俭学班，加入社会主义研究会。北伐前在黄埔军校当教官。并任武汉中央军事政治学校入伍生政治部主任。与黄炎培等发起组织民主建国会，主办平民周刊。现任劳动部副部长。~~著译有：~~

资本主义之解剖（社会科学丛书）

布莱布软斯基著　陈文瑞译

1930年3月上海科学研究社出版。

报纸　32开本　176面　1册 5.

全书分为五编，每编又分若干章：

第一编：资本主义制度　分8章

20×20=400

第二编：资本主义制度的发展，分5章

第三编：社会主义与无产阶级专政，分7章

第四编：资本主义发展怎样达到社会主义革命 分[illegible]章

第五编：第二国际与第三国际，分6章

资本主义世界与苏联 （苏联研究丛书之三）

曼奴依尔斯基原著，方群英译 坞宝卿主编。

1933年1月15日景星书局（上海）出版。（书封作晓星书局）

报纸 28开本 39面 1册 3.-

内容：1. 有世界历史意义的主要事实

2. 社会主义建设与资本主义包围

3. 社会主义工业化与国外的无产阶级群众。

4. 社会主义建设与发展中的困难

5. 现今政策的主要任务

6. 苏联的道路是革命的胜利的道路。

帝国主义是资本主义底最高阶段

列宁著。

1946年6月太岳新华书店印行。土纸 32开本 1册 2.00

帝國主義 （中央军事政治学校政治讲义丛刊第三种）

王懋廷编

1926年9月中国国民党中央军事政治学校政治部宣传科印。

报纸　32开本　46面，　1册　4.

本书分三讲：1.帝国主义之内容

2.帝国主义之历史发展

3.帝国主义之崩溃.

帝国主义政策的基础

苏俄巴泱鲁夫著，朱则译

1927年4月上海卿雲書公司印行.再版本.

报纸.　28开本.　140面.　1册　6.

全书共分七讲。

1926年2月　中国国民党中央执委会宣传部刊印

报纸　32开本　218面.　1册　5.

帝国主义之内幕

張謫蘊著

1926年4月广州群众书社印行.

报纸　32开本.　229面.　1册.　2.50

全书分三篇.22章

第一篇：帝国主义之经济政治大观

第二篇：帝国主义与世界大势

第三篇：结论.

帝国主义浅说

第 18P 页

列宁著　李春蕃译　沈泽民校订

1925年2月初版，1926年2月再版。

报纸　36开本　187面　1册　5.—

全书分为六章：

第一章：工业集中与专利

第二章：银行的新地位

第三章：金融资本与金融寡头政治。

第四章：资本的输出

第五章：资本家的分割世界

第六章：列强之分割世界。

帝国主义浅说

中国青年社编辑

1927年3月海口海德南书局初版。

报纸　32开本　50面　1册　4.—

内容：1. 资产阶级对于帝国主义的解释。　7.—

2. 帝国主义的真意义　6.—

3. 资本主义的特性

4. 帝国主义的特性，分为三种：

①专利，②移植资本，③瓜分世界等。

5. 帝国主义的矛盾。

帝国主义浅说

中国青年社编辑

1926年11月出版.　报纸 32开本　50面 1册　4.-

1927年国光书店印行.　报纸 32开本　26面 1册　6.

帝国主义大纲　(政治讲义第三种)

王懋廷编

1926年9月中央军事政治学校政治部宣传科发行

报纸　32开本　46面　1册

内容：1. 帝国主义之内容

2. 帝国主义之历史的发展

3. 帝国主义之崩溃

帝国主义与中国

萧楚女　周恩来著.　高尔松　高尔柏编.

中国经济研究会出版.(不著年月)上海新文化书社发行.　5.-

报纸　32开本　328面.　1册　7.-

本书收集了周恩来同志写的"辛丑条约与帝国主义"；瞿秋白同志的"反帝国主义运动与国民党"；萧楚女同志的"帝国主义侵略与中国的实况"；骏心史君的"帝国主义"等24篇文章。

帝国主义与中国

高尔松　高尔柏编.　抱恨生校.

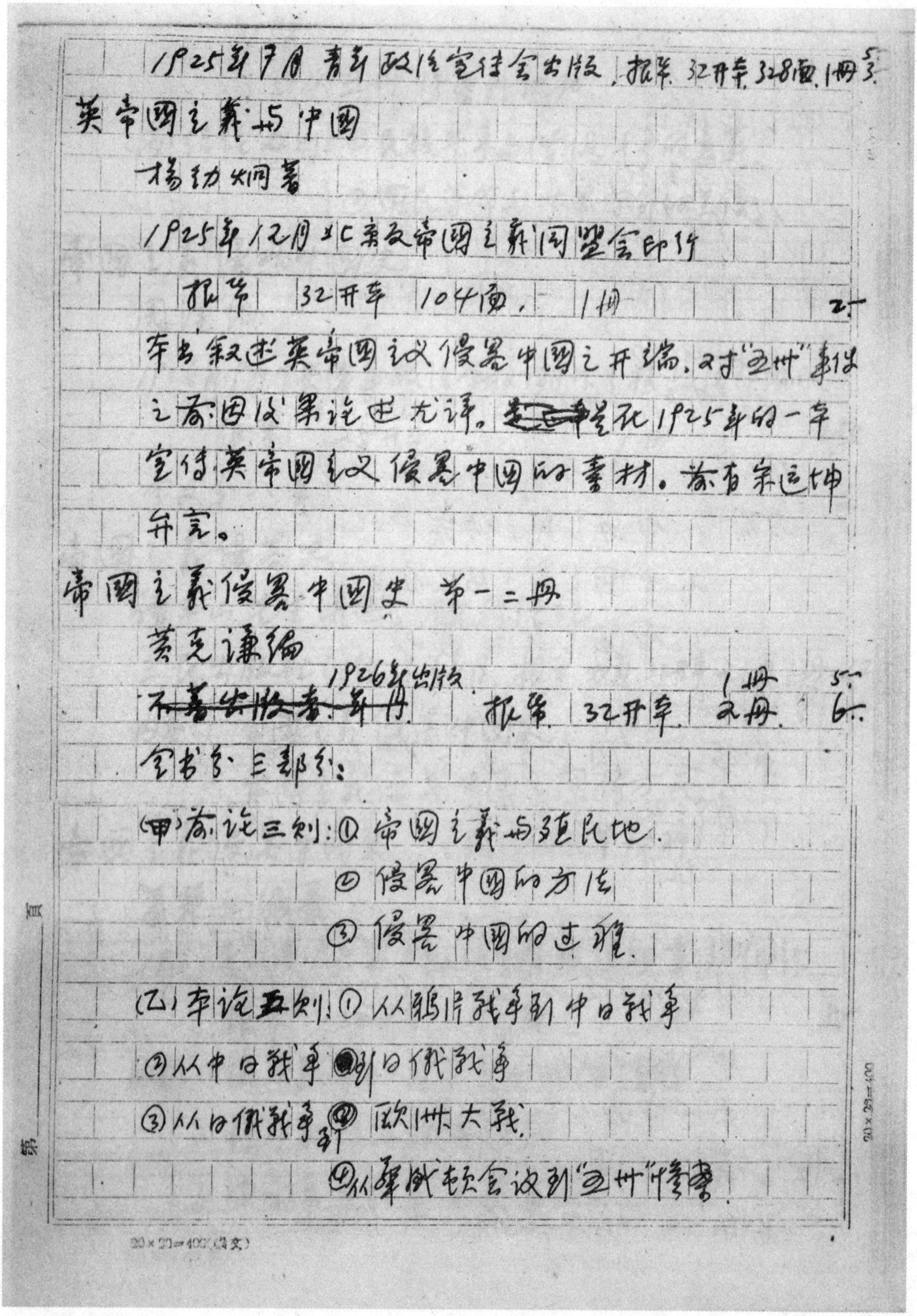

1925年7月青年政治宣传会出版，报纸 32开本328面，1册 5/3

英帝国主义与中国

杨幼炯著

1925年12月北京反帝国主义同盟会印行

报纸 32开本 104面，1册 2.

本书叙述英帝国主义侵略中国之开端，对"五卅"事件之前因后果论述尤详。是在1925年的一本宣传英帝国主义侵略中国的书材。前有宋运坤弁言。

帝国主义侵略中国史 第一二册

萧克谦编

~~不著出版者年月~~ 1926年出版 报纸 32开本 ~~2册~~ 1册 5. 6.

全书分三部分：

(甲)前论三则：①帝国主义与殖民地

②侵略中国的方法

③侵略中国的过程

(乙)本论~~五~~则：①从鸦片战争到中日战争

②从中日战争到日俄战争

③从日俄战争到欧洲大战

④从华盛顿会议到"五卅"惨案

20×20=400

⑤从"五卅"惨案到现在.

(丙)结论二则：①民族斗争与阶级斗争的意义.

②国民革命与世界革命的关系.

帝国主义侵略中国史

周淦编

1926年9月中央军事政治学校潮州分校政治部编印.

报纸 25开本 1册 2.50

全文分八章。

帝国主义侵略史

谭平山先生讲述. 饶君强记

三民出版社印行. 不著年月. 报纸 双页 32开本 21页 1册 12

内容：1. 帝国主义侵略中国史.

2. 帝国主义侵略中国之间接方式。

帝国主义侵略中国史 (政治讲义第十三种)

萧楚女编纂

1927年2月中央军事政治学校政治部宣传科印行.

报纸 32开本 114面 1册 8.-

内容：1. 鸦片战争以前之中西国际情形

2. 鸦片战役及南京条约

3. 由南京条约至天津条约.

第 193 页

4. 藩属之移转及马关条约.

5. 瓜分危机与门户开放主义

6. 辛丑条约及清末之外交

7. 民国初元至二十一条交涉

8. 华盛顿会议及其以後.

帝国主义侵略中国史

于树德讲演词

1927年1月国光书店出版, 报纸, 32开本, 62面, 1册 4.-

内容分五讲: 1. 鸦片战争前的中国状况

2. 中日战争及其影响

3. 义和团与帝国主义

4. 八国联军以至欧战开始

5. 日美冲突与华盛顿会议

反帝国主义

反帝国主义大联盟编辑

1926年1月武昌时中合作书社印行.

报纸, 32开本 2[illegible]面, 1册 10.-.

内容: 1. 反帝国主义——胡南湖

2. 反帝国主义的教育——许兴凯

3. 反帝国主义运动周——熊得山

20×20=400(京文)

184

4. 帝国主义与反帝国主义的时代意识 —— 王建侯

5. 反帝国主义与打倒军阀 —— 吕一鸣

6. 反帝国主义与东方民族 —— 林可彝

7. 关税会议与中国前途 —— 周毅侗

8. 帝国主义的命运 —— 谢廉清

9. 怎样打倒帝国主义 —— 金天友

10. 一年来反帝国主义的进展 —— 郭宗圭

11. 帝国主义的道德观 —— 孙寄静

12. "五卅"事件与反帝国主义运动 —— 胡南湖

13. 反帝国主义运动与反帝国主义大联盟 —— 李汉俊

反帝国主义

夏曦著

1925年5月7日出版. 报纸. 32开本. 1册 5.-

打倒帝国主义（政治教育丛书第七种）

国民革命军总司令部政治部编印.

1926年广州出版. 报纸 32开本 14面. 1册. 4.- 5.-

（人民大学藏）

打倒英帝国主义

国民革命军总司令部政治部编印.

1927年2月出版. 报纸 32开本 28面 1册

第 185 页

内容：1. 概论

2. 英帝国主义者的屠杀政策

3. 反英运动的风起云涌

4. 英帝国主义者过去在中国侵略的历史

5. 英帝国主义者与中国军阀

6. 口蜜腹剑的英帝国主义者

7. 英帝国主义者的危机

8. 打倒英帝国主义与中国民族解放运动。

中国怎样对付日帝国主义（反日帝国主义丛书之十二）

蔡云著

1931年11月22日上海昆仑书店出版。（印2000册）

报纸　32开本　68面。　1册

青年平民读本 第一二册

卓恺泽编著

1925年8月再版本. 报纸. 32开本 二册. 5.-

青年平民读本 1—4册. (平民学校教科用书)

卓恺泽编著

1926年中国青年社出版. 报纸 32开本 4册 20.-

工人常识教本

南宁市劳工教育委员会编印 不著年月.

全书分十九课 报纸 148面 1册 6.-

附:中国工人所受不平等条约之害.

中国国民党最近关于工人利益决议案.

工人补习读本第1册

湖南总工会编

1927年宝庆总工会翻印. 粉连纸 35面 1册 5.-

全书共69课.

农民补习课本 第1—5册合订本

陈协五等编订

1926年8月30日中国国民党广西省农民部印行.

报纸. 16开本. 37页 1册 5.-

全文共分五册. 共七十九课:

第一册．30课．课文内容：使读者认识到自身利害与帝国主义军阀的关係。

第二册 12课．课文内容：使读者了解国民党的主义和政纲，与农民自身的关係。

第三册．17课．课文内容为农民协会及农民自卫军之组织条例。

第四册．10课．课文内容为国内经济概况

第五册 10课．课文内容：使农民了解农民在中国历史及世界历史上之政治力量。

读了这五本课文以后，可使农民奠定国民革命的基础观念。

成人读本 第一册．

曹典琦编

1927年3月湘潭农民协会翻印 报本 1册 2.—

成人读本 1—4册．

不著编者． 木板刻印本 粉连纸． 4本 12.—

本书为农村补习教育班用书．每册24课．共有生字一千多个．适于成年人读。第二册末有标语：“被压迫的农民在农民协会的旗帜下团结起来”。

冬学公民课讲授书

吕梁文化教育出版社编

1944年晋绥边区行政公署印行.

土纸. 32开本. 56面. 1册. 30

全书课文二十课, 内容以事实例讨论的方式进行教学。

20×20=400(横式)

石達开日记

武进许指严编辑（梓芬楼主人收藏原稿）

1923年出版．报纸 25开本 130面．1册 1.-

这本日记始自太平天国龙飞八年春三月出京渡江，至阻止自戕，共二十二则。

山钟集

清伊兴续鉴定 苏绍柄编辑

1906年（光绪32年6月）出版．觉觉社发行．

报纸 25开本 564页 共4册，页码通号 50.

本书内容为

光绪三十一年四月，美国禁止華工往美，并订定苛例强我续约。四月初七日上海各帮商董因美禁華工事，开会抵制此禁约，誓不运销美货，拒绝使用美货，于是全国响应。此为清朝末年反对美国虐待華工的一次轰轰烈烈的爱国运动。此书为曾少卿（铸）检选案存函電，由苏绍柄编辑而成。细目如下：

1. 苛禁述缘　　2. 开会抵制
3. 電外務部及南北洋大臣公電　　4. 致二十一埠商会公電
5. 上外务部书　　6. 上伍侍郎书
7. 致本埠及各外埠函．　　8. 各外埠電
9. 本埠及各外埠来函　　10. 复各外埠来電

11. 劝本埠及各外埠书　　12. 记沪埠商董在美领事署会议并与美使问答语

13. 美使译华工约说略　　14. 记沪埠商董公宴美国官商事

15. 声明未允展禁期广告　　16. 致美领事书

17. 与美领事晤商工约记　　18. 正告沪埠美商

19. 实行不用美货广告　　20. 留别同胞书

21. 书留别书后　　22. 生挽联

23. 古今体诗　　24. 附筹办实业诸公书

前有曾少卿肖像．王大伦像赞．吕贤．何卓勋商推作序。

庚子传信录

日本小山秉信著

年明治35年4月2日印行　根本．32开本．16页 1册．40

本书记述庚子事变．义和拳及对侵略者的事实。

庚子教会华人流血史

河南信阳紫玄节莲馥编辑　白花山人阅编．

1909年(宣统元年)出版．1925年1月上海中国基督圣教书会再版

根本　25开本　1册　2.50

本书记述庚子拳民反帝革命情况，是一本反面材料。

癸丑战事汇录　第一册．

20×20=400

洪越、殷楼编辑。

1913年9月上海癸丑战事汇录总发行所印行

道林纸，16开本，1册，4.-

内容：1.序 2.发刊词 3.肖像 4.图画

5.著论 6.命令 7.专电 8.公电

9.纪事 10.时评 11.文告 12.公函

13.杂纂。 附录：名人肖像、战地写真。

刘存厚叛乱始末记

张维翰等记录

1917年4月30日出版。石印，粉连纸，22页，1册 1.50

本书内容：系记述滇黔军阀中之二の师长刘存厚

陈律衡等经过情况。

按张维翰，1891年生，字莼鸥，云南大关人。日本留学明治大学毕业。1912年任云南都督府秘书，1913年任云南省行政公署秘书兼总务科长。1914年任云南黑盐井盐务稽查总办兼盐兴县知事。1915年任个旧县知事，1918年再去日本研究市政，1921年—1927年任昆明市长。1930年任云南省兼民政厅长等职。著有《都市计划》、《市制论》、《田园都市》、《英国田园市》、《农村自治之研究》、《生理建设论》等。

腾越杜乱纪实　郡人 曹琨 佩瑶 述.

1916年11月10日上海泰东图书局出版.

报纸.　32开本　44面.　1册　.50

据腾越属云南省。曹琨，别字叙蘧居士，叙蘧老人。

黄汉魂

湖南演说总科编辑

黄帝纪元4609年10月出版. 粉连纸. 19页　1册　6.-

黄帝魂

黄中黄撰　正文题名署：黄帝子孙之多数人撰
黄帝子孙之一个人编辑

1915年再版.　报纸　25开本.　1册　3.-

南海先生五上书记

康有为撰

上海大同译书局石印. 不署年月. 粉连纸　1册　.50

前有欧榘甲序，后有桂赤跋。

复辟始末记

上海文艺编译社印行.　不署出版年月.

报纸.　25开本　1册　1.5

本书叙述复辟之原因和结果，以及各方面之阴谋诡计。为研究近代史的资料书。内容分四章：

1. 复辟之酝酿　　2. 复辟之动机.

20×20=400

3.復辟之暴发　　4.復辟之失败

附录：叁拾有关復辟之事故。

七日皇帝之趣谈

上海文艺编译社编辑

1917年8月初版　报纸　25开本　70面　1册　1.50

本书搜辑了张勋復辟时的趣谈。

八十三日皇帝之趣谈　上下二卷

天懺生、冬山合著　上海文艺编译社编

不著出版年月　报纸　25开本　49面　1册　1.50

本书叙述袁项城得意失意的经过。袁氏自称帝起至取消洪宪止，仅八十三日。

天讨　（革命文库第二种）

民报特刊编辑

1928年9月民智书局印行，报纸　32开本　156面　1册　4.-

宋渔父先生遗著

宋教仁著

1913年出版，报纸　16开本　1册　2.-

内容包括：政见，遗著，舆论等。

按：宋教仁，字遯初，一字渔父，湖南桃源县人，（1881—1913）武昌普通学堂，日本铁道学校，日本早稻田

20×20=400（稿纸）

大学毕业，与黄兴、陈天华在日本组成中国同盟会，宣扬革命。曾任南京临时政府法制院总裁。1913年3月卒於上海。

宋渔父第一集後编

徐血儿、邵力子、叶楚伧、杨千里、朱宗良等编辑，1913年上海民立报馆印行。道林纸 25开本。1册 3-

内容分：(一)遗著——时评

(二)演说词

(三)遗事：①凶犯侦缉、②搜查证据

③党徒魑迹记 ④罪犯审讯记

(四)被害十日记：①暗杀惨状、②医院看护记、

③视殓送殡 ④检验报告

(五)被害之舆论：各地报章所刊载。

上海报章：民立报、中华民报、民权报、民国新闻

民强报、申报、时报、时事新报

大共和报、民声报、民报。

北京报章：民国报、国光新报、国风日报、民主报

中央新闻、国权报、中国报、北方日报

大中华民国日报、北京时报、天声报、京津时报

各地报章：天津—民意报、武昌—群报、汉口—民国日报、

大汉报、杭州——全浙公报、平民日报。

江西——晨钟日报、豫章日报。汕头——大风日报。

广州——觉民报、人权日报、民报、商权报

黄克强先生荣哀录

黄蔡（松坡）二公事略编辑处编辑

1918年3月新民印书社印行。报纸 25开本 1册 10

陈英士先生革命小史

邵元冲编

1925年10月上海民智书局出版。

道林纸 16开本 正文22面。 1册。

内容分为十章：

1. 陈英士与民国的关系
2. 幼年时代及习商时代
3. 留学时代及运动革命时代
4. 辛亥革命及沪军都督时代
5. 宋案发生及二次革命时代
6. 中华革命党时代
7. 袁世凯帝制时期及肇和之役
8. 西南讨袁时代及其遇害
9. 陈英士的世界革命思想
10. 陈英士的性格。

卷首 铜版肖像、遗墨、邵元冲序文。

按陈英士于民国5年5月18日晚，被为袁世凯党羽杀害。

邵元冲，字翼如，浙江绍兴人，（1890—1936）1912年任上海民国新闻社总主笔，国民党上海交通部编辑部主任。

1919年去美国留学，归国后，任黄埔军官学校政治部主任教授、广州湖梅民政厅长、杭州市长、广东省政府秘书长等职。1936年西安事变中死去。著有《邵元冲讲演集》《西北揽胜》《民族正气文钞》《中国革命史略》等。

陈英士先生纪念全集 9卷

何仲箫编

不著年月 白报连史 2册 5.-

朱执信先生殉国六周年纪念册

执信学校编辑

1926年9月21日出版 报纸32开本 94面 1册 2.50

按朱氏讳大符，字执信，以字行，笔名蛰伸，浙江萧山县人，1886年生，1920年卒，年36岁。父亲名启运，母亲汪氏，移居广东番禺。执信与廖仲恺是最要好的朋友，介绍社会主义最积极。文章内把资产阶级译作"豪门"，把无产阶级译作"细民"。

廖仲恺先生逝世周年纪念特刊

国民革命军总司令部政治部编

1926年8月20日出版 报纸32开本 92面 1册 4.-

内容有传略、事迹、和殉难周年纪念宣传大纲等十六篇纪念文章。

按廖仲恺，笔名"屠富"。1909年日本东京中央大学毕业。1914年7月参加孙中山先生在东京组织的"中华革命党"。1918年与孙中山在上海创办建设杂志。1925年8月20日在惠州会馆(当时的中央党部)，和陈秋霖同志同时被刺身死。

廖仲恺先生哀思录

1925年8月编印。 报纸。16开本 1册 8.-

内容分：1.遗像。2.附篇。3.传略。4.论说 5.祭文。6.挽联。7.附录。

其中有周恩来、邓中夏等人撰文。

廖仲恺陈秋霖同志死难周月纪念册

追悼廖仲恺陈秋霖同志大会编。

1925年9月20出版。 报纸 32开本 42面。1册 5.-

内容有何香凝等撰纪念文章十一篇。前有廖陈遗照各一页。

邓演达纪念集

不著辑者

1932年出版。 报纸 32开本 1册 8.-

按邓演达，字择生，广东惠阳县永湖墟鹿颈乡人。始终从事革命，曾任黄埔军校教育长，及湖北省主席，

1931年8月17日为反动军阀蒋介石所暗害，寿年仅三十六岁。

邓演达先生遗著

陈卓凡　杨逸棠编辑。

1949年香港出版（重印）报纸　32开本　259面　1册　3.-

内容有：1.中国到那里去？　2.怎样去推翻反动的统治势力？

3.中国内战与文化问题

4.南京统治的前途及我们今后的任务。

5.南京钦定的国民会议和我们所要求的国民会议。

6.现时国际及中国的形势与我们斗争的路向。

7.怎样去复兴中国革命——平民革命

8.我们为什么要推翻南京的蒋政府？

9.蒋政府——南京统治必然要崩溃的原因及全国人民当前的急务。

10.附录：宣言、政治主张。

前有重印序言、遗像、传略。

伍平一先生革命言行录（伍维园全集之一）

台山伍澄宇平一撰，萧镜卿等编辑。

1920年12月香港阳明学会初版，1941年10月10日再版。

报纸，25开本，　1册　1.5

20×20=400（横写）

本书记述了任平一先生追随中山先生从事革命的情形。

按任澄宇，字平一，广东人，1889年生，清末留学日本，为中国革命同盟会会员。后又去美国留学，同盟会美国支部负责人。1917年任全国总工会会长，曾任上海法律大学教授。

冯玉祥将军纪念册

中国国民革命委员会编辑

1948年在香港初版。报纸32开本，168面，1册 1.20

有翦伯赞、邓初民、侯外庐、李济深、郭沫若、茅盾等人撰写悼文。前有肖像2页。

按冯玉祥，字焕章，安徽巢县人，光绪6年生于兴集镇，父有茂，母游氏，弟兄七人，焕章为行二，因家贫，其父为人佣工，焕章于十六时入伍当兵。

辛亥三月二十九革命概略

邓慕韩编

革命纪念会印，不着年月，报纸32开本，28面，1册 5.

碧血千秋

国民公祭沙基死难烈士筹备会编辑

1925年7月出版，报纸32开本，36面，1册 6.

内容分四部分：1.小序，2.挽词，

3. 沙基惨杀情形纪实　4. 沙基死难烈士传略

（烈士内包括兵、工、学、商）

最近烈士事略

上海醒狮社编印　不著年月

报纸　32开本　88面　1册　6.-

本书介绍了"五卅"惨案的实际情况，同时纪念死难烈士们，附有图片十四幅。

黄花特号

广东民声杂志演讲团编　苑东海主编。

1927年3月29日出版。报纸　32开本　32面　1册　3.-

本书为纪念黄花岗七十二烈士而编写。

中华民国开国前革命史

冯自由著　革命史编辑社发行。

1928年11月15日初版，1930年11月15日再版。

道林纸　25开本　3册　15.-

全书分上中下三编，共六十二章。（第一版分为上下二编，因下卷字数太多，卷帙太厚，特将下编分为中下二编）自中国革命之动机——己酉哈尔滨熊成基之狱。

开国史

谷钟秀著

1926年9月泰东图书局出版. 报纸 32开本 1册 1.50

全书分为五编 三十八章。

中国革命记

时事新报馆编辑

1912年1月再版. 报纸 36开本. 存30册 8.-

本书是民国初年记述中国革命的刊物。

中国革命史 （中国国民党广西党政研究所讲义）

夏含華编

1931年出版. 报纸. 32开本 136页 1册 .80

内容共分九章. 若干节. 附: 中国革命年表。

台湾革命史

南来漢人编著

1925年台湾新民书局印行 1926年4月上海泰东图书局出版. （16面）

赵南公发行. 报纸 32开本 121面 1册 4.- 2.-

本书阐述了我国台湾在公元605年的时候就为中国人民发现了这个岛屿. 隋书琉球传里曾记载: 大业元年何蛮入海去访异俗的事. 并着重叙述1895林大北革命——1925年前仆后继地我台湾同胞的革命传世. 细目分为二十章:

1. 导言 2. 林大北的革命.

3. 刘德杓的革命　4. 陈发的革命

5. 詹阿瑞的革命　6. 初期革命的结论

7. 蔡清琳的革命　8. 刘乾的革命

9. 黄朝的革命　10. 陈阿荣的革命

11. 罗福星的革命　12. 张火炉的革命

13. 李阿齐的革命　14. 赖来的革命

15. 罗阿头的革命　16. 余清芳的大革命

17. 中期革命结论　18. 台湾最近的革命运动

19. 下期革命结论　20. 结论。

备有1925年11月20日朱谦之序，汉人自叙，例言。

毋忘台湾

明心、杨成志著

1926年6月出版，报纸 32开本，22面，1册　250

内容：1. 一个台湾人告诉中国同胞书——明心

2. 看了"一个台湾人告诉中国同胞书"以后——杨成志。

文章主要叙述1895年的"五·二〇"中日战争，满清失败，缔结马关条约，割弃了我国领土台湾，而台湾同胞却选举了唐景崧做第一任大总统，反抗日本帝国主义，宣布了独立。

其次，介绍了日本帝国主义者如何侵占台湾，以及压迫台湾人民的种种惨状，并论述了该台湾当时的政治运动中心问题和内容。

前有郭沫若于1926年6月25日在广州作序。

杨，杨成志，曾历任国立中山大学研究院秘书主任，兼指导教授，著有“民俗学问题格”，“印欧民间故事型式表”，“云南民族调查报告”等。

少年中国之湖北革命军 初二三四集

不著编者及出版年月。 洋装本 4册 元印本 3.-

本书叙述湖北革命军起义经过事实。

初集分8章，二集7章，三集8章，四集6章。

中华民国军 初二三集

天仇生辑。

中华书局出版。 洋装本。 3册 3.-

过去之一九二六年 （《黄埔小丛书》第二种）

萧楚女等著。 中央军事政治学校政治部宣传科孙云彬编

1927年1月出版。 报纸36开本（窄长）197面 1册 12.-

首篇文章为萧楚女——一年来帝国主义在华势力之暗斗及其崩溃。

过去之一九二六年

萧楚女等著。

20×20＝400（文字）

1927年1月 广州人民印务局印行.

报纸. 40开本. 177面 1册. 18.-

湘乡人民庆祝北伐胜利大会纪念册.

李日家编

1926年9月12日 大会筹备处印行.

石印. 报纸. 25开本. 18面 1册 3.-

革军潮 (又名武汉大战记)

不著编者 出版年月. 粉连纸. 33页 1册 6.-

内容分为十章: 1. 黎元洪小史. 2. 黄兴小史.

3. 革命军檄文. 4. 军政府布告宗旨

5. 临时政府命令 6. 占据湖北形胜记.

7. 急请援兵记. 8. 官军革军鏖战详纪.

9. 官民逃难现形记. 10. 华洋急电汇录.

国民革命 第一卷

孙文主义学会编辑 (非卖品)

1926年1月1日出版. 报纸 16开本 1册 5.-

国民革命 第一卷

国民革命军总司令部政治部编印

1926年7月7日出版. 报纸 32开本. 20面 1册 4.50

内容: 1. 革命的意义. 2. 中国的革命运动

215

3. 我们的力量。

北伐途次 第一集

郭沫若著

1937年出版。 报纸。32开本。146面。1册 1.50

本书叙述1926年北伐军进攻武昌的经过，从1926年8月24日离开长沙写起，全书分为24节。

北伐特刊

国民革命军总司令部特别党部编印

1926年8月出版。 报纸。36开本。20面。1册 5.-

广州光东书局

国民革命军北伐史

上海三民公司编印 不著出版年月。

报纸 32开本。120面。1册 2.5

内容分6章：1. 第二次全国代表大会前後国民革命军军事上之形势（分6节）

2. 誓师北伐及克復湘鄂赣闽四省（分5节）

3. 克復苏浙皖及奠定首都（分4节）

4. 国民联军及北方军之奋斗（8节）

5. 渡江北伐及龙潭之役

6. 北伐完成（7节）

民国以来大事年表

田家英主编

1947年8月太行群众书店出版。土纸，32开本，252页，1册 2.-

福建辛亥光復史料

鄭蘭蓀编。

1941年中国国民党福建省执行委员会印行。

报纸 32开本 1厚册 5.-

全书分二十章。前有李雄序。

冀热战役战史材料。

军事委员会北平军分会编。

1935年出版。白纸，12册。 160.

第1册：抗日作战经过概要

第2册：北平军分会阵日记

第3册：

第4册：榆关及热河战斗。

第5册：长城各口之战斗。

第6册：冷口撤收河桥及滦东战斗。

第7册：南天门及密云战斗

第8册：敌军总攻击及新开岭高台子滦西战斗。

第9册：我军总退却及怀柔战斗至停战。

第10册：抗日作战兵站计划。

第11册：抗日作战兵站编制。

第12册：抗日作战兵站实施。

南京大战记 一二三集

石蕃编著

新世界石印本，粉连纸。 1册。 80

本书叙述抗敌将领的故事。

长沙会战纪实

第九战区长官司令部编纂组编印。

1940年4月出版 报纸 32开本 1厚册。 5.-

内容分三编：1、会战纪要，2、各方之观察与评论

3、慰劳与祝贺。每编各分细目。

附录：地图八幅，表三种。

淞沪血战回忆录 （申报月刊社丛书第一种）

翁照垣述 罗吟圃记

1933年1月1日申报月刊社出版。 报纸 32开本 1册 1.-

本书记述1932年12、8之战的情况，根据翁照垣旅长的逐日笔记编写而成。

淞沪御日战史

徐怡 刘翼编辑

20×20=400(京文)

1932年3.19 民族教育社出版　報紙 32开本 1冊 1.-

全书分九章，附錄五則，插圖13幅。

上海抗戰記

郭沫若等著　（抗戰報告文学之一）

1937年出版　報紙　32开本　1冊　1.20

内容包括收錄了"火中的上海"等十八篇文章。

北伐陣亡將士精神萬歲

湖南人民追悼國民革命軍北伐陣亡將士大会編印

1926年10月15日出版　報紙 32开本 15面 1冊 5.-

内容：1. 湖南人民追悼國民革命軍北伐陣亡將士大会宣言.

2. 保持北伐陣亡將士的犧牲代價——劉俊成

3. 我們應該怎樣去追悼陣亡將士——劉馥初

4. 北伐陣亡將士之犧牲精神——宗漢

5. 擬陣亡將士遺全國軍人书——劉俊成

6. 沙場的血痕——懋勛

7. 弔陣亡將士——宗漢

國民革命軍第四軍追悼陣亡將士大会特刊

追悼大会編印

1924年出版　報紙　16开本　1冊　1.50

中央軍作戰史錄　（時論叢輯之一）

第 219 页

解放日报编

通化新华书店出版．报纸．36开本　1册　8-

抗战重要文献　第一集

广东省保安处政训科编印

1938年2月出版．报纸　32开本．140面．1册　4-

四川内战详记　附：贵州内战

废止内战大同盟会总会编印（上海）．（非卖品）

1933年4月出版．报纸．32开本　312面　1册

内容分：论坛．纪事．电文．消息．专载。

显微镜下之梧州风潮

广西旅粤各团体援助梧案委员会编．

1927年1月15日出版．报纸．32开本　36面．1册　5-

革命史上的几个重要纪念日　（丛书第21种）

国民革命军总司令部政治部编印．

1926年出版．报纸　32开本　1享册．　8-

内容分：1．列宁、李卜克内西、卢森堡纪念．（1月15—21日为纪念周）

2．二七纪念．　3．三八纪念

4．孙总理纪念（3月12日）　5．三一八纪念

6．巴黎公社纪念（3月18日）　7．黄花岗七十二烈士纪念（3月29日）

8．五一纪念　9．五四运动纪念．

20×20=400（稿纸）

10. 五五纪念　　11. 马克思纪念（5月15日）

12. 五七纪念　　13. 五卅纪念

14. 六二三纪念（沙基惨案）　　15. 廖仲恺先生纪念（8月20日）

16. 少年国际纪念（9月5日）　　17. 九五纪念（万县惨案）

18. 九七纪念　　19. 朱执信先生纪念（9月21日）

20. 国庆纪念（10月10日）　　21. 苏俄十月革命纪念（11月7日）

书中有：李大钊、邓演达、邓中夏、何香凝、甘乃光、沈雁冰、陈独秀等人撰纪念文章。

本书有两种版本：原版：前有蒋光赤著"列宁年谱"，进启钟撰"列宁与列宁主义"，童炳荣撰"为李列纪念周告民众"三篇文章。

2、翻本，将此三篇文章删去。

革命史上的重要纪念日

不著编者　出版年月。横排　32开本　442面　1册　7.-

内容分为八编。

第一编：总理纪念——诞生、蒙难、逝世。

第二编：先烈纪念——黄花岗七十二烈士、廖仲恺、朱执信、陈英士

第三编：国庆纪念——1月1日、10月10日、5月5日、7月1日、7月5日。

第四编：国耻纪念——9月7日、5月7日、5月9日。

第五编：民众运动纪念——5月4日、6月3日。

第六编：帝国主义惨杀纪念——5月30日、6月23日、5月9日。

第七编：军阀惨杀纪念——2月7日 3月18日

第八编：国际纪念——5月1日 3月8日、每年9月第一个星期日为少年国际纪念。

前有潘歆两序，附：廖仲恺、朱执信、沙基惨案的照片。

宣传纲要

醴陵民众训练所编印（讲义）

不著出版年月，石印，线装本，65页，1册 80.-

纲要内容：1. 黄庞五周纪念。（按黄即黄爱，常德人，庞即庞人铨，湘潭人）

2. 列宁逝世三周纪念。

3. 二七惨案、三八、五一、五四、七一、双十、十月革命、五卅惨案

4. 反英、反奉、反文化侵略、西山反动派

5. 工农代表会、国民会议、乡民会议。

6. 少年国际、李卢逝世、北伐总动员

重要纪念日宣传大纲

不著编者

1929年出版，报纸 32开本 262面，1册 3.-

内容共28则，附录3则。

国定本党纪念日宣传大纲要（目录题"革命日宣传大纲要"。）

中国国民党浙江省执行委员会宣传部编印。

20×20=400（横文）

1931年8月出版．报纸 32开本．326面．1册 1册

本附：革命纪念日一览表．

讨奉宣传大纲

国民革命总司令部政治部编印．

1927年1月30日出版．报纸．32开本 31面 1册

内容是：1．奉系军阀的略史．

2．奉系军阀与日帝国主义的关系

3．奉系军阀的分化．

4．民众对奉军阀之反抗

5．安国军的组织

6．奉系军阀之罪恶等。

慰劳士兵宣传大纲及宣言汇刊

国民革命军总司令部政治部编印．

1927年2月出版． 报纸．32开本．28面．1册．

宣传口号有：农工商学兵联合起来打倒英日敌人帝国主义——军阀。打倒军阀孙传芳．吴佩孚．张作霖．张宗昌等。

民国日报特刊 （中国国民党改组纪念）

民国日报编印．不著年月 报纸．16开本 1册 5/25

其中有，瞿秋白同志撰："中国革命史第二篇"一文。

上海罢市救亡史

川沙吴中珩．觉迷编辑

1919年7月 中华国货出品社刊行 报纸32开本．46面 1册 6.-

本书记述了北京大学等校学生反对签订二十一条，收回山东主权，直捣焚毁曹汝霖宅，章宗祥被殴打，因而学生曹允、许德珩等32人被捕，引起全国各校罢工，商界罢市。

上海罢市实录 上下2卷．附录1卷

海上闲人编辑．

1919年6月25日 公义社出版 报纸32开本 正文194面 附录100面 1册 10.-

内容：上卷为罢市之舆论．下卷为罢市之实状．

附录包括：罢市轶闻．继五四学生罢课运动之后．五月八日上海实行罢市．反对国贼曹汝霖．章宗祥．陆宗舆。并有三个卖国贼画像．及罢市摄影十三幅。

广州事变与上海会议

广州平社编辑

1928年5月出版． 报纸32开本．236面． 1册 3.50 4.-

此书是一本反面材料

东北边防军东路前敌总指挥部阵中日记

不著作者． 稿本 印格．每页，两节格式

上节记年月日、摘要．．下节为正文。自民国十八年七月十七日至十二月六日，每册后附前线防御阵地要图。竹纸4册 25.-

三民主义之研究

恽代英等著　孙文主义研究社编辑

1927年1月上海明明书局印行．报纸32开本　1册　4.5

三民主义救国与国民权利

恽代英等著

中国统一书局印行．不著出版年月．

报纸　32开本．　36面．　1册　4.-

内容为：1. 真正三民主义——恽代英

2. ~~[illegible]~~我们怎样实行三民主义—汪精卫

3. 三民主义与国民权利．——罗敦伟．

4. 三民主义与妇女问题——詹小恒

恽代英同志在文章中指出：我们站在总理一边呢？还是站在违叛总理的人们一边呢？国民党自改组以来，经过几次的分化了．每次分化时期，总有些自称为是"真正的国民党员"，他们提出一个"反共产"的空洞口号挪乐罢了。然而这些真正的国民党员做什么去了呢？被段祺瑞收买了，如彭养光、冯自由等，被齐燮元收买了，如凌钺；与广东国民政府完全站在反对地位了的，如杨希闵、刘镇寰、邬鲁等人。

论三民主义诸问题

济南　陈伯达合著

1940年2月新华日报馆印行。报纸 36开本 54面 1册。1.

三民主义提要（国庆纪念宣传丛刊之二）

中国国民党中央执行委员会印行。

报纸　32开本　72面　1册

内容分：民族主义1—6讲，民权主义1—6讲

民生主义1—4讲。

三民主义青年团法规汇编

三青团中央团部编印。

1946年8月出版。报纸 32开本 1厚册 4.

内容分为十三编：

1. 总类　2. 组织　3. 训练　4. 宣传　5. 服务

6. 工作管理　7. 女青年　8. 视导　9. 文书　10. 人事。

11. 财务　12. 监察　13. 其他。

国庆纪念

常州冠英学堂编印

1912年油印。粉连纸　13页　1册　1.50

本书为庆祝中华民国第一个国庆而编印，首有孙中山

袁项城、黄克强、黎宋卿肖像.以附国庆纪念歌。

唤醒集

清澄清主人编辑.

1909年(宣统元年)排印. 移送号: 1册 6-

内容分为甲乙丙丁四篇.

甲篇:论中国历年时事之艰难。

包括:1.甲午战争 2.庚子战争 3.日俄战争 4.中国现情.

乙篇:论中国风俗人心之关系.

包括:1.革除陋习言. 2.讲爱国同群. 3.妄信风水有害.

4.邪说不可信. 5.漆室女说中国人信邪坏处,

6.放足自强. 7.苦口良药. 8.政府宜劝令

不许缠足议. 9.识字者贵晓乡党,国民一体。

丙篇:论中国今日宜注重地方自治.

包括:1.论自治之益. 2.公民选举

3.兴学筑路 4.讲卫生

5.恤贫民 6.兴办农工商会.

7.禁止烟酒牌赌.

丁篇:论湖南人宜热心路股.

包括:铁道劝股白话演说(十三节),铁路议局委稿

等,有欢心斋主人序。

反战专集

国防问题讨论会编印.

1934年8月1日出版. 报纸. 32开本. 22面. 1册 4.-

内容:1. 今年的八一.

2. 第二次世界大战前夜的中华民族危机.

3. 第二次世界大战的两大祸首——日本和德国.

4. 反战与民族革命.

5. 我们对于战争的态度.

6. 来件“苏联之友社八一宣言”。

日本帝国主义

不著撰者及出版年月. 报纸. 32开本. 48面. 1册 3.-

内容:1. 概论.

2. 日本帝国主义侵略中国的经过.

3. 日本帝国主义侵略中国的概况

4. 日本帝国主义对华政策与其回响

5. 日本帝国主义与中国军阀

6. 日本帝国主义之危机.

7. 打倒日本帝国主义中国才能解放独立.

8. 日本帝国主义侵略中国之事实简表。

战争中的日本帝国主义(时事问题丛书之一)

解放社编印，重庆新华日报经售。

1938年出版。 报纸 32开本 1册 5.-

全书分六编，各分若干章。

第一编：两年来日本的政治形势（分四章）

第二编：侵略战争中日本的对华政策（分四章）

第三编：侵略战争中日本的军事与战略（分三章）

第四编：侵略战争中日本的财政经济（分四章）

第五编：日本帝国主义的国际关系及外交政策 分六章

第六编：侵略战争中日本的指导人物——抗战以来在华指挥作战的主要敌酋

附：敌军师团装备推算表

敌军战时编制表 等百例表。

暴日入寇东北实录

中国国民党上海特别市执行委员会编印

报纸 16开本 1册 1.50

暴日蹂躏东北汇刊

不著编者

1931年11月福建厦门出版。（永集成印）

报纸 32开本 1册 2.-

日本在沦陷区

229

不著编者及出版年月　报纸　32开本　1厚册。 2.50

内容分：1. 敌人在沦陷区的经济侵略

2. 敌人在沦陷区的政治进攻

3. 敌人在沦陷区的暴行。

日本对中国之侵略　（中山大学政治训育丛书之14）

孙伉秉、林霖合著　中山大学政治训育宣传部编

1927年6月出版。报纸　25开本　44面。1册　2.—

日本及其他帝国主义者侵略中国之事实

国民革命军陆军独立第二师司令部编印

不著出版年月。报纸　32开本　122面。1册　1.50

内容：1. 日本帝国主义侵略中国之事实

2. 英帝国主义侵略中国之事实。

3. 法帝国主义侵略中国之事实

4. 俄帝国主义侵略中国之事实

5. 其他帝国主义侵略中国之事实

6. 帝国主义联合进攻中国之事实。

7. 中国损失之概算。

日本政府侵略蒙满之秘密会议录

不著编者。　报纸　32开本　29面　1册　1.—

前有叙言：希望同胞详读、翻印、宣传。

日本帝国主义之危机

日本问题研究会编印。

1933年5月出版　报纸　32开本　1册　1.

内容：1. 前言　2. 日本财政的危机

3. 日本社会经济的危机　4. 日本对华贸易前途的危机

5. 日本~~社会经济~~军事的危机　6. 日本属地的危机

7. 日本政治的危机　8. 日本思想的危机

9. 尾声

最近四十年日本侵略中国史略　（感化丛书）

解伯农　左明著

1934年3月5日军事委员会南昌行营感化院编印

报纸　32开本　43面　1册

本书系根据四十年间中日外交史料编写而成。叙事以时间先后为序，以事为纲。内容有：

1. 绪言　2. 清代中日外交（分10节）

3. 民国以来之中日外交（分13节）

4. 国民政府时代之中日外交（分8节）

5. 结论。

倭奴侵佔中国之毒谋

广州市光华医学院抗日支会宣传部编印。

1931年10月出版、报纸　32开本，52面　1册　1.50

20×20=400

本书还辑入了田中内阁上日皇的奏章。

反日运动之理论与实际

人民周报社编。

1932年7月人民周报社出版。报纸32开本，111面，1册 1.-

本书收辑了：日本——中华民族的生死敌人等十一篇文章。

反日特刊

国立中山大学反日救国运动大会编辑

1931年12月出版。报纸 25开本 1册 3.-

前有日本侵略实际情况照片5页。

怎样把日本武装干涉者赶出了远东 （抗日战争参考丛书第二种）

古伯尔曼著。常彦卿译，曾泉漫校。

八路军抗日战争研究会编译处编辑

1939年8月八路军军政杂志社出版。延安新华书店经售

报纸 32开本 1册 2.-

领事裁判权讨论大纲 （公民教育丛刊第七种）

黄秋扉编辑

1925年10月青年协会书报部出版。报纸 32开本 89面 1册

内容分：1.领事裁判权之制度

2.领事裁判权之弊害

3.领事裁判权与中国司法改良问题。

20×20=400(字文)

5. 领事裁判之撤废问题。

前有刘湛恩序。

万宝山事件及朝鲜排华惨案

中国国民党中央执行委员会宣传部出版

不著出版年月. 报纸 32开本 244面 1册 1.20

国耻

梁鋆 徐竹园编辑

1920年12月国耻编译社出版.

报纸 32开本 1册 1.50

国耻纪念册

中国国民党福建党务指导委员会宣传部编印.

不著出版年月. 报纸. 32开本 32面. 1册 1.–

国耻之一

李大钊著

1915年出版. 报纸 25开本. 1册 2.–

内容分: 报告. 案文. 译述. 论著.

按李大钊, 字守常, 河北乐亭人. 天津北洋法政学堂毕业, 留学日本, 早稻田大学文学部毕业. 中国同盟会会员, 归国后任北京大学教授, 北京大学图书馆主任, "五四"学生运动, 新文化运动指导者. 中国共产党创编者之一，1927年被反动军阀张作霖逮捕迫害。

国耻痛史

不著编者，出版年月。 报纸，25开本，290面 1册 5-

全书分上下二卷，上卷论述中日关系，中日战争和中日条约；下卷论述中国存亡等问题。

中国痛史

胶州傅幼圃著，江阴徐鹤龄鉴校。

1918年十月初版，1926年3月百新公司15次重印本

报纸 32开本 132面。 1册 5- 3-

本书叙述我国当时外交之丧国政策，不平等条约之经过之可耻可怨、可惊、可恨之历史，及刿心怵目之二十一条。

赎路专刊

杭州蕙兰教学生会编辑

1923年5月出版。报纸，25开本，70面 1册 5-

中东铁路与远东问题（宣传丛书之九）

中国国民党广东省宣传部编印。

1929年8月出版 报纸，32开本 12面，1册 3.

全书分为十章。

中俄关于中东路之交涉史略

中国国民党中央执行委员会宣传部编印

1929年5月出版. 排本, 32开本. 70面. 1册

内容系: 1. 俄人攫取中东路权之开始.

2. 道胜银行与中东路之关系

3. 俄人在中东路势力之扩大

4. 满洲撤兵与日俄交涉

5. 俄国在中东路势力之再度扩大.

6. 俄人在中东路势力之三次扩大

7. 俄国政变后我国对于中东路之处置.

附: 帝俄历年侵我土地图一页.

中东路简明图一页.

反英运动专号

逸棠. 高良佐. 徐敏寿. 汪静之 戚报提等著.

1926年出版. 排本 32开本 56面. 1册 6.-

内容: 1. 中国国民党革命潮流中之英帝国主义.

2. 反英运动与英帝国主义自身之命运.

3. 中国国民党革命与帝国主义

4. 英帝国主义之万县大屠杀

5. 反英帝国主义与唤醒民众.

震撼全世界之英炭坑争议.

崔物齐译述

1927年2月光华书局出版. 报纸, 32开本. 78面, 1册 3-

内容分五章: 1. 英帝国主义之侵略, 2. 资本家之进攻

3. 炭坑争议　　4. 劳动阶级的阵容

5. 总同盟罢工　　6.

八十五年之中英

顾器重编

1927年4月出版. 报纸 25开本. 1册 1.80

作者鉴于我国过去百年备受英国不平等的桎梏, 为使大家觉悟起来, 将失去的权利夺回, 因而将英国向我们中国发生的侵略事实记述出来, 作为反英工作的参考。

中国外交失败史 （训练所讲义）

醴陵民众运动训练所编.

1927年石印 粉连纸. 线装. 44页 1册 6-

全书分三部分: 1. 中国外交史　2. 不平等条约

3. 欧战以后的国际政治。是一本研究近代史的资料. 书上石印"湘益石印"的字。

中比不平等条约四十七款 附: 中比通商章程九款.

国民革命军总司令部政治部编印.

1926年贵州国民政府内总政治部发行.

报纸. 32开本. 19面 1册 5.-

本条约订自清同治四年旧历九月十四日,即公元1865年11月2日.

不平等条约 (嚮导丛书第一种)

嚮导周报社编印

1925年9月7日纪念出版. 报纸. 32开本. 50面. 1册 5.-

本书为纪念嚮导周报社成立三周年而出版.

内容: 1. 叙言 2. 赔款 3. 外债 4. 关税主权

5. 租借地, 租界, 领事裁判权, 会审权.

6. 通商, 通航, 制造, 筑路, 开矿, 经营农业权利.

7. 传教, 办理学校, 医院及其他文化事业。

8. 结论。

不平等条约.

不著编者.

1927年3月出版.(通艺印刷社印). 报纸. 32开本. 40面 1册 2.-

不平等条约的研究

中国国民党四川省党务指导委员会宣传部编印.

不著出版年月. 报纸. 32开本. 1册 1.80

本书分为(一)条约要旨。包括：

1.条约的意义. 2.条约的要素 3.条约的种类

4.条约的形式 5.条约的保证、6.条约的消灭

(二)不平等条约的沿革. 包括

1.鸦片战争前的国际状况 2.从鸦片战争到中日战争.

3.从中日战争到八国联军. 4.从八国联军到欧战开始.

5.从欧战开始到华府会议 6.从华府会议到现在.

附录：中外重要条约年表。

不平等条约讨论大纲 （公民教育丛刊第五种）

孙祖基编辑

1925年10月初版. 1926年1月青年协会书报部再版.

报纸 32开本. 153面. 1册

内容共六课：1.何谓不平等条约. 2.领事裁判权.

3.关税协定. 4.租界、租借地、侵略地、割让地

5.通商、筑路、航行、开矿、商业权、工业权、农业权.

6.赔款、外债、其他条约上之问题.

附录：参考书籍、论文一览。

不平等条约的沿革

张廷灏演讲. 高尔松笔记.

不著出版年月. 报纸. 32开本. 70面. 1册 4.-

取消不平等条约 （黄埔丛书第六种）。

国民革命军总司令部政治部编印。

1926年出版。 报纸，32开本。 14面。 1册。 4.5 5.-

中比不平等条约 （第23种）

国民革命军总司令部政治部编印

1926年出版。 报纸 32开本。 20面。 1册 5.-

关税问题与特别会议 （中国青年社丛书第4种）

中国青年社编辑

1925年10月出版。11月上海书店发行。报纸 32开本 36面 1册 10. 3. 2.-

本书阐述中国关税制度真像与关税特别会议的来历，及其作用，最后指出收回关税主权的真正出路。同时也分析了帝国主义及军阀对关会方面的态度。

内容分：1. 关税制度的原理 2. 为人作嫁的中国关税制度

3. 下马威与卖身契 4. 所谓特别关税会议

5. 请柬发出之前后 6. 我们应有的努力。

中国关税问题　（响导丛书第二种）

响导周报社编辑

1925年8月出版，1926年5月国光书店再版。

报纸　32开本　78面。　1册　8.4.

内容：1. 引言。

2. 中国关税沿革略史

3. 关税之一般的意义

4. 中国关税制度之内容

5. 中国海关之内容及关权之旁落

6. 协定关税所及于各方面之影响

7. 华会前后的中国关税问题——关税会议与裁厘加税问题。

8. 收回关税主权与关税改正运动——结论。

触目惊心之亡国条件

南区十人团印送，不著出版年月。（非卖品）

报纸　25开本　1册　2.

本书为我爱国人士用十人团的名义，介绍了袁权卖国的日本要求中国承认的二十一条，和1917—1918两年的对日借款。

二十年来之胶州湾

睢寧謝开勳编

1920年中華书局出版. 报纸32开本 150面, 1册 1.

内容分有十四章:

1. 绪言——膠州租借之前后景况 2. 土地与人民.

3. 租借地之政略 4. 德日前後军事

5. 街市与道路 6. 水道与卫生

7. 港湾与码头 8. 铁道与矿山

9. 工业与商业 10. 農林渔盐

11. 邮政電报 12. 教育与宗教

13. 经济状况 14. 结论

前附图片。

旅巴同志被驱记 (劳力丛刊之一)

張自鋒筆记

1923年1月 莲嶺埠党部宣传部印行. 报纸32开本14面1册 1.

本书记述鍾公任, 吴公辅二君在南洋荷属巴達維亞所办之"華鐸报""天声报"(華文), 宣传革命. 因孫中山总理逝世, 及沪粤惨杀案发生, 二君提倡开会追悼, 並捐济罢工工人, 觸及荷属地方政府之忌, 將二君一併驱逐出境。

国镜

英.麦斯根著.　　(非卖品)

不著出版年月.　报纸32开本.　88面.　1册　1.20

本书内容：记述朝鲜三十年史，附录：救国小说.

全文二十一章。

国镜

不著编者.　　(非卖品)

1915年出版.　报纸 32开本 88面.　1册　1.20

内容收录几个国家的亡国惨史，包括波兰、埃及、越南、朝鲜。越南朝鲜 署梁任公著. 附录：笔记、新闻、时文等。

韩国痛史

太白狂奴原辑

1915年6月大同编译局印行，报纸25开本 1厚册 4.—

卷、附铜图6页。

朝鲜亡国谈

鹤声阁主人撰

不详出版年月.　报纸　32开本.　1册　5.—

本书讲述朝鲜亡国情况，以促使中国人民警惕.

韩国光复运动纪实.

中国济难会编.

1926年印行.　　道林纸　32开本　151面　1册　3.-

内容有: 1. 中国济难会为援助韩国被难者宣言

2. 朝鲜革命后援会致中国济难会书.

3. 小序

4. 革命史略

素昂集

不著撰者姓氏. ~~出版年月~~.　(非卖品)

1932年9月(大韩民国14年)出版.

报纸　32开本.　87面.　1册　2.-

本书论述了韩国革命的趋势及民族运动之概况.

分为两篇. 十八章。

韩国志士金石君演讲集

卢嘉联医师据天津益世报翻印赠送

不著出版年月　报纸. 32开本.　1册　1.-

讲题: "请看韩国亡后被蹂躏之惨剧"

附: 东三省被侵.

国民政府组织法

广州同志书社印行

1927年出版 报纸 32开本 68面 1册 4.-

为什么要拥护国民政府

国民革命军总司令部政治部印行

不著出版年月 报纸 32开本 12面. 1册

国民会议与国民会议运动

国民革命军总司令部政治部印行

1927年2月 报纸 32开本 30面 1册

内容分：1. 国民会议的意义 2. 国民会议的组成.

3. 对于国民会议非难的解释 4. 国民会议纲要

5. 国民党最近政纲

国民革命（政治讲义第二种）

恽代英编纂

1926年9月中国国民党中央军事政治学校政治部宣传科印行

报纸 36开本 23面 1册 4.-

内容分：1. 革命的意义 2. 革命的运动

3. 我们的力量

本书编辑大意说：本书意在使本校学生明瞭革命的意义，打破一般流俗对于革命之误解，并能根据革命正确意义了解中国革命运动之何以必然发生与其何以必然成功，藉以确定革命之观点。

了解本党主义与革命策略，确实为中国民族唯一之生路。

国民革命　第一卷

孙文主义学会编辑　（非卖品）

1926年1月1日出版　报纸　16开本　1册　5-

国民革命　（政治讲义第二种）

恽代英编纂

1927年2月重庆国民书店重印　报纸32开本　1册　250

中国国民党的组织及训练

施存统著　（即施复亮）

1927年3月1日第二版　长江书店发行　报纸32开本48面1册　10-

内容：1.什么叫做党　2.党的种类

3.中国国民党是什么党　4.中国国民党的社会基础

5.中国国民党的组织原则——民主集中制。

6.中国国民党的组织系统

7.中国国民党的权利机关

8.中国国民党的基本组织——区分部。

9.党团组织　10.纪律

11. 怎样做一个好党员 12. 怎样造成一个强固的党。

中国国民党的组织和训练

施存统著。

1927年2月琼崖日报社出版 报纸32开本 38面 1册 4.-

海口海南书局翻印 报纸32开本 38面 1册 4.-

中国国民党的组织和训练

施存统著。

总司令部特别党部海军分部重印本（不著年月）

报纸 32开本 74面 1册 5.-

内容分：1. 中国国民党的组织和训练 12则

2. 小组的运用 8则

3. 怎样训练党员 6则。

基本组织运动

邕宁县党部执行委员会组织部编印。

不著出版年月。 报纸 32开本 11面 1册 8.-

中国国民党之革命运动及其组织（江西吏治训练所丛书第4种）

程伯锜著

1928年6月江西吏治训练所印行

报纸 32开本 194面 1册 3.-

全书分为三章：

第一章：绪言

第二章：中国国民党之革命运动。又分：

1. 发生革命运动之原因　2. 中国发生革命运动之原因

3. 民元前总理海外行踪略述　4. 兴中会成立后之革命运动

5. 同盟会成立之革命运动　6. 国民党成立后之革命运动

7. 国民党改组后之革命运动

第三章：中国国民党之组织

附录：章则条例。

中国国民党革命委员会重要文告

中国国民党革命委员会编辑

1949年7月25日出版　报纸　32开本　75面　1册　60

按：该会成立于1948年1月。

中国国民党中央执行委员会各省区代表联席会议宣言及决议案

国民革命军总司令部政治部编印

1926年出版　报纸　36开本　47面　1册　5.-

中国国民党第一次全国代表大会宣言

三民公司编辑

1926年9月初版　1927年3月5版

报纸　32开本　24面　1册　1.60

中国国民党第一次全国代表大会宣言

宏文图书馆编印

1927年3月出版。 报纸。 32开本 24面。 1册

中国国民党第二次全国代表大会宣言

宏文图书馆编印

1927年3月出版。 报纸 32开本 1册

中国国民党第一二次全国代表大会宣言

国民革命军讨逆军第八路教导队出版。

不著年月 报纸 32开本 76面 1册 1.5

中国国民党第一二次全国代表大会宣言及决议案

第一军政治部编印

1926年5月出版。 报纸 32开本 1册 3.-

中国国民党第一二两次全国代表大会宣言

国民军联军驻陕总司令部财政委员会编印

1927年2月出版。 报纸 32开本 56面。 1册

内容：1.总理遗嘱。

2.冯（玉祥）总司令就职誓词

3.中国国民党第一次全国代表大会宣言

4.中国国民党第二次全国代表大会宣言

5.国民政府建国大纲。

20×20=400(华文)

6. 第二次全国代表大会决议案

7. 帝国主义限制中国关税的意义

8. 三民主义拟国歌，取消不平等条约歌

救济贫民歌。

~~[illegible]~~

中国国民党第二次全国代表大会日刊（1—19号合订）

大会秘书处编辑

1925年12月30日出版，报纸，16开本。 1册。

中国国民党第二次全国代表大会中央党务报告。

国民党执行委员会编印

1926年5月出版 报纸 16开本 1册 5.-

中国国民党第二次全国代表大会宣言及决议案

国民革命军总司令部政治部编印

1926年12月出版 报纸 32开本 104面。 1册 2.-

1926年2月潮梅特别委员会印

附：中国国民党第二次全国代表大会经过概略

中国国民党第一次全国代表大会宣言。

封面有总理遗嘱

中国国民党第二次全国代表大会宣言。

代表大会编印

1926年1月13日印行 报纸 32开本，35面 1册 2.-

20×20=400(纸文)

第 24 页

内容：1. 世界之现状　　2. 中国之现状

3. 本党努力之经过　4. 结论.

中国国民党第二次全国代表大会宣言

上海特别市党部江苏省党部编

1926年2月24日出版.　报纸 36开本.　1册 3.-

本党第二次全国代表大会报告及决议案

1926年出版.　报纸　32开本.　1册 4.-

本书中之"宣传报告"为毛泽东同志撰文。

马列编译局芷.

中国国民党中央执行委员会第三次全体会议议决案刊要

中央执行委员会编印.

1925年8月出版.　报纸　32开本　39面.　1册 1.5

中国国民党第三次全国代表大会宣言及决议案

中国国民党中央执行委员会宣传部编印

1929年6月出版.　报纸　32开本　49面　1册

中央联席会议议决案及省党部宣传纲要

中国国民党湖南省党部宣传部印. 宝庆区乡自治筹备处翻印.

粉连纸　石印本　9页　1册 5.-

中国国民党中央执行委员会各省区代表联席会议宣言及决议案

1927年(广州)国民革命军总司令部政治部印.

20×20=400(京文)

报纸 32开本. 70面. 1册 5.— 7.—

内容：1. 宣言. 2. 开会情形. 3. 提案程式

4. 决议案. 5. 通电. 6. 附录.

本书为丛书第十七种.

中国国民党中央各省区联席会议宣言

中国国民党中央各省区联席会议之经过

中国国民党中央各省区联席会议决议案

拥护中央联席会议宣传大纲

中国国民党湖北省汉口特别市执行委员会印行（~~[illegible]~~）

1926年2月出版.

报纸 32开本 52面. 1册 5.—

中国国民党中央执行委员会各省区代表联席会议宣言及决议案

国民革命军总司令部政治部印行

1927年出版. 报纸 32开本 70面 1册

内容：1. 宣言 2. 开会情形. 3. 提案程式

4. 决议案 5. 通电 6. 附录.

封面有斧头镰刀枪的党徽.

中国国民党中央委员暨各省各特别市海外各总支部代表联席会议宣言及决议案.

1926年11月中国国民党中央执行委员会印行.

正文44面

报纸　32开本　51面　1册 2.50 3.-

内容共20则．附录2则．

中国国民党湖南第二次全省代表大会日刊（1—13号）

大会秘书处编辑

1926年8月16日出版．报纸　16开本　1册 28.-

遂溪县各区党部委员联席会议经过概略（努力丛刊之4）

徐翼群记录．

1927年4月遂溪县党部宣传部印行

报纸　32开本．18面．　1册 1.-

遂溪民众暴动的经过及今后我们应怎样训练民众

钟干材编辑

1927年2月遂溪县党部宣传部发行

报纸　32开本　22面．　1册 1.50

中国国民党历来之宣言

首都各界总理逝世三周年纪念大会印赠

报纸　32开本　76面．　1册 1.50

中国国民党最近宣言集

中国国民党中央执行委员会宣传部编辑

1926年12月出版．报纸　32开本　36面　1册 1.-

中国国民党重要宣言及训令之研究

20×20=400

惲代英编

1924年1月 广东中央军事政治学校政治部出版.

报纸 32开本 80面. 1册 6.-

内容：1. 第一次代表大会宣言.(1924年1月)

2. 北上宣言(1925年7月)

3. 中国国民党对于共产党员加入本党之训令(1925年7月)

4. 第二次代表大会宣言(1925年12月12日, 1926年1月13日)

5. 中央党省区联席会议决议书. 包括:

①国民政府发展决议案

②请汪精卫销假

③电慰蒋总司令议决案

④国民会议召集问题决议

⑤省府.地方政府.省民会议县民会议决议案

⑥省政府对国民政府之关系议决案

⑦省党部与省政府之关系议决案.

⑧本党最近政纲决议案

⑨慰勉冯玉祥议决案

⑩党员服兵役法议决案

⑪增加党费议决案

⑫关于民团问题议决案.

⑬承认河南省党部议决案

⑭惩办沈鸿慈议决案

附录：中国国民党中央及各省联席会议宣言。

中国国民党重要宣言训令集

中国国民党陆军军官学校政治部翻印

1925年12月出版．报纸 32开本 102面 1册 5-

本书搜辑之宣言训令自1924年1月起至1925年12月止。

以发表时日为序，

本党重要宣言训令之研究（中央军校政治讲义丛刊第一种）

恽代英编

1926年5月 中央军事政治学校政治部宣传科发行

广州光东书局印刷．报纸 32开本 54面 1册 5- 6- 7-

内容：1.本党重要宣言训令之研究（1924年1月）

2.中国国民党第一次全国代表大会宣言

3.北上宣言

4.中国国民党对于共产党员加入本党之训令（1925年7月）

5.中国国民党召集第二次全国代表大会宣言（1925年12月12日）

6.中国国民党第二次全国代表大会宣言（1926年1月13日）

宣言内容包括：

①世界之现状．②中国之状况，③本党奋斗之经过

④结论

20×20=400

第 254 页

中国国民党革命理论之研究

王季文编著

1927年12月初版，1928年4月2版，1928年6月3版。

报纸　16开本。　　1册　4.—

本书是一本反面材料，罪状的提供，内容分五篇：

1. 中国国民党与共产党最近的关系。

2. 中国国民党与共产党革命主义策略之异同（分为五章）

3. 反共后中国国民党出路之商榷。（分为二章）

4. 反共后中国国民党与两大国际及帝国主义者（分八章）

5. 国家蠡测（即中国之将来及国民之出路）分十章。

中国国民党是什么　（黄埔丛书第二种）

国民革命军总司令部政治部编印

1926年出版。　报纸　32开本　16面。　1册　5.—

什么是国民党左右派？

陈独秀著

1926年1月1日翻印。　报纸　石印本　8面。　1册　8.—

中国国民党几个根本问题

甘乃光著

1926年9月16日初版，10月再版，广东省党部宣传部印行。

1926年10月　广西省党部执行委员会印行。

报纸　32开本。　76面。　1册　7.—

6.—

20×20=400（横文）

255

内容：1.我们的主张　2.国民党的思想指导者

3.国民党的行动指导者　4.国民党的政治指导者

5.民众组织与党的作用　6.国民革命时期的国民党

7.国民党的阶级基础　8.国民党的基本党员和训练工作

9.一个国民党员的分析及其工作。10.我们的经验。

中国国民党党史大纲　（讲义之二）

蔡以璇编述

1927年6月国民革命军广东守备军干部教导队出版

报纸　32开本　71面　1册　3.-

全书共分十七章：阐述中国发生革命之原因，兴中会成立前后之时代背景，以及孙中山总理之被难，自徐锡麟起事至武昌之变。

中国国民党党史概论　（政治丛书第3种）

汪精卫演讲稿

1927年4月三民出版社印本

1927年3月海口府城海南书局印本

1927年1月中央军事政治学校政治部宣传科印本

报纸　32开本　40面　1册　5.- 3.- 4.-

内容：1.革命何以发生？2.中国以前发生革命之原因、3.中国最近发生革命之原因、4.中国最近革命运动与时代背景。

256

中国国民党年鉴

黄鐘编

1926年中央军事政治学校第一分校出版.

报纸　25开本　23面　1册 2.-

本书着重于中山先生生前的党史. 以中山先生的活动为纲。

十二年来之国民党

谭平山　冯菊坡撰述

1923年7月(广州)大本营宣传委员会印行.

报纸　32开本　12面　1册 5.-

内容: 1.辛亥革命之基础 2.北洋军阀之机会主义

3.革命党之分化与北洋军阀之进攻

4.袁氏帝制及护国之役

5.北洋军阀再行专政

6.北洋军阀进攻之第二期

7.北洋军阀之武力政策

8.直皖势力之消长

9.国民革命之开始

10.我党势力之恢复

11.奉直战争与我党发展之关系.

12、北伐军阀之总攻击

13、结论。

中国国民党广东省党部成立之经过

不著编者及出版年月　报纸 32开本　64面　1册　10.-

内容：1.大会宣言（第一次代表大会）　2.筹备经过及筹备人员名单

3.出席代表名单　4.会议日程及预备会

5.大会情形　6.决议案

7.选举结果：　前附相片二页。

执行委员：何香凝、彭湃、陈公博、甘乃光等九人

监察委员：李济深、伍朝枢、宋子文等五人。

常　委：陈公博、杨匏安、甘乃光、主席：陈公博

农民部长：彭湃。

妇女部长：何香凝。秘书：邓颖超。

中国国民党广东省党部成立之经过

1925年11月广东省党部宣传部印赠。

报纸　32开本　64面。　1册　3.- 25.-

革命领袖的言论（第一集）

淦克超编

1927年3月国民革命军总司令部政治部印行。

报纸　32开本　1册　5.-

内容包括：邓演达写的"现在大家应注意的是什么"，

吴玉章写的"政治党务报告"，

廖仲恺写的"革命派与反革命派"，

以及徐季龙等人写的十篇文章。

中国国民党各要人最近演讲集

国民革命军第四军政治部编印

1926年5月出版，报纸 32开本，32面。 1册 5.—

内容：1. 怎样做成一个革命的党——胡汉民

2. 报告国民政府状况——谭延闿

3. 工农兵大联合——蒋介石

4. 报告中国政府状况与社会状况—谭平山

5. 报告苏俄状况——胡汉民

国民革命第一军政治组织草案

中国国民党国民革命军第一军政治部印

1925年9月出版，报纸 32开本 34面。 1册 3.—

内容共分四章，七十六条。

军队特别党部组织条例

国民革命军总司令部政治部印

1927年2月出版 报纸 32开本，20面。 1册 1.20

全书分为六章：1.组织 2.会议 3.职责 4.任期

5. 纪律 6. 经费。附：军队特别党部组织系统图表。

军队中的政治工作大纲

张普方著

1938年2月汉口、广州黎明书局出版，徐毓保存的。

报纸 32开本 73面。 1册 6.00

内容分4章：1. 军队中政治工作的需要和任务

2. 一般的政治工作。

3. 政治机构与政治工作。

4. 政治工作中的几大问题。

本书是是作者执教武汉大学时，为适应战术研究班编写的教材。

敬告北方民众

国民革命军总司令部政治部编印

1927年出版。 报纸 32开本 22面 1册。

内容：1. 革命军为北方民众自由幸福而战

2. 天下一家，不分南北

3. 革命军拯救北方人民於涂炭

4. 帝国主义剥削北方的罪状

5. 军阀残害北方民众的罪状

6. 打倒帝国主义与军阀，救国救民。

20×20=400(京文)

7. 统一全国实行三民主义

8. 北方同胞快起来欢迎革命军

组织安南党务报告书

安南党务组织员刘侯武编

1924年出版. 报纸 16开本 1厚册 5.-

内容: 1. 成立报告 2. 职员录.

3. 会议录 4. 文件 分为.

甲编: 中央党部与安南各党部来往文件.

乙编: 刘组织员与中央党部往来文件

丙编: 刘组织员与安南各部往来文件

丁编: 附录.

5. 西文[illegible]。

政治工作报告书 (政治部丛书之八)

中央军事政治学校潮州分校编印

1926年12月出版. 报纸 25开本 1册 10.-

报告分为六部份:

1. 本分校及政治部概况 2. 总务科

3. 宣传科 4. 党务科

5. 政治课程 6. 潮潮周刊

附编本部丛刊八种。由王崑崙、李希仁、周淦、黄鐘编.

261

革命与革命军人　（丛书第十五种）

　　国民革命军总司令部政治部编辑

　　1926年广州国民政府内总政治部印

　　　　报纸　64开本　　16面　　　　1册　3.-　2.-

士兵政治训练大纲（第三集）

　　总政治部编印（不著出版年月）

　　　　报纸　32开本　32面　　　　1册　5.-

内容：1.世界革命与中国革命

　　2.辛亥革命的意义

　　3.国民党的联俄联共及农工政策之解释

　　4.中国国民党是怎样产生的

　　5.国际联盟

　　6.基督教帝国主义

　　7.反赤是什么

　　8.十月革命的意义

士兵党员训练大纲

　　国民革命军总司令部政治部编印（不著年月）

　　　　报纸　32开本　12面　　　　1册

士兵政治教学研究

　　国民革命军总司令部政治部编印

1927年2月出版 报纸 32开本 16面 1册

内容：1. 士兵政治教育原理

2. 士兵政治教育之普通方法

3. 士兵心理底分析及其环境与兵士政治教育

4. 士兵政治教育与群众心理

5. 士兵教育必具的条件

6. 补说几句话

武力与民众

黄埔军民联欢、欢迎国民军代表大会编印

1926年9月25日出版 报纸 32开本 34面 1册 15.— 5.—

内容：1. 引言 2. 题词 3. 记事

4. 宣言 5. 告来宾 6. 纪念词

7. 开会理由（李济深） 8. 欢迎词 9. 刘骥演词

10. 陈竹年演词 11. 徐季龙演词 12. 谭祖荫演词

13. 林喻佳演词 14. 苏兆徵演词 15. 白礼诺演词

16. 许小迦演词 17. 方鼎英答词

政策与策略

醴陵民众运动训练所编委会编印

1927年1月18日出版 粉连纸 1册 10.—

内容：1. 政策与策略 2. 学生运动策略

3. 妇女运动策略（吴章言） 4. 中国妇女问题（分五章）

5. 醴陵地方政治经济状况 6. 党史概略（分3章）

7. 教育问题讲义 8. 中国外交失败史

9. 不平等条约. 10. 欧战后的国际政治。

河南军事政治经济状况

国民政府军事委员会总政治部印行

1927年4月出版. 报纸 32开本 42面. 1册

本书清算了以吴佩孚为首的反动军阀,在河南的军事统治,以及群众公开的抢劫罪恶。

革命战士集 第一册

罗章龙编

1926年10月於北京出版. 报纸 32开本 82面. 1册 12.

本书是为纪念全国铁路工会运动死难的战士而作。前有王尽美,高克谦遗像。附全国铁路工会殉难战士第一次调查表。(表内包括沪汉天津京唐党员及青年团员二十一人。)

万鲜两案之事实与谬论 （宣传丛书之五）

中国国民党河北省党务整理委员会编辑

1931年8月出版. 报纸 32开本 376面. 1册 1.80

内容共分三篇. 1. 関於万鲜两案言论之一般（各报）

2. 蒙鲜（蒙宝山 朝鲜）两书之真像

3. 考據蒙鲜两书之文笔。

4. 附录。

4

現代文獻資料所見錄

（四）

5.俄国革命（4节） 6.俄国大革命后劳农政府的建设（4节）

7.土耳其革命（3节） 8.现世各国的革命运动（4节）

革命先锋（现代青年社小丛书之一）

现代青年社编辑

1927年2月7日 上海[illegible]平民书店出版.

铅印 32开本 10面. 1册 .150

内容：1."二七"是什么事情 2."二七"发生的原因.

3."二七"的伟大意义 4.悲壮而光荣的"二七"小史

5."二七"之失败与成功 6.经验与教训

7.怎样去纪念"二七". 8."五卅"与"二七".

9.合理的推想——工农联合 10.呼声

革命先锋

蜀人邹容 章炳麟注述

不著出版年月. 铅印 25开本 84面. 1册 3-

内容分为七章：

第一章：绪论 第二章：革命之原因

第三章：革命之教育 第四章：革命必剖清人种

第五章：革命必先去奴隶之根性 第六章：革命独立之大义

第七章：结论.

附录. 驳康有为书. 逐满歌. 革命歌——章炳麟

20×20=400(稿纸)

第 267 页

揚州十日記——江都王秀楚记。

前有章炳麟 鄙客自序。

革命潮

一笑生辑

民国初年排印 报纸 25开本 1册 5.-

本书系摘录各报所载革命新闻，从而可以看出当时的革命情况。

进化与革命

不著作者

1921年6月20日出版，报纸 32开本，22页 1册 5.-

民族革命原理

李僕编辑

1930年3月1日上海兴华书局出版，报纸 32开本 202面 1册 3.-

民族革命运动史大纲 （中国国民党中央农民讲习所丛书）

萧楚女著

1927年3月出版，4月再版，报纸，32开本，92面 1册 8.-

本书阐述了，中国民族八十年来因受欧洲工业经济之压迫而引起民族革命运动，直接间接的反抗帝国主义及封建专制，并说明了民族运动的起因与结果，还分析了运动的阶级性，及其运动

20×20=400(横文)

中的成功与失败之原因，以为革命工作的借鉴。内容分：

1. 平英团事件　　2. 太平天国运动

3. 戊戌政变　　4. 义和团事件

5. 辛亥革命　　6. 五四运动

7. 五卅运动。

中国民族革命运动史

恽代英讲稿

1927年3月15日国光书店印行，报纸32开本，78面，1册，15—

全书分为七讲：

第一讲：由反清复明运动——鸦片战争

第二讲：鸦片战争及其影响。

第三讲：由太平天国运动——康梁变法。

第四讲：义和团与八国联军

第五讲：辛亥革命运动

第六讲：五四运动前后的国民党

第七讲：五卅运动。

中国民族革命运动史

恽代英讲稿

1927年6月上海泰东图书局印行。

269

报纸 36开本 134面 1册 2.-

中国民族革命、世界革命运动史

恽代英 眭铁 演讲

琼城平民书局印行(不著出版年月)

报纸 32开本 24面 1册 12.-

当时称此书为宣传革命之宝筏。

最近革命之局面 (政治工作周刊小丛书第一种

不著编者 署国联总部政治部印

1927年3月4出版 粉连纸 36开本 双页19页 1册.

本书是一篇政治报告，强烈地谴责英帝国主义对中国的侵略，同时斥责奉系军阀祸国的罪行。 附：反英反奉宣传大纲。

论民族民主革命

吴黎平编著

1940年5月解放社出版 延安新华书店发行

报纸 32开本 465面 1册

全书分为六章：

第一章：绪论.

第二章：论资产阶级性革命的社会经济内容

第三章：论资产阶级性革命的几种类型

第四章：论无产阶级在资产阶级性民主革命中的方针。

第五章：论民主共和国

第六章：论革命转变。

末有简短的结论。

中国革命问题。

不著编者 油印讲义

1939年12月15日出版 报纸 32开本 44面 1册 5.-

全书分为二章，每章又分若干节。

第一章：中国社会 分三节

1.中华民族 2.古代的封建社会

3.现代殖民地半殖民地半封建社会

第二章：中国革命 分七节

1.百年来的革命运动 2.中国革命的对象

3.任务 4.动力 5.性质 6.前途

7.中国革命的两重任务与中国共产党。

中国革命与民生问题（黄埔丛书之四）

中央军事政治学校政治编辑委员会编印

1927年8月1日出版 报纸 32开本 1册 8.-

内容分：1.论中国革命 2.革命中之土地问题

3.革命中之工人问题节制资本之实施。

5. 节制资本之实施节制私人资本。

二月革命至十月革命

马果诺夫著，季文达译

1932年7月再版 报纸 32开本 410面 1册 1.20

中国问题文献第一集

向群编

1946年3月大众文化合作社出版

土纸 32开本 210面 1册 1.50

本书收录宣言、公报、提案、决议等31则。

附录：1.民主建国会的组织及其主张

2.1945年中外大事记。

民族解放丛书八种

平心主编

1937年12月20日光明书局初版，1938年1月15日再版。

报纸 32开本 8册。

包括1.民族革命战争论——林克多著

2.战时的经济问题与经济政策——王亚南著

3.中国抗战与国际情势——宾符著

4.宣传组织与训练——潘念之著

5.民主政治与救亡运动——傅于琛著、

6. 抗战中的民生问题——莫湮著.

7. 抗敌战略论——平心著

8. 世界民族解放战争的教训——吴清友著.

兵丁与农民

逸氓 李国胜等人编著

1922年出版. 报纸. 32开本. （双页）62页 1册 10

本书是一本提倡有组织地进行革命，向士兵与农民宣传反对军阀统治，并在军队中发起兵变，来推翻军阀。内容分：

1. 罪言（代序） 末署十一年二月十日逸氓书于上海磨丁.

2. 兵变歌

3. 傅宣农民兵丁共产党同志社宣言.

4. 信约.（第七条：本党在新世纪21年8月1日在信宗成立）

5. 谈兵

6. 目兵须知

7. 告军人

8. 可怜的士兵啊!

9. 兵士的解放

10. 一个退伍兵丁的呻吟语.

11. 各省兵变调查记.

12. 我对于富国强兵的见解

13. 告妇女

14. 民要歌

封皮后面有编者记说："我读了兵丁和贫民的稿子，就知道中国非兵丁和贫民与青年的学生们觉悟不可，因为兵丁一觉悟就反戈打长官，贫民一觉悟，就杀富济贫，青年人一觉悟，就要实行家庭革命，要推翻父母的专制，要求自由平等。所以这三种人互相联合起来，组织一个自由团体，中国就好了。倘他们要不结合，中国就没有希望，世界也没有太平。现在我盼兵丁与贫民青年快快的起来吧，别延时日了。"

国民政府的政绩

李芦洲主编

1934年10月1日上海中央书局印行。

1946年9月真理社翻印　报纸、32开本，116面1册　4.-

本书对蒋记政府压榨人民，滥支军政费用，断送中国土地，实行卖国有赏，救国有罪的罪行，作了一次清算；同时指出军阀专政、混乱，以及蒋宋孔陈等十五个党国要人要侵据了一百八十一个官位，

（十五个党国要人包括：蒋介石、汪精卫、孙科、宋子文、胡汉民、孔祥熙、陈果夫、陈立夫、戴季陶、叶楚伧、林森、张人傑、于右任、居正、蔡元培）的贪污和以私害公，作了详尽的分析。

内容共分四章。

第一章：南京政府的财政

第二章：南京政府的外交；

第三章：南京政府的军事

第四章：南京政府的内政。

对国家主义派的反攻（第一集 第16种）

潘澄波 萧楚女等著

1926年国民革命军总司令部政治部编印

报纸 32开本，各68面，目2面

内容：1.反国家主義——潘澄波

2.国家主义之根本荒谬——卓宣（即叶青）

3.国家主义的中心思想——楚女

4.国家主义的根本错误在哪里——王启鲲

5.我们真不要国家吗？——双十

6.我们反对国家主義的理由——郑宏

7.我们的时代和我们的武器——漆也流

8.国家主义反苏俄的心理——黄铁民

9.国家主义者的原形——钟

末有编辑后语，略云："国家主義，原是几个不中不西的半新半旧的伪学生——曾琦、李璜、左舜生、余家菊等出风头的胡调……近来该主義者因反赤有功，绅士老爷帝国主义者尤其喜於反俄，不惜以金钱相酬，勾结几个国民党叛徒章太炎、徐绍桢、谢持之流，组织什么反赤大同盟，拚命对本党破坏，团结组织一个委员会计划反攻方法，在国民政府统治下的区域内，绝不容许该主義者生存……。”

按汤澄波，广东花县人，1902年生，广州岭南大学毕业，历任岭南大学讲师，黄埔中央军事政治学校教官，国立中山大学教授，其译著有：英国社会主义史，小说的研究，俄国革命史，马克思经济学说概要，最近十年英国社会及经济政策，美国社会史，基督教之基础，梅脱灵戏曲集等。

工团主義 （新青年丛书第七种）

英国哈列著，李季译

1921年1月初版，报纸，32开本，101页　1册　5.-

国民政府之统一广东政策与反革命势力。

（农民丛书第4种）

1925年11月中国国民党中央执行委员会农民部刊行。 6.- 12.-

1925年12月再版，报纸，32开本　24面。　1册　8.-

本书是1925年10月，农民部于特派员在大会上的政治报告。全书分为十部份。

农民丛书共五种：第一种：孙中山先生对农民的训词，

第二种：告农民书。第三种：农民国际。

第四种：国民政府之统一广东政策与反革命势力。

第五种：广东省党部代表大会关于农民运动之决议案。

蒋介石最近的态度 （革命军日报社丛书之四）

革命军日报社编辑

1927年3月20日国民革命军第八军政治部翻印

报纸 32开本 34面。 1册 5.-

内容为两篇文章。第一篇题为：英雄主义者的裸体跳舞开幕了。

第二篇题为：裸体跳舞的余兴。

废除蒋美商约 （通俗小丛书）

柳溪述编

1947年4月冀南书店出版。土纸32开本。10面。1册 .60

我们工作的鳞爪 （丛书第20种）

国民革命军总司令部政治部编印。

1926年11月24日广州印发

报纸。32开本。196面。卷头像一面 1册 15.-

内容包括：国民革命政治宣传计划大纲，大沽事件及北京惨案宣传大纲，五一、五四、五五、五七、五卅、二七纪念宣传大纲，告农民、工人、商人、青年书，以及地方各级宣传会议决议等45则。

到自由之路（新青年丛书第5种）

英国罗素著．李季、黄凌霜[…]雁冰译

1920年11月新青年社出版．报纸 32开本 225面 1册 3.5

本书内容分为两部份．第一部份阐述历史上的问题，第二部份提出未来可能发生的问题。这本书是作者於一九一八年[…]四月入狱的前几日写成的。

第一部份分为三章，前有绪论。

第一章：马克思和社会主义的教义

第二章：巴枯宁和无政府主义．

第三章：工团主义的革命

第二部份分为五章，

第四章：工作与报酬，

第五章：政府和法律．

第六章：国际关系

第七章：在社会主义下的科学和艺术

第八章：能够造成的世界。

自由言论（又名敬告中国人）

卢信著

槟榔屿光华日报社印行．报纸 32开本 1册 5—

按卢信，字信公，广东顺德人，1873年生．日本留学回来，又去美国，归国后，任香港中国日报记者，辛亥革命时任同盟会广东支部部长，民国成立后任广东临时省议员、副议长、农商总长、司法总长。著有“不澈底家谈”、“自由言论”等。

民治

民治学社编

1920年江西教育会印行。（非卖品）

报纸，32开本，34面　　1册 4.-

按民治学社为黄炎培等发起组织。本书前有叙事声明云：“本篇限于经费，印刷无多，不及遍送，希阅后转送各校学生诸君或其他团体为荷！”

湖南宪法草案

1921年6月1日泰东图书局出版，赵南公发行。

报纸　32开本　38面。　　1册 .50

本书分十三章，前附说明书。

军情　（亚陵通讯社刊物之一）

黄性一编辑

1927年8月出版，报纸　32开本，70面　　1册 8.-

内容分：1.第二第三两军奠定湘东。

2.克复萍乡之经过。

20×20=400(横文)

3. 随征日记。

觉颠冥斋内言四卷

浏阳唐才常佛尘著

排印本 新连序、蔡育同序。 1册 10.

钱江血潮 第一辑

战旗社编 方元民主编

1938年11月10日出版。 报纸 32开本 1册 15

本书是一册宣传动员浙江人民起来抗日的读物。

现代的公民

高语罕著

1927年5月出版。 报纸 32开本 435面。 1册 6.

内容分十二篇：1.绪论(5章) 2.家族(5章)

3.学校(五章) 4.社会(6章) 5.国家(5章)

6.国家的机能(6章) 7.社会问题(6章)

8.帝国主义(9章) 9.中国经济政治状况(9章)

10.中国的国民革命(10章) 11.国际情势(10章)

12 结论(2章)

论政党

中国出版社编印(1辑)

1938年7月出版。 报纸 32开本 146面 1册 2.20 / 1.50

内容：1. 阶级与政党　2. 什么是共产党
3. 党的组织　4. 党的生活
5. 党的巩固　6. 干部
7. 党的领导。

无锡兵灾记

侯鸿鉴著

1925年5月出版　报纸　25开本　1册　.50

本书记述了齐燮元等军阀在无锡扰害人民的情况。

我们怎样做农村调查研究

战线社编

1943年4月晋察冀新华书店北岳支店印行.

片艳纸　32开本　100页　1册　2.–

本书是1942年秋天，中共北岳区党委派出的调查研究组，根据农村调查研究工作的实际体会编写，此次调查了二十八个县，八十八个典型村，有很多宝贵的经验，以郑天翔为主编。内容分：

1. 调查研究方法的几个基本原则
2. 调查研究的方法和步骤
3. 统计方法的几个问题……

4、论农村阶级关系的分析

动用民力与组织民力

太行行署编印

1947年5月10日出版，土纸 32开本 40面 1册 .60

内容：1.发扬减轻民力负担的新经验——李一清

2.行署关于发扬民力节约民力的指示

3.太行区动用民力暂行办法

4.平衡民力负担做到公平合理——武光汤

5.战勤工作的几点经验——王书署

统一累进税法规

晋察冀边区行政委员会编

1941年3月油印 报纸 32开本 1册 .50

分中国石头工作初步总结 （密秘）

昌顺县农会保征部编印

1948年12月油印 粉连纸 32开本 1册 3.

群众工作指南（晋绥学讯丛刊第六种）

晋绥学讯编委会编印

1943年11月印行 土纸 32开 64面 1册 2.—

新时期的经济

新华书店编辑

20×20=400(坚文)

第 283 页

1945年9月出版。 土纸 32开本 16面。 1册 .50

内容係辑录报纸的社论和宣言。

老百姓穷苦的原因 （救中国通俗小丛书）

陈逸园著 胡绳主编

1938年出版。 报纸 32开本、39面。 1册 .60

内容：1. 一般人的见解 2. 帝国主义掠夺了中国的土地，

3. 内战和兵与匪的来源 4. 人祸助长了天灾

5. 单靠救济也不是办法 6. 一个简单的结论。

抗日的英雄 （救中国通俗小丛书）

傅平著 胡绳主编

1938年3月15日汉口广州新知书店出版。

报纸 32开本 35面。 1册 .60

七月的前线 （战地报告）

勇进作

1947年10月冀鲁豫书店出版

土纸 32开本 174面。 1册 2.

苏维埃人群像

不著编者

1947年8月冀鲁豫书店出版。

土纸 32开本 35面。 1册 .50

20×20=400(京文)

秉烛后谈（艺文丛谈六）

署周作人著，本书封面题目皆係假，

不著编者及出版年月，报纸32开本，文6面，目2面，1册 20

内容是解放区的各种政策文件的汇编。通过本书向新解放区宣传党的各项政策。

1. 南堂诗钞（毛泽东关于工商业的政策）

这篇是摘录毛泽东1947年12月25日在中共中央会议上作"目前形势和我们的任务"的报告中"关于工商业政策"的一节。

2. 东莱博议（陈伯达：发展工业的劳动政策与税收政策）

3. 俞理初的诙谐（刘宁一：解放区工商业政策）

这个文件分为四点：(一)小引，(二)工业建设的目的与方针，(三)工业政策与办法，(四)解放区工业发展的前途。

4. 老年的书（新华社纪念"二七"二十五周年社论：坚持职工运动正确路线，反对左倾冒险主义）

5. 儿时杂事（晋冀鲁豫中央局纠正左倾冒险主义的指示）

6. 关于俳谐（中共合江省委关于保护城市工商业的指示）

7. 谈混堂（晋察冀边区保护工商业指示）

8. 談宴会（陕甘寧边区保護工商业佈告）。

9. 談食蟹（中共晋冀鲁豫中央局发展工商业的指示）

10. 談搔痒（蓬勃发展中的解放区工商业）

11. 談过癞（新区和新解放城市的政策）

12. 女人罵街（中共东北局发佈关于保護新收復城市的指示）

13. 談草文君（中国人民解放軍平津前线司令部佈告）

按这张佈告是基督教会的“唱詩歌篇”“顯主誠愛於你”的背面，用三号鉛字红印。16K紙，1948年12月22日佈告。

14. 談吴公（知识份子问题）

15. 关于阿Q（中共中央局发佈：关于爭取、团结、改造培養知识份子的指示）

16. 闲談桑梓（恢復和发展中等教育是当前的重大政治任务）

17. 談正经（东北第三次教育会议决定：改进教育方法，確定教育制度）。

18. 記廟会（華北中等教育会议决定：改善中等教育制度）

19. 無所不談（人民解放軍总部頒发懲处戰爭罪犯命令 1948年11月1日）

20×20=400（...）

後封印有：“看完後請將此书借給你的親友”双行十三字。

教育工作的新方向

教育生活社编

1944年6月晋冀鲁豫边区政府印行.

土纸 油印 32开本 1册 3.

隐蔽战的平津

莫青等著, 华之国编纂

1937年11月15日时代史料保存社出版.

上海杂志社经售 报纸 32开本 120面. 1册 1.

物质救国论

康有为著

1908年2月上海广智书局出版.

道林纸. 1册 3.

精神讲话一斑

林修梅编著

1921年3月粤东编译公司印行

报纸 32开本 58面 1册 6.

内容: 1. 军队组织和战争发生的原因.

2. 世界各国军事政策的趋势

3. 军人和政治的关系

4. 军人和社会的关系.

5. 服从　　6. 爱国　7. 牺牲.

8. 修养是去贫的唯一方法.

9. 农工化的军队.

附：农工军组织大纲草案

前有孙文题字："军队中之根本大计"。修梅自序。

二万五千里長征　（从江西到陕北）

救亡研究社编辑

1937年12月出版。　报纸　32开本　53面　1册　2.—

二万五千里長征記　（从江西到陕北）

大華编著

1937年12月初版，1938年1月復兴出版社再版。

报纸　32开本　76面　1册　2.—

本书记述了红军北上抗日，克服了历史没有过的行军困难，到达了陕北根据地。内容分为六章：

第一章：红军大会合

第二章：艰苦而壮大的道路

第三章：围剿之突破与長征之准備

第四章：二万五千里長征紀程

第五章：擒榜

第六章：長征閒话

附：特载．红军第一军团四个月中经过地点及里程一览表。

二万五千里長征偉績

不著编者

香港新民主出版社出版．（不著年月）

报纸　32开本　36面　1册 .50

内容分为七则：自衔过乌江天险，巧计夺取金沙江，——胜利的陕北会师。

长征时代《又名第八路军行军记》

黄峯编

1937年11月12日上海光明书局印行。

报纸　32开本　158页　1册　4.-　3.-

全书分为九篇：

1. 二万五千里长征记　2. 行军记

3. 抢桥　4. 雪山行军的插话

5. 从甘肃到山西　6. 解放了的苗傜

7. 陕北之行　8. 陕北生活检谈

9. 从陕北归来　前有编者小记。

红军十年

赵君辉编著

1938年新生出版社出版。报纸，32开本，120面，1册　2.-

内容包括39则：

1. 红军突起　2. 上井冈山　3. 四湖会合

4. 路线确立　5. 井冈失陷　6. 进攻长沙

7. 清算盲动　8. 实力大展　9. 初次被剿

10. 继续被剿　　11. 瞻徐入川　　12. 福建事变

13. 围剿告终　　14. 长征准备　　15. 突破碉堡

16. 爬老山界　　17. 由湘入黔　　18. 乌江大战

19. 黔北小住　　20. 进向黔南　　21. 遵义大胜

22. 乘虚入滇　　23. 渡金沙江　　24. 入猓猡国

25. 过大渡桥　　26. 夺泸定桥　　27. 经水草田

28. 番民区域　　29. 陕北会师　　30. 渡河入晋

31. 西安事变　　32. 和平统一　　33. 芦沟桥事件

34. 红军改编　　35. 誓师出发　　36. 东进杀敌

37. 平型大捷

十年来中国的红军　　（大时代小丛书）

赵廷华编

1938年7月新生活出版社出版

报纸　32开本　131面　1册　1.50

内容与"红军十年"同，自红军突起——平型大捷

红军第四军第九次代表大会决议案

不著编者

油印　不著年月　报纸　32开本　双页　40面　1册　4.—

新四军抗战一年来的经验与教训　　（江南丛书之一）

项英著

20×20=400（某文）

第 289 页

1939年3月建设出版　报纸，32开本　29面 1册　2.50

1939年4月香港新文化书店出版，报纸，32开本　29面 1册　1.50

西北人民解放军前委扩大会议决定

中共西北中央局编印

1948年1月出版，土纸　32开本，9面，　1册　.50

论抗日民族统一战线诸问题

不著编辑者

1937年出版　报纸，32开本　1册　1.80

内容包括：1. 中国共产党中央给中国国民党三中全会电

2. 巩固国内和平准备对日抗战——洛甫

3. 论抗日民族统一战线诸问题——凯丰

4. 拥护中国共产党中共二月十五日的通电——克平．

6. 关于党中央给国民党三中全会通电的问题的答复．

5. 关于西安事变和平解决之意义及中央致国民党三中全会电宣传解释大纲．

7. 特载：中日问题与西安事变——毛泽东与史沫特列谈话。

抗战中的政治问题

徐特立著，

1938年5月播种社出版，新知书店发售．

20×20=400(聚文)

第 210 页

报纸　32开本　130面　1册　.250

本书为徐特立同志的论文集，包括十二篇文章。

抗战与军队政治工作　（救亡文丛之八）

李富春等著

1938年4月生活书店出版　报纸　32开本　1册　.80

叶剑英抗战言论集

叶剑英著

1940年3月重庆新华日报馆出版.

土纸　32开本　200面.　1册　4.

内容：1.论战局.　2.论抗战中的战略主要问题

3.论战略　4.论敌后抗战

5.八路军抗战的经验　6.纪念和悼文

7.其他.　8.附录：叶剑英先生访问记.

抗战中的中国政治　（抗战的中国丛刊之三）

延安时事问题研究会编

1940年新华书店出版　土纸　32开本　1册　3.

怎样争取最后的胜利　（黑白丛书战时特刊之二三）

李公朴著　钱俊瑞主编

1938年2月生活书店出版.　报纸　36开本　72面　1册　.50

内容介绍：争取最后胜利的信心.

20×20=400

乙：争取最后胜利的决心。

丙：争取最后胜利的办法。

附录：游击战与持久战，从华北谈到全国抗战的前途。

怎样争取最后的胜利　（抗战报告丛书之三）

刘天因编

1938年1月10日星星出版社出版．报纸．32开本．157面　1册　1

内容包括：李富春、董必武、马哲民、钱俊瑞、施复亮等同志的文章。

争取全面抗战的胜利

晋察冀日报时事丛刊社编

1941年1月1日出版．报纸　32开本．16面．1册

本书为当时供给农村干部的时事学习参考材料。

争取抗战胜利意义的伟大历史文献

合浦一中抗日先锋队出版部编印．

油印．报纸　32开本　1册　4

内容：1．论新阶段　2．扩大的六中全会决议案全文

3．致东北义勇军及民众书　4．致日本共产党书

5．致电蒋委员长致敬　6．告全国同胞及全体将士书

老百姓怎样抗日

二寺著

1938年12月大众读书社出版．报纸、32开本、38面、1册．.80　1.5

本书以通俗的道理说明为什么抗日，如何抗日，以及

抗日战争和世界和平的关系。全书分为十四课。

抗战的福建

以茂夫著

1940年5月抗战新闻社出版．报纸、32开本、99面、1册．.60

内容共分十五则。

抗战八年来的福建社会回顾

黄文英著

1947年9月中国复兴文化社出版

报纸　32开本　1册　1.5

~~[illegible]~~

抗日民族统一战线教程

凯丰著

1938年初版．1939年解放社出版．

报纸　32开本　136面　1册　1.50

抗战与新闻事业　（抗战小丛书）

王新常著　中国文化建设协会主编

1938年商务印书馆出版．报纸　32开本　1册　.80

抗战与军事常识（抗战小丛书）

杨电著 中国文化建设协会主编

1938年商务印书馆出版. 报纸 32开本 1册 80

抗战与国际形势（抗战小丛书）

樊仲云著 中国文化建设协会主编

1938年商务印书馆出版. 报纸 32开本 1册 80

抗战与美术（抗战小丛书）

朱应鹏著 中国文化建设协会主编

1938年商务印书馆出版. 报纸 32开本 1册 80

抗战与戏剧（抗战小丛书）

田汉著 中国文化建设协会主编

1938年商务印书馆出版 报纸 32开本 1册 80

北流寺歼灭战（文艺创作小丛书之十六）

朱光等著

1947年7月华北新华书店印行. 土纸. 32开本 36面 1册 50

南澳血战记

郭少音编著

1938年9月25日青年救亡出版社出版.

土纸. 32开本 1册 2.— 150

本书是记述华南抗战的一页光荣史。

第 294 页

附録：访问记。访问了任经南澳的警備司令吴耀波。

一

抗日的第八路軍　（抗戰丛书一）

張哲龍编著

1937年11月　上海救亡出版社再版本

报纸　32开本，　86面。　1册　4.-

前有铜版二页。

抗日的第八路軍　（抗戰丛书第一种）

張国平编著

1937年10月30日抗戰出版社出版。

报纸，32开本，　88面。　1册　3.-

内容：1.红軍是怎樣改编為第八路軍的。

285

2. 军中生活一瞥　　3. 中国人民抗日军政大学

4. 第八路军的精神　　5. 抗日领袖们一群

6. 第八路军要人别记　　7. 抗日史上的两次大会

8. 二万五千里的长征.　　9. 西安事变前后

10. 大战平型关。　　附录：特辑二则。

八路军的战斗力

程羡里编著

1937年2月25日出版. 报纸. 32开本. 87面 1册 2

内容：1. 平型关血战以来的大捷报

2. 胜利的前进代替了无谓的后退

3. 急剧发展的红军主力

4. 核心的打击

5. 中国数一数二的实力派——红军

6. 革命战斗力及其地域分布

7. 敌人所见的八路军实力

8. 八路军的战斗与中国的前途

9. 八路军抗日的军政力量.

晋北大战与第八路军（抗战报告文学选辑之八）

华之国编辑

1937年12月25日（上海）时代史料保存社出版.

20×20=400(稿纸)

上海杂志公司经售。　报纸，32开本，62面，1册 1.50

第八路军行军记三种。

黄峰编 （[illegible]） 光明书局出版。 报纸，32开本，3册 10.-
第一种：长征时代，分九篇 12.-
1937年11月12日印行

第二种：抗战时代，分十三篇。 1937年12月5日印行

第三种：进展时代，分十六篇 1938年3月1日印行

第八路军基础战术 （抗日军政大学讲义）

1938年延安少年先锋社出版， 报纸 32开本 97面 1册 2.- 3.50 4.- 5.-

内容分十五章： 1.绪论。 2.战术 3.战斗的目的。

4.组织 5.任务 6.动作 7.袭击。 8.侦察

9.埋伏 10.对敌侦察队实行袭击。

11.袭击敌人运输队。 12.通信联络和地方交通的破坏。

13.经常隐蔽地与住止时的警戒。 14.训练 15.政治工作。

第八路军抗日行军记

章公[illegible]编

1938年上海抗战研究社初版。

报纸 32开本 94面。 1册 1.50

内容分为六编： 1.上前线去。 2.大战平型关

3.西战场的一角。 4.两度过太原 5.朱德将军在前线

6.全国人民热望着的第一个大胜仗。

20×20=400(学文)

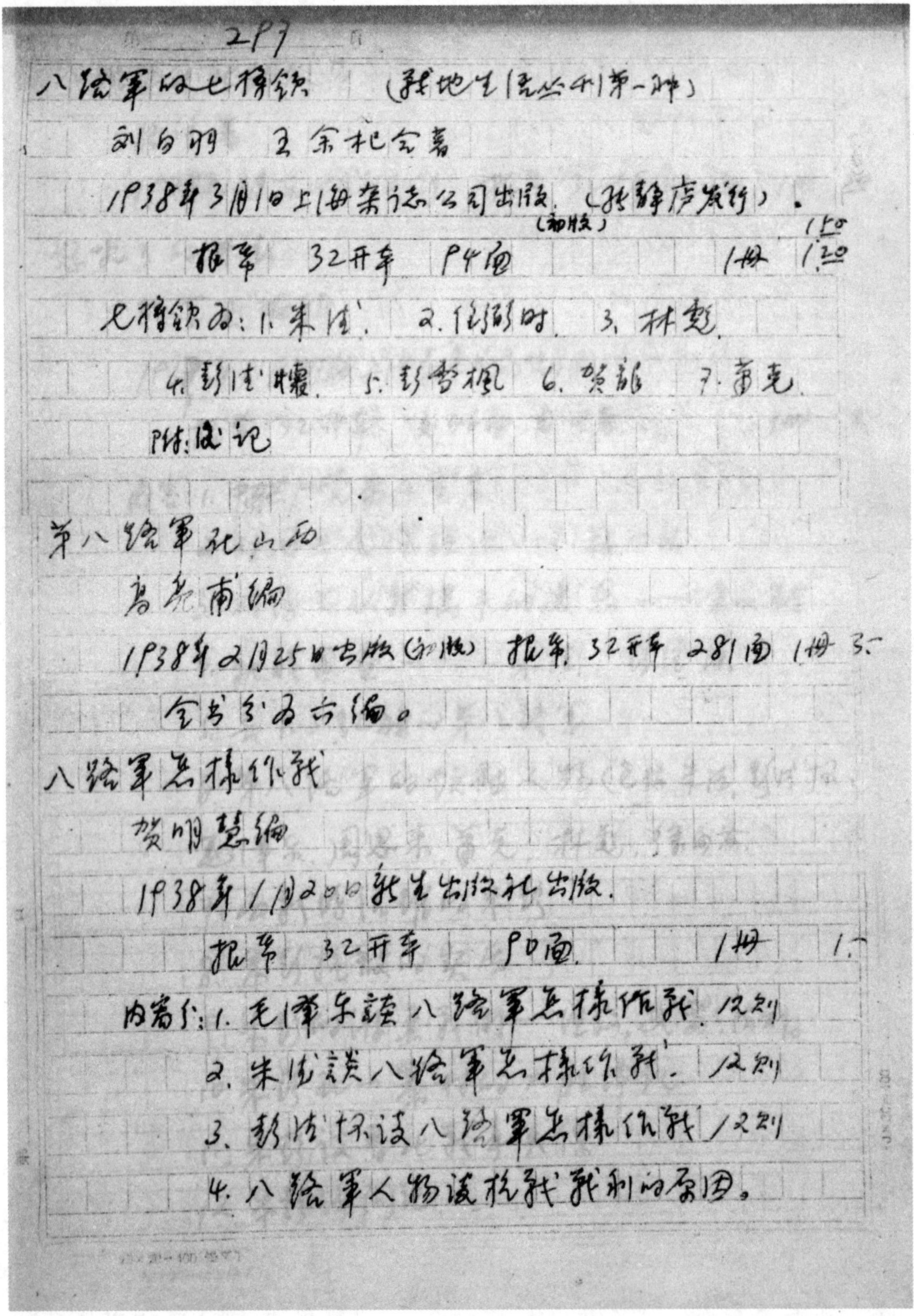

第 297 頁

八路军的七将领 （战地生活丛刊第一种）

刘白羽 王余杞合著

1938年3月1日上海杂志公司出版（初版）（张静庐发行）。

报纸 32开本 94面 1册 1.50 1.20

七将领为：1.朱德 2.任弼时 3.林彪

4.彭德怀 5.彭雪枫 6.贺龙 7.萧克

附：后记

第八路军在山西

高克甫编

1938年2月25日出版（初版） 报纸 32开本 281面 1册 3.5

全书分为六编。

八路军怎样作战

贺明慧编

1938年1月20日新生出版社出版。

报纸 32开本 90面 1册 1.

内容：1.毛泽东谈八路军怎样作战 2则

2.朱德谈八路军怎样作战 2则

3.彭德怀谈八路军怎样作战 2则

4.八路军人物谈抗战胜利的原因。

20×20=400

八路军到新解放区

张诠著

1948年10月东北书店印行. 报纸. 32开本. 30面 1册 .20

怒吼了的朱彭

陈金玉编辑

1937年11月 上海泰来书局出版.

报纸 32开本 文46面. 目2面. 1册 2.-

内容: 1. 中国共产党最近宣言.

2. 对国共合作谈话——蒋介石

3. 对国共从新携手的感想——宋庆龄

4. 就职通电——朱德 彭德怀

5. 丢下了红旗的第八路军

6. 第八路军的领袖人物(包括朱德, 彭德怀, 毛泽东. 周恩来. 萧克, 林彪. 徐向前.)

7. 西战场活跃的朱彭

8. 朱彭抗敌的实质

9. 朱彭的游击战术——组织, 武器, 法则。

10 朱彭在小寨村的大胜详记

11. 朱彭谈晋北战事关系

12. 朱彭访问记.

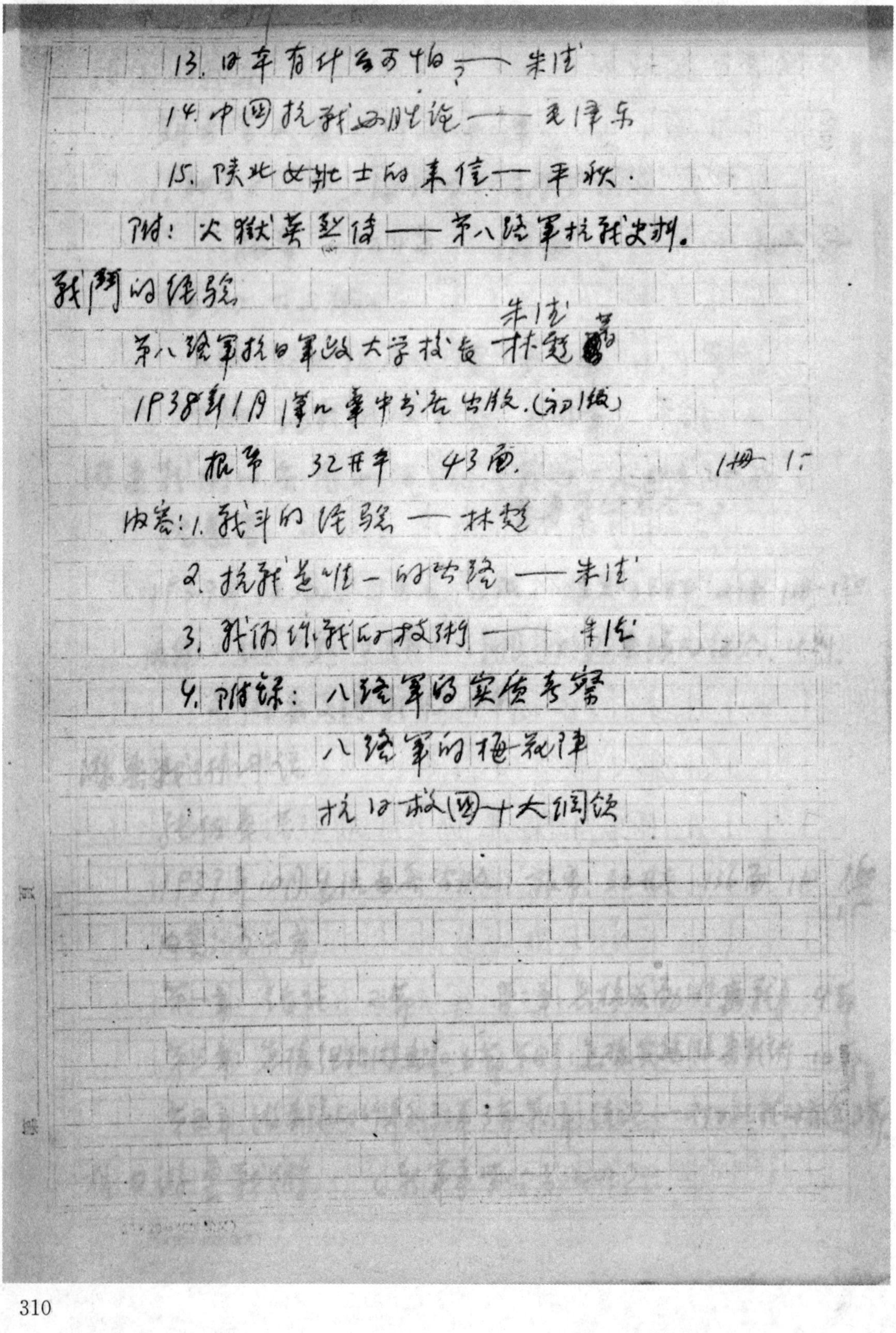

13. 日本有什么可怕？——朱德

14. 中国抗战必胜论——毛泽东

15. 陕北女战士的来信——平秋.

附：火线英勇传——第八路军抗战史料。

我们的经验

第八路军抗日军政大学校长 林彪 朱德 著

1938年1月汉口华中书店出版.（初版）

报纸 32开本 43面.　　1册 1

内容：1. 战斗的经验——林彪

2. 抗战是唯一的经验——朱德

3. 我们作战的技术——朱德

4. 附录：八路军的实质考察

八路军的梅花阵

抗日救国十大纲领

战術與战略

斯奇奢夫著　丁奇夫译

1930年6月1日 上海科学研究学会出版.

报纸　32开本　181页.　1册 4-

本书分上下二编:

上编:论阶级及政党, 分二章

下编:论战術及策略 分七章。

游击战術的应用和组织　(战时大众丛书之一)
(军事学丛书之一)

沈远著

1937年陕西延安书局出版. 报纸. 32开本. 2面. 1册. 1.50

内容:1. 游击战的伟大作用. 2. 游击队的组织. 4则.

3. 游击支队战术, 4则.

游击战術讲话

张佐华著

1937年10月生活书店出版. 报纸. 32开本 136页. 1册 1.60
1.—

内容分为六章.

第一章:绪论. 2节　第二章:怎样发动游击战争 4节

第三章:怎样组织游击队. 6节 第四章:怎样实施游击战術 10节

第五章 游击队的行军和驻军 3节 第六章:结论—对日抗战的前途 3节.

抗日游击战術　(新军事学丛书之四)

301

周静园著

1938年3月15日上海杂志公司出版 发行人张静庐.

报纸 32开本 88面 1册 1.50

本书是作者把在陕北中国人民抗日军政大学战术研究会团时的笔记，加一整理，而把游击战术这一门摘了出来，另外又找了一些关于这方面的材料，参以自己的意见编写而成，内容共分十个部分。

怎样发动抗日的游击战（《大时代小丛书》）

蒋良武著

1938年3月1日生活出版社出版.

报纸 32开本. 89面. 1册 1.

全书不分篇章。

游击队政治工作教程（《真理小丛书》之四）

彭雪枫讲.

1937年10月解放出版社印行. 报纸32开本 22面 1册 2.

本书是1937年10月彭雪枫同志在太原山西大学的公开讲稿。内容分：

1.政治工作的基本任务. 2.政治工作的一般任务

3.对本部队的政治工作. 4.对民众的政治工作

5. 对敌军的政治工作　　6. 政治工作的一般原则。

7. 游击队政治机关的组织及工作人员的责任。

游击队基本动作教程　（《真理小丛书》之二）

尤擎著

1937年解放出版社印行　报纸、32开本　43面，1册　2.-

本书内容共分十七节，主要讲述苏维革命时期游击战争的经验，例举事实说明问题，作为每个革命战士的学习资料。

抗日游击战争中各种基本政策问题

陶尚行著　（《真理小丛书》之三）

1937年10月解放出版社印行。

报纸　32开本　30面　1册　2.-

内容：1. 游击战争是今后华北人民抗日的主要斗争方式。

2. 在华北发展游击战争的条件与胜利的可能。

3. 抗日武装部队的组织和政策。

4. 抗日游击战争根据地的建立与游击战区域中抗日政权的组织。

5. 抗日政权的各种政策

6. 结论。

抗日游击队政治工作教程讲义　（《游击丛书》第二种）

20×20=400(北京)

李济编

~~1939年6月26日游击干部训练班印行~~

~~报纸 32开本 （内容分六章） 1册 .50~~

东北抗日联军游击实录

杨玉等著 夏衍编辑

1937年12月5日上海杂志公司出版

报纸 32开本 90面. 1册 1.50

本书内容为东北抗日联军第一、二、三、四、五、七、八军的奋斗史，以及东北抗日烈士传略。

民族革命的游击战

赵康著

1937年6月回民书店出版. 报纸、32开本 1册 3.-

内容分十二章：

1. 什么是游击战　2. 游击战的基本原则.

3. 游击战的组织　4. 游击战的侦察

5. 游击战的通信联络　6. 游击战的战斗动作

7. 游击战的行军与宿营　8. 游击战的给养与卫生.

9. 游击战的防空与防毒　10 游击战的政治工作.

11. 地方暴动与游击战　12. 民族革命的游击战之前途.

前有著者自序。

抗日游击队政治工作教程讲义 《游击丛书》第七种

李铸编

1939年6月26日游击干部训练班编印.

土纸 32开本 60面. 1册 .50

内容分六章: 1.总论 2.抗日游击队政治工作概说 3.对本部队的政治工作 4.对地方居民的政治工作 5.对敌伪的政治工作 6.政治工作的组织问题.

游击战争的基本战术 《新知识丛书》

郭化若、陈伯钧、水侠著

1938年12月建社出版. 报纸 32开本 43面 1册 1.20

游击队中的政治工作 《新知识丛书》

铁人 罗瑞卿著

1938年12月建社出版. 报纸 32开本 39面. 1册 1.20

内容: 1.抗战游击队中的政治工作——铁人. 3.6节

2.抗战军队中的政治工作, 又分:

①政治工作的任务. ②过去八路军中政治工作方法与内容——政治教育、文化教育——罗瑞卿.

游击队基本动作 《新知识丛书》

尤墨著.

20×20=400(语文)

1938年12月建社出版，报纸，32开本，46面，1册，1.20

北方游击战争的战略

张闻天著 王若飞著

1938年3月上海中外编译社第三版 报纸，32开本，32面，1册，3.—

内容：1.把山西变成为北方游击战争的战略支点——张闻天，

2.华北游击战争的开展——王若飞。

游击战的政略与战术

潘怡如编著

不著出版年月 报纸 32开本 90面，1册 1.50

三年游击战争（光华丛书之一）

野草著

1949年新中国书局出版，报纸，32开本 1册 .70

边区自卫军

柯仲平著

1938年10月(读书生活出版社发行)战时知识社出版.

报纸 32开本 1册 2.—

本书内容为大众朗诵诗，全书共分四章。

模范抗日根据地的晋察冀边区

陈克寒著

1938年12月香港中心出版社出版.(香港德辅道50号)

1939年4月新华日报馆印行本. 5.—

报纸，32开本 114面. 1册 2.50

3.—

克寒同志当时任新华日报记者，於1938年7月过正太铁路，入晋察冀边区视察，历时一月，由同蒲北段归来后，对边区情况有一全面了解，特视察所得作了一个概括的介绍，~~全文~~~~共分二十则~~以供关心时局的同志，俾借以了解敌人后方情况，全文共分二十则。

陕北的群众运动 (实践文库之三)

杨实编

1938年2月扬子江出版社出版

报纸 32开本 62面 1册 .80

内容：1.关於特区的群众工作.

301

2. 边区各乡区民政府选举运动的总结.

3. 特区抗战动员片段.

4. 特区政府颁布抗日军人优待条例.

5. 陕甘宁特区抗日自卫军组织条例.

通过本书，可以了解陕北地区在抗战以来，各个地方群众动员的情况。

战斗中的陕北

舒湮著

1939年3月31日文缘出版社出版，每日译报图书部发行.

报纸 32开本 57页 1册 2.-

本书系记述陕北地区抗战实况。

指示信（第二集）

晋察冀边区行政委员会编.

1939年7月油印. 报纸. 32开本 排印油印兼有. 1本册 2.-

本书收辑了第14号—30号；自1938年9月18日—1939年7月7日的指示文件。

华北敌后——晋察冀

李公朴著

1940年9月山西太行文化出版社编印

报纸 32开本 168页. 1册 2.-

中国敌后解放区概况

不著编者

1944年出版. 土纸, 32开本 19面. 1册 2.-

内容: 1. 绪论　　2. 晋察冀边区

3. 晋冀鲁豫边区　　4. 山东区

5. 晋绥边区　　6. 华北抗日根据地

7. 华南(包括东江琼崖)抗日根据地。

百炼成钢的晋察冀边区(敌后抗日根据地介绍之一)

~~1944年~~ 孙元范编著

1944年12月东江出版社印行. 办公纸, 油印, 14页 1册 3.-

内容为叙述八路军新四军的抗战成绩与敌后抗日根据地的概况。

晋绥边区——华中抗日根据地(敌后抗日根据地介绍之二三)

东江出版社编印

1945年1月出版. 办公纸, 油印. 11页 1册 3.-

内容: 1. 新四军的建立和概况

2. 战斗中成长的晋绥边区

新山东的成长 (敌后抗日根据地介绍之四)

(海滨区专员)谢辉著

1944年12月东江出版社出版.

办公纸. 油印 32开本 双页 6页 1册 3.-

附：山东滨海区的民主建设。

一二九师与晋冀鲁豫边区（敌后抗日根据地介绍之六）

东北出版社编印

1944年12月出版．办公纸，油印，43页　1册　3.—
5.—

内容：1.屡建奇功．

2.发踪在太行山上．

3.打破敌人的囚笼政策

4.向敌后抗日民主的军民收复失地．

5.惊破敌胆的百团大战

6.建立敌后抗日民主的堡垒．

7.经济战线上的斗争

8.军民同命战胜三年的灾荒．

9.活动在敌人的心脏里．

10.民族英雄与劳动英雄

11.今日之晋察冀鲁豫。

边区英雄故事　（边区英雄大众丛书之二）

不著编者　出版年月．报纸，32开本．1册　.60

本书记述了边区各个战线上的英雄事迹。

晋察冀边区十五万分之一图表　（地图）

晋察冀边区行政委员会编印．

不著出版年月. 毛头纸. 油印　　1册　　30.

全篇62页. 包括62个县镇:

1. 寿阳县　2. 平定县　3. 东黄水镇　4. 盂县

5. 忻县　6. 上社镇　7. 定襄县　8. 东冶镇

9. 崞县　10. 五台县　11. 代县　12. 岩头村

13. 广武镇　14. 繁峙县　15. 山阴县　16. 应县

17. 吴家窑.　18. 怀仁县　19. 东回镇　20. 元氏县.

21. 井陉　22. 获鹿县　23. 洪子店　24. 行唐县

25. 团泊口　26. 曲阳县　27. 龙泉关　28. 阜平县

29. 吴王口　30. 倒马关　31. 新乐县　32. 定县

33. 唐县　34. 银坊　35. 清苑县　36. 白堡

37. 新城县　38. 灵邱县　39. 三山镇　40. 涞阳县.

41. 易县.　42. 涞水县　43. 浑源县.　44. 马铺里

45. 乌龙沟城　46. 南城司　47. 房山县　48. 良乡县.

49. 神溪村　50. 广灵县　51. 西河营　52. 山南.

53. 大安山　54. 北平　55. 左云县.　56. 大同县

57. 徐堡村.　58. 阳高县.　59. 到喇咀　60. 攀山堡

61. 横岭城　62. 昌平县。　前有目录凡例。

陕甘宁边区政府工作报告

不著编者出版年月. 土纸. 32开本, 128面, 1册　25.

前附：陕甘宁边区简图、林伯渠主席肖像。

陕甘宁边区文教大会选辑（新教育丛书）

察哈尔省政府教育厅编印

1945年12月出版，报纸，36开本，48面，1册 1.5

中国的新西北

美国，史诺编，思三译

1937年5月平凡书局出版，报纸 32开本 87面 1册 1.50

本书是编者於1937年访问苏区实地观察的报告，与毛泽东同志作了访问谈话，作者曾将该文在北平协和教堂宣读，全文发表在1937年2月3日—5日的上海英文大美晚报上。

中国的红区

美，史诺著，~~陈草[illegible]编~~

~~1938年3月[illegible]出版社出版，报纸，32开本，68面 1册~~

1938年1月1日救亡出版社出版，报纸 32开本 46面 1册 .60

红旗下的中国

美国，斯诺著 赵文华译

1937年12月20日上海大众出版社出版

报纸 32开本 144面 1册 4.5

内容：1.寻找红色中国。 2.到西边的安乐乡——西安

3. 到红区去　　4. 被白色土匪追逐.

5. 叛乱者　　6. 红色伴侣们

7. 毛泽东—苏维埃的台柱　8. 红军大学

9. 红色剧社　　10. 和红区农民谈话

11. 西北的红星　　12. 苏维埃的工厂

13. 彭德怀论游击战术.

中国红区印象记

美国记者斯诺著

1949年6月上海人民出版社出版

报纸. 32开本. 270面.　　1册　2.-

末附：入川歌. 红军纪律歌. 三大纪律. 八项注意.

新中国印象记

麦雷原著　梅益等译

1939年上海群社出版　报纸　32开本　137面. 1册　15

续西行漫记

宁谟·韦尔斯著：胡仲持 冯宾符 凌磐. 席涤尘 蒯斯曛. 梅益. 林淡秋. 胡霍. 译

1939年4月复社出版.　报纸 25开本. 593面　1厚册. 14.-

内容分为五章：第一章：到苏区去. 第二章：苏区之夏

第三章：妇女与革命.　第四章：中国苏维埃的过程.

第五章：中日战争

附录：~~[illegible]~~苏区革命领袖86人略历。

中国见闻录

美国 斯诺著 星光编译社编译

1941年8月香港星光出版社出版。报纸32开本。330面1册 3.—

内容分为九章。第一章：从北平到上海。

第二章：从上海到汉口。第三章：南部前线。

第四章：一条舐吮自己创伤的蛟龙。

第五章：中国的"工合线" 第六章：回到西北。

第七章：红色的战略 第八章：抗日路

第九章：帝国或民主。

中国解放区见闻

美国 福尔曼著 朱进译

重庆学术社出版。报纸32开本。157面。1册 1.50

起来制止内战

江淮出版社编辑

1943年7月出版，土纸，32开本，72面。 1册 3.-

本书收辑了解放日报，新华社，华中新华日报社论，以及博古所写的"在毛泽东的旗帜下"，"为保卫中国共产党而战"等十二篇文章。

人民反战运动

和平社编

1946年6月出版，报纸 32开本。 1册 2.-

本书所辑，有马叙伦，马寅初、郭沫若，茅盾，胡厥文，周建人，李济深，雷洁琼，周信芳等人撰写的呼吁和平要求停止内战的文章。

九一八以来的中国

中国现代史研究会编

1943年出版，片艳纸 32开本 139面 1册 3.-

内容：1."九一八"后国民党的对外政策

2.九一八后国民党的对内政策

3.九一八后的国民经济与国民党的经济

4.九一八后的文化教育政策

5.九一八以来的民族解放运动

6. 芦沟桥抗战以前的一般形势.

九一八以来国内政治形势的演变

华北新华书店编印

1941年出版. 土纸 32开本 141面 1册3—

中国革命的理论与实践

新华日报馆编印

1947年11月25日出版. 土纸 32开本, 185面 1册 1.50

内容: 1. 中国革命与中国共产党——毛泽东

2. 关于修改党章的报告, 中国共产党党章——刘少奇

中国之命运

陈伯达著

不著出版年月. 粉连纸 36开本 1册

本书是一册伪封面伪装的书. 内容是陈伯达同志"评蒋介石《中国之命运》"的文章. 用伪题作为封面, 否则就会遭到查禁和迫害, 使它不能流传和保存。 档案馆注

内战时期的反革命与革命 (党的干部读物)

陈伯达著

1945年出版 土纸 32开本 64面 1册 1.50

评二中全会

学习知识社编印

1946年4月7日出版。报纸，32开本，42面。1册 1

内容包括：政协会议报告之决议草案原文；中共中央发言人重要声明；周恩来先生重要谈话，并指出六项问题：①关于保障人民权利问题，②改组政府问题，③宪草问题，④国大问题，⑤整军问题，⑥停战问题。中共代表团发言人斥吴铁城蒙蔽事实。民盟的意见（李公朴、张澜、黄炎培、沈钧儒等人的意见）；评国民党二中全会（解放日报社论）；出尔反尔（新华日报社论）；宪草修改原则不容变动（新华日报）；国民党要什么样的宪法（民主报社论）；我对二中全会失望——陶仁。

破产的政治理论

1946年4月15日解放报社出（初）版

报纸 32开本，23面 1册 1

内容：1、破产的政治理论

2、再评破产的政治理论

3、驳蒋介石。

新华日报社论 1—4集 （新群丛书第~~一种~~）

新华日报馆编印

1938年4月1日、4月15日、5月1日、6月25日出版。

新华日报社论 不分集

1939年2月1日出版。报纸，32开本。 共5册 10.

新华通讯集 第一集 （新群丛书第七种）

陆诒等著

1938年汉口新华日报馆编印，报纸，32开本 1册 5.

内容：1. 京汉线的战况

2. 津浦、陇海两线运动作战

3. 工人和老百姓的情况。

全国通讯社调查录

许晚成编

1938年4月上海龙文书店出版，报纸，32开本 74面，1册

胜利民主和平大宪章

晋察冀日报资料室编

1945年2月出版，土纸，32开本，1册 1.

内容：1. 大西洋宪章

2. 莫斯科三国外长会议文件

3. 莫斯科会议的伟大成功（解放日报社论）。

20×20=400(文字)

4. 德黑兰会议公报

5. 开罗会议与德黑兰会议（解放日报时评）

6. 克里米亚联会声明。

7. 克里米亚会议的成就（解放日报社论）。

军事调处执行情况汇编

晋察冀日报资料科编

1946年4月出版。 报纸 32开本 204面 1册 1.50

所辑资料为1946年1月13日——4月15日的情况资料。

划时代的会议

工业生产合作社编辑

1946年3月25日新时代出版。报纸、32开本 1册 .20

内容：1. 各党派会员名单。 2. 国共商谈报告

3. 新闻报导 4. 会议决议

5. 附录。

政治协商会议始末记 （中心丛书之一）

嬰鸣 慈正编辑

1946年2月10日中心出版社出版。

报纸 32开本 222面。 1册 1.50

中国人民政治协商会议重要文献（增订本）

兴梅出版社编辑

1949年12月梅城兴梅书店再版

报纸 32开本 118面 1册 1.5

逃难馀生记

邹韬奋著

1946年韬奋书店出版. 土纸. 32开本 69面 1册 .50

内容分三章: 1. 流亡. 2. 离渝前的政治形势

3. 进步文化的遭难。

邯郸起义 第四辑

佳木编辑 华北新华书店. 韬奋书店发行

1945年出版. 土纸. 32开本 57页 1册 3.50

本书内容,是叙述平汉路,高树勋将军于1945年10月30日的起义经过。痛斥国民党何应钦胡宗南等反动罪行,并举出国民党发动内战铁证六则。封皮封面都伪装为"东周列国志"。

什么人负战争责任?——日本投降以来大事月表

新华社编印

1949年出版. 报纸 32开本 32面 1册 1.50

本书所辑大事自1945年8月—1949年3月,如果读者看了这些真凭实据,就可以看清楚国民党反动实国政府及其主人美帝国主义狼狈勾结，揭穿其罪恶骗子行为。

~~团结与民主~~

~~毛泽东 林伯渠等著~~

~~1940年11月3日出版，报纸 32开本，1册 3.-~~

莫忘了日寇的血海深仇

上海市戏曲改进协会编印

不著出版年月 报纸 64开本 24面 1册 30

日本帝国主义在中国沦陷区（封皮题日本在沦陷区）

解放社编印

1939年10月出版，报纸 32开本 326面 1册 3.-

沦陷七周年的东北

胡愈之 杜重远等撰文，国新社编

1938年9月生活书店出版 报纸 28开本，1册 1.-

本书为纪念“九一八”事变而出版。

日本特务机关在中国 （新群丛书第五种

20×20=400(京文)

谢远达编著

1939年5月1日新华日报馆印行.

报纸 32开本. 69面. 1册 18

内容:1.特务机关的意义 2.特务机关的起源和发展.

3.特务机关的组织 4.特务机关的分布

5.6.特务机关的工作纲领(一)(二).

7.8.特务机关的活动方式(一)(二)

9.特务机关的发达原因

10.中国取缔特务机关的经过

11.根绝特务活动的方策

附录:日军部队对华北军事侵略计划

敌人反战材料一束 (民族革命通讯社一周年纪念丛刊之六)

民族革命通讯社编著

1939年3月山西92军印行. 报纸32开本 44面1册 4.

本书收辑内容:1.敌兵日记 2.俘虏的话

3.日本共产党著名反战文件.

抗战以来敌寇诱降与国民党反动派妥协投降活动的一笔总帐.

石善编著

油印. 土纸. 双页 63面. 1册 120

少年中国学会周年纪念册

少年中国学会编辑

1920年1月出版．报纸，16开本，76面 1册 15-

按该会于1918年6月30日发起，1919年7月1日成立，创办“少年中国”为该会会刊，公推李大钊为编~~辑~~译部主任。

当时的会员有：

1. 周无，字太玄（留学巴黎） 2. 李璜，字幼椿（留学巴黎）
3. 段子燮字调元 4. 曾琦字慕韩
5. 李劼人字劼人 6. 李思纯字哲生 7. 何鲁之字鲁之
8. 胡助字少襄 9. 许德珩字楚僧 10. 陈宝锷字剑翛
11. 王光祈字光祈 12. 魏时珍字时珍 13. 宗白华字白华
14. 张尚龄字梦九 15. 孙少荆字少荆 16. 田汉字寿昌（留学日本）
17. 沈泽懋字懋德 18. 苗子曾 19. 郑伯奇（留学日本）
20. 张闻天字洛甫（留学日本） 21. 沈泽民字泽民（留学日本） 22. 周佛海（留学日本）
23. 雷国能字人白 24. 黄玄字仲苏 25. 谢承训字循初
26. 周炳琳字枚荪 27. 康白情字白情 28. 涂开舆字九衢
29. 袁同礼字守和 30. 梁空字绍文 31. 陈淯字愚生
32. 李大钊字守常 33. 徐彦之字彦之 14. 孟寿椿字寿椿
35. 苏甲荣字演存 36. 黄日葵字一葵 37. 张申府字申府
38. 邓康字仲澥 39. 刘仁静字养初 40. 余家菊字景陶

20×20=400（横文）

41. 易家钺字家钺　42. 章志字了天　43. 方珣字东美
44. 赵曾俦字叔愚　45. 刘国钧字衡如　46. 李贵诚字儒勉
47. 杨贤江字英父　48. 阮真字乐真　49. 王德熙字德熙
50. 王克仁字鲁达　51. 邰爽秋字爽秋　52. 左舜生字舜生
53. 沈怡字君怡　54. 穆锡昌字锡昌　55. 王崇植字崇植
56. 恽震字秋堂　57. 吴保丰字保丰　58. 穆世清字济波
59. 恽代英字代英　60. 周光煦字晓和　61. 陈启天字修平
62. 彭举字云生　63. 易克嶷字庚甫　64. 李衡字小舫
65. 毛泽东字润之　66. 萬澧字卣濬　67. 陈道衡字平甫
68. 雷宝华字孝实　69. 赵世炯字子章　70. 郑尚廉字尚廉
71. 朱镜宙字铎民　72. 赵曾传字春人　73. 杨佳墙字子墙
74. 刘正江字泗英　75. 雷宝菁字眉生（19岁时印记）

本书前有铜图六页，为会员小照及合影。

显微镜下之醒狮派　《中国青年社丛书第六种》
中国青年社编辑
1925年12月出版　报纸，32开本，50面　1册　250

本书内容为对醒狮周报第一期至第五十期的总批评，共分二十七节，用种种事实说明其妄谬。

~~什么是阶级~~

阶级是什么

蒋仁著

1948年4月哈尔滨东北出版社出版。

报纸 36开本 30面 1册 1.50

全书共分为十课。

什么是济难会

中国济难会南方办事处编印

1927年1月1日出版。 报纸，32开本，10面 1册 6.
2.

按济难会自1926年8月开始在沪筹备，1927年1月17日在上海成立，是为革命潮流所驱使，以适应中国社会环境所产生，以救济为解放运动而被难者为该会唯一的宗旨。本书内容分：

1. 济难会之产生和意义

2. 济难会之工用和作用

3. 济难会之组织和经费

4. 济难会之组织方法

5. 济难会与被压迫阶级。

国难记 （非卖品）

童振华著

1936年4月读书生活出版社出版

报纸 60开本. 50面. 1册 1.

本书内容：1. 九一八以进兵 2. 东三省人民遭难. 3. 小抓抗華軍得胜 4. 大团结民众救亡.

附录：吕骥——记湖南调. 周巍峙——记扬州调.

谈湖南运动考察报告（党内干部读物）

陈伯达著

1946年6月 中共晋绥分局印. 土纸32开本 64面 1册 2.50

继续奋斗

绳武编

1938年4月20日抗战出版社出版，报纸 32开本 1册 .80

目前形势和我们的任务（标准本）

解放社编

1948年9月华北新华书店出版.

土纸 32开本. 158面. 1册 .60

编者在前记里这样说：本书所收集的，是1947年五月至1948年七月，关于我党政策的十四个重要文件。这些文件在各地发表时，因为电讯传递的关系，大都或多或少的有些错漏，现在经新华总社根据原稿校对汇印成册，作为标准本。各解放区翻印这些文件时

20×20=400

请以此本为据。

目前形势和任务（课本）

河北武清县政治处编印

1946年12月30日出版. 粉连纸. 油印本. 1册 2.-

全书分十课：1. 蒋介石背信弃义发动全面内战.

2. 卖国奸贼蒋介石.

3. 蒋介石十大罪状

4. 国民党

5. 美国要想灭亡中国

6. 四个月的自卫战打得怎样.

7.8.9. 为什么蒋必败我必胜（一、二、三.）

10. 怎样求得胜利。

一党专政还是联合阵线

谭公辅编

1938年2月 汉口 全民出版社 初版

报纸 32开本, 60面. 1册 1.50

本书收集了陈绍禹、徐甫、长江、陶百川的文章，不过也收了叶青的撰文，当时叶为时代日报记者。

联合战线论.（商半小丛书）

第 327 页

謝覚夫　吴敏著　艾思奇主编. 李公樸发行.

1936年10月生活书店出版. 报纸 32开本. 70面 1册 1.-

内容：1.联合战线论。又分七则：

①联合战线的基础与条件 ②意义 ③领导和内部争论

④与劳动群众和劳资争议 ⑤从不联合到大团结.

⑥怎样组织联合战线，⑦怎样巩固联合战线。

2.怎样在中国建立救亡联合战线。

前线（献礼特刊）?

中国人民解放军第四野战军华中军区政治部出版.

1949年8月1日印. 报纸 4开. 1张 2.-

内容有：林彪、罗荣桓、邓子恢、萧克等首长

撰文。

解放了家乡

中国人民解放军华北军区政治部编印.（无年月）

报纸 32开本 30面 1册 .50

解放大西北的英雄们（第1册）

西北人民解放军一纵队政治部编印

1948年8月1日太岳新华书店出版.

土纸 32开本 124面 1册

战后中国的二条路线.

20×20=400(横)

新四军山东军区政治部 徐林仪编

1946年8月出版. 报纸, 32开本, 485面. 1册 2.—

本书为当时时事学习参考材料之一。

中国革命战争的战略问题

晋绥军区司令部编

1947年3月印. 土纸 32开本 46面. 1册 1.50

内容: 1. 中国革命战争的战略问题.

2. 关於各个殲灭敌人的指示

3. 关於练兵及训练干部指示

4. 中共关於三个月的总结

战略与策略

解放社编译

1939年1月重庆新华日报馆印行 土纸32开本1册1.50

内容: 1. 列宁主义怎样提出战略与策略底问题.

2. 布尔塞维主义的战略和策略

3. 布尔塞维主义底战略的与策略的指导.

4. 革命的两段底的指导

5. 共产国际战略与策略的主要任务。

十月革命的经验与中国抗战 (新群丛书第21种)

林祖涵. 艾寒松 凯丰等著. 新华日报馆编辑

第 329 页

1939年3月再版本，报纸，32开本，110面，1册 1.20

本书所辑入文章，皆为庆祝十月革命二十一周年而作。

坚持河北抗战与巩固团结（新群丛书第30种）

新华日报编印

1939年7月出版，土纸，32开本，33面，1册 2.一

本书内容为彭德怀副总司令对新华日报记者陈克寒的谈话。主要是叙述彭副总司令本着精诚团结抗战第一的精神，去河北省商洽精诚合作，洽谈解决冀南地方纠纷的问题。

民主政治与封建制度

前敌周刊社编辑

1927年2月出版，报纸，32开本，30面，1册

内容为张国焘、唐生智、夏寿峰的演讲词。

1. 唐总指挥演说词——唐生智

2. 封建制度与民主政治——张国焘

3. 民主政治与封建制度——夏寿峰。

義马记

石生著

1944年3月出版，报纸，64开本，64面，1册 2.六

内容：1. 联共党史绪论 2. 宇宙观与历史观

20×20=400

3. 战略与策略问题. 4. 泰国革命与党的策略路线

5. 干部政策问题. 6. 泰共发展的主要过程(1928-1935)

7. 泰国革命的基本问题. 8. 自我检讨要点.

改造军队政治工作诸问题

张普方著

1938年5月 [illegible] 赣州·群力书屋出版. 报纸32开本. 38面, 1册 .40

全书分四章: 1. 改造军队政治工作的基本问题

2. 怎样实施军队中政治教育

3. 革命的教育军纪的建立问题。

4. 军民打成一片的问题。

改造农村组织的刍议

邢诒昌著

1926年12月海南书局出版. 报纸32开本. 18面, 1册 5—

反对基督教 (黄埔小丛书第一种)

中央军事政治学校政治部编印

1927年3月出版. 报纸36开本 10面, 1册 5—

内容包括: 1. 文化侵略的意义——陈克文

2. 近代基督教——蔡和森

3. 生物界中的耶稣教——萧楚女

4. 教徒与非教徒联合起来——成仿吾

第 页

20×20=400(京文)

末附：福州天主教堂惨毙婴孩写真三幅，附说明。

反对基督教运动

蔡和森 朱执信 等著，中国青年社非基督教同盟编辑。

1925年国光书局印行。报纸，32开本，51页，1册 8. 5. 10.

内容：1. 反对基督教运动

2. 传教与帝国主义——李春蕃

3. 基督教与中国——梅电龙

4. 近世的基督教——分①资产阶级反对基督教时代②资产阶级利用基督教时代。③资产阶级信仰上帝的根据④文明时代的基督教与科学。⑤资产阶级的社会学与基督教。⑥资产阶级的进化论与基督教。⑦资产阶级不信上帝和基督教之成为侵略主义的先锋队。⑧美国、基督教、中国。⑨结论。——蔡和森

5. 耶稣是什么东西——分①历史的耶稣②圣经中的耶稣③新教徒的耶稣。④新理想主义哲学的耶稣⑤托尔斯泰的耶稣。⑥结论——朱执信

本书反对麻醉基督教徒的各种纪念集会，指出基督教只是帝国主义侵略中国的工具之一。

20×20=400（横写）

为当时各地反对基督教的同志作参考，並願藉此唤醒基督教徒。

反对基督教运动

中国青年社非基督教同盟编辑

1924年12月印行，1925年5月上海书店第5版。

报纸 32开本 30面， 1册 5-

小组的运用 （中山大学政治训育丛书之5）

甘乃光讲 林霖笔记

1927年4月再版本。报纸，25开本，45面。1册 4-

本文为1927年1月15日甘乃光在中大礼堂演讲稿。内容：

1. 怎样组织小组。 2. 小组工作

3. 怎样去做群众工作 4. 怎样报告

5. 怎样去批评 6. 怎样讨论

7. 小组与上级机关的关系 8. 小组运用的循环性。

附录：中大政治训练大纲。中大政训部组织系统表

俄国共产党的小组。

在红旗下集会

罗虞英 李乡朴著

1937年中国合作青年出版社出版，报纸32开本，18面1册 20

本书为合作青年新一号副册，合作青年於1937年1月

16日成立，本书为纪念25届国防会代表部出版。

论待人接物问题

冷南著

1939年东方出版社出版，报纸64开本40面，1册 1.—

共同防共就是灭亡中国

冷南等著

1939年统一出版社出版 报纸32开本 38面 1册 1.—

中共人物小史 （《新中国政势丛书》）

益青编 联合编译社发行 不著出版年月

报纸 32开本 1册 1.—

本书录入毛主席、朱德、周恩来、董必武、林彪、贺龙、叶剑英、刘伯诚、陈毅、李先念、粟裕、萧克、李富春、张学思、刘永生、南汉宸、刘建章、彭德怀、邓颖超、蔡畅。

论新中国——中国的现在与未来

青之著

1941年5月香港书店出版，报纸32开本208面1册 4.—

全书分为六篇，各分若干节。

1. 新中国的道路，分五节。

2. 3. 民族统一战线的形势（上下）分九节。

4. 论民族解放战争，分五节

5. 最近三十年的中国青年运动。

6. 民国三十年的温故知新，分三节。

诺尔曼白求恩

周而复等著　晋北群众社编辑　朱德作序。

1946年5月1日　晋北书店发行　报纸　32开本　47面　1册　.60

华北官僚群像　（每日译报丛书第十一）

每日译报社编（美商）

1938年7月25日再版本　报纸　32开　77面　1册　1.—

本书内容，系论述在日伪统治时期的华北汉奸伪官僚王克敏等人的傀儡丑象。

劝告国民党国说

不著编者，铅印，报纸，36开本　13页　1册　.50

中国政党全貌

西安幸福出版社编印

1946年3月出版　土纸　32开本　54面　1册　.50

内容：1. 中国国民党　2. 中国共产党

3. 中国民主同盟　4. 中国青年党

5. 中国民族解放行动委员会（第3党）

6. 国家社会党　7. 中华职业教育社

8. 救国会　9. 乡村建设派，

附录：中国近代政党发展史略。

335

短裤党

蒋光慈著

1928年4月上海泰东图书局再版本，报纸，32开，171面，1册2-

本书是描写上海革命者的生活情况，法国大革命时，其中有一群极左的——也就是最穷的革命党人，名为"短裤党"，作者当时想不到适当的名称，就借用了"短裤党"这三个字作为书名。

俄罗斯文学 上下二卷

蒋光慈编

1927年12月11日上海创造社出版，道林本 32开本 255面1册3-

内容：上卷为十月革命与俄罗斯文学，下卷，十月革命前的俄罗斯文学。

革命文学论

丁丁编　赵南公发行

1927年1月上海泰东图书局出版，报纸32开本150面1册3-

内容包括：文艺上之社会的使命。革命与文学，

文艺家的觉悟，艺术家与革命——郭沫若

文学上的阶级斗争——郁达夫

死去了情绪——蒋光赤

赤俄新文艺时代的第一燕——瞿秋白

文学革命论——陈独秀

拜伦百周纪念——沈雁冰

告青年——穆木天　贡献于新诗人之前——中展

革命与罗曼谛克——布洛克——郁达夫

革命文学与他的永远性——成仿吾

文学与革命——丁丁

赫尔岑——郁达夫　真的艺术家——洪为法

我所景慕的批评家——沈泽民

军人文艺丛刊第一种

国民革命军总司令部政治部印

报纸，32开本　1册　2.50

战时散文选（战时小丛刊之十五）

茅盾等著

战时出版社出版　报纸32开本　87面1册　.50

本书包括郭沫若、巴金、田汉、老舍、丰子恺

郑振铎、阿英、夏衍、沙汀等八十三篇文章。

自修指要（基层工作人员进修丛书之一）

广西民团干部同学会南宁区分会编

1937年5月出版。报纸32开本　162面　1册　2.50

本书所辑有：

怎样养成读书兴趣——胡绳

社会科学研究什么——薛暮桥

20×20=400(横文)

337

研究中国社会史的基本知识——钱俊瑞

读报的一个经验——胡愈之

蒿庐　《杂文丛刊》第四辑

杂文丛刊社编辑

1941年6月18日出版. 报纸 32开本 39面. 1册　1.50

杂文丛刊第一辑为"鱼藏"第二辑为"干将"第三辑?

生活的狂想　(浦东笔会连丛之一)

浦东编辑委员会编辑

不著出版年月. 报纸 32开本 24面 1册　1.50

书内辑有臧克家, 董醒陶, 沈起予等人的文章

炼　(朝花丛刊第一辑)

朝花丛刊社编辑

1941年5月25日出版 报纸 32开本 44面 1册　1.-

洪秀全始末记

新社友编辑

1910年4月上海泰[illegible]记书局出版. 报纸 25开本 29面 1册　2.-

本书的编写, 系采自家藏李秀成供书, 是一本政治小说.

南北春秋 上下二卷

天雄编著

新中国图书局印行 (不著年月) 报纸本. 1册　2.-

20×20=400(京文)

本书叙述辛亥革命的故事。始於辛亥（宣统三年）八月十九日，鄂军起义於武昌，讫於十二月廿八日民国临时政府参议院审议优待清廷各条件。

卢不先生记 二卷 十八回

长沙何钺编辑 湖南模范讲演团发行

1913年出版 粉连纸 二册 1.50

书中的主人公是卢不先生，是个热心的人。他所做的事所讲的话，都是人生应该晓得的常识。此时正当清末民初，正当中国专制与共和的过渡时期，事变迭生，风浪大起。卢不先生就是这个时代的关键人物。通过他的言谈和行事，就可分别专制与共和的好歹。全书预计写六十回，此是先印行的十八回的单行本。

广州革命大风云 十回

不著作者 香江商书馆出版

不著出版年月 报纸 25开本 28面 1册 3.-

本书仿照小说演义体裁，编辑会根据革命事实或见闻，採访剪辑编著成册。

蒙氏先生 （文艺谈精选丛之九）

十八集团军总政治部宣传部编选

1945年12月30日延安北关文化供应印工合作社出版.

土纸　32开本　140页　1册　1.50

本书内容係选自：红楼梦，官场现形记，老残游记，儒林外史，二十年目睹之怪现状，镜花缘。

山东大战演义　十回

不著作者　1947年3月香港风雨书屋印行

报纸　64开本　40页.　1册　1.

书中叙述解放军大战日本鬼子的故事。

血溅黄花《又名《鄂州血》》十二回

青浦陆士谔撰　长沙湖南演说社发行

1911年11月初版，1912年8月再版　线装本　2册　1.50

本书是辛亥时事小说，书中叙述一个陆军大学毕业生黄一鸣，在湖北新军充当队官，与徐振华女士订有婚约，未娶，值湖北起义，一鸣踊跃赴战，徐振华女扮男装相从，连战皆胜，后一鸣猛战受伤，赖振华调护得不死，伤愈仍赴前线，卒成大功。清督瑞澂抱头鼠窜，各起义军勇往直前，同胞仍热烈助饷，足见当时革命之

20×20=400(横式)

热潮。故事起自1911年八月十九日革命起义。

三十三年落花梦

日本 宫崎寅藏著. 译者不详

1925年5月初版. 1926年2月3版. 广州出版合作社印行.

报纸 32开本. 139面 1册 5-

书中故事.为作者叙述自己的身世,及其革命思想和言行,并叙有关孙逸仙之相与及其革命事迹。有中山先生作序.序中誉之为当世侠客.今之虬髯.相与订交.共建不朽之奇勋,襄成兴亚大业……。前附铜图十页。

猛回头

湖南陈天华遗著 线装本 1册 3-

本书以说唱体式写成.宣传兴汉灭满。分为十要:

1. 要同心同德 2. 要讲公德

3. 要重武备 4. 要务实业

5. 要兴学堂 6. 要立演说

7. 要兴女学 8. 要禁缠足

9. 要戒吸烟. 10. 要改良社会

新文学论文集

黄天鹏编辑

1935年11月上海大光书局出版.

报纸 32开本 293面 1册 1.5

近百年来中国报纸之发展及其趋势（学林社丛书）

章丹枫著

1942年2月开明书店出版. 土纸,32开本,89面,1册,1.50

抗战文选 第一二辑

广州市南雄学会编辑

1937年11月出版. 报纸, 32开本. 2册 5.

书中包括：毛主席、宋庆龄、郭沫若、施复亮、陈毅、陈白尘、茅盾、章汉夫、冯玉祥、景宋、彭德怀、邹韬奋、钱俊瑞、路甫、柳湜、陆定一、史良、蒋介石等人的文章。

增订西线风云

长江编著

1938年1月出版 报纸, 32开本, 371面, 1册 1.50

本书论述解放军在晋察绥的抗战情况，包括：周恩来所写“目前抗战危机与坚持华北抗战的任务”；林彪的“抗日战争的经验”；柳湜的“从政治抗战到全民抗战"等三十篇文章。

新湖南

题湖南之湖南人著.

不著出版年月. 粉连纸. 线装. 巾箱本. 1册 5.-

内容分六篇：1.绪言. 2.湖南人之性质及其责任

3.现今大局之危迫. 4.湖南新旧党之评判及理论之必出於一途。

5.破坏 6.独立。

前附湖南省全图。

湘报文编 上中下三卷

不著编者出版年月 洋粉连纸 3册 7.5-

是编仿昭明文选例，以文体分类，共分八门：1.叙议. 2.论说. 3.传记. 4.致辞.

5.策问 6.偶话. 7.今义 8.书后。

语文论战的现阶段

文逸编著

1934年9月天马书店出版 报纸32开本 1册 2.50

国语文选

不著编者及出版年月 粉连纸石印 32开 1册 4.-

内容包括：1.新教育是什么，——陈独秀

2.一年来我们学生运动底成功失败和将来应取的方针——罗家伦.

3.全国总农会祝北伐胜利大会和平剧会宣言——刘铭霜

海侨春传奇二卷

不著撰人　清光绪间广智书局排印

报纸　25开本，文74面，目2面．1册　5.-

全书共十二齣

卷一．1.国魂，2.慨世．3.侨囚　4.痛诉．5.愤约．6.侠戕．

卷二．7.访雲．8.大会　9.公抗　10.闹豪　11.奸领．12.窃私．

今日之农民

不著编者

1927年5月国民政府军事委员会总政治部印行．

报纸　32开本．16面　1册

本书内容为三幕剧。

谁先到了重庆　（《联友剧丛》之二）

老舍著　潘子农主编

1943年联友出版社出版．　土纸　32开本　1册　3.0

按联友剧丛第十种，共为十册。

旧关之战

宋之的著

1938年生活书店出版．　报纸．32开本，87面　1册　3.0

本书内容，包括两个独幕剧：

1.黄浦江边，　2.旧关之战。　前有作者自序。

血泪仇

马健翎原著　颜一烟改编，东北文艺工作团编，

1946年8月15日大连新生时报社出版。

报纸，32开本　200面，1册　60

内容：三幕，十七场剧本。

逼上梁山

平戏研究会集体编著

1946年4月和平出版社印行，土纸，32开本，104面，1册　150

广州民间故事 《民俗学会丛书之一》

刘万章编 民俗学会审定 国立中山大学语言历史研究所印行.

1929年10月出版 报纸 32开本 193面. 1册 2.-

内容分：1.童话. 2.趣话. 3.喻言 4.俗传史事.

5.神话 6.地方传说. 7.附录。

目录后有容肇祖序，赵景深序，刘万章自序。

潮州年节风俗谈

（潮州）沈敏著

1937年1月出版. 报纸，32开本，192面. 1册 1.50

本书是描写潮州在旧历年（即春节）时的风俗中，各个阶层的生活的动态：贫与富、苦与乐、农、工、商、学、男、女、老、少……等等，大致俱全。算是民间生活的剪影集。前有陈政序，张问铭序，林培庐序，张其光序，沈敏时聪自序。目录后插图二页，凡例，肖像。

潮州的习俗

杨睿聪慧甫编著

1930年12月支那印社出版. 潮州中华书局发行.

报纸 32开本，164面，勘误4面 1册 1.-

内容分十四章：

1. 天候　2. 时令，3. 神鬼　4. 职业，5. 居处

6. 器物，　7. 饮食　8. 形体，9. 婚嫁，10. 产育

11. 疾病　12. 葬丧　13. 植物　14. 动物。

前有惠阳邹燃智庆之序，自序，钱玄同题封面，杨金书作扉画，潮安画兰会插画。

广东俗语考

广东高要孔仲南编著，

1933年12月出版。报纸　28开本。　1册　1.—

广州儿歌　甲集。（民俗学会丛书）

刘万章编纂　民俗学会编审

1928年6月国立中山大学语言历史研究所初版，

全书共100首

报纸，　32开本　　1册　3.—

岭东情歌集

陈穆如编

1929年10月1日上海北新书局印行，

道林纸，32开本，100面，　1册　1.50

全书辑入情歌200首，前有郑振铎序，侍东华序，喜森堡序，陈穆如於复旦大学自序。

潮州儿歌　（民间文艺小丛书）

徐鼎铭，金志菴编，

1930年5月贵州出版。报纸32开本 150面。1册 1.50

系有向楼春头话，徐县光序。

海南兒歌（海南民间文艺之二）

天尔编

1943年4月1日湛南书出版。1948年3月再版第1版。

海南岛会文书局经售。报纸32开本 38面 1册 .50

书内包括兒歌100首。

海南民歌

天尔编

1943年出版。报纸32开本。1册。

电白海方歌谣一瞥

王安仁编

1933年5月出版 报纸32开本，188面。1册 2.50

本书歌谣之数，以广东电白海话为准，分为八类：

1. 德行、感情、愉快、游玩、讚美、

2. 讲叙、夸大、实纪、~~慨叹~~

3. 慨叹。

4. 戏谑、浇薄、讽骂、

5. 儆诫、教导、

6. 忌讳、宣传

7 命运、徵验

8 谜语。

前有王表仁自序，邱楂鋆序，凡例四条。

吴歌乙集 上下二卷（民俗学会丛书）

王翼之编辑 民俗学会编审

1928年国立中山大学语言历史学研究所印行。

报纸 32开本，149面。 1册 2.50

内容：上卷儿歌50首 下卷民歌62首。

金山歌集（第二集）

岭南海天笑生编著

1925年3月粤省华兴新书林印行。

报纸 25开本 124面。 1册 1.50

全书共37则，皆为当时民歌。

淮安歌谣集 （民俗学会丛书）

叶德均编辑 民俗学会编审。

1929年7月国立中山大学语言历史学研究所印行。

报纸 32开本 144面。 1册 2.—

内容：分民歌26首，儿歌36首。

附：民间故事10则。

开封歌谣集 （民俗学会丛书之一）

白寿彝编辑

1929年5月初版。 报纸 32开本 156面 1册 2.-

全书共收集歌谣七十一首，计：

儿歌、母歌47首，妇女的歌14首，丈夫的歌4首，囚徒的歌1首，游戏歌1首，仪式歌2首，称智歌2首。附录2则。

台山歌谣

台山陈元桂编辑

1929年2月出版。 报纸 32开本 112面 1册 1.50

本书为作者在台山中学教书时征集整理的作品。

绍兴歌谣 《民俗学会丛书》

娄子匡编辑 民俗学会编审。

1928年8月 国立中山大学语言历史学研究所印行。

报纸 32开本 124面。 1册 2.-

全书共辑歌谣100首。

按娄子匡，浙江绍兴人，国立北京大学毕业，广州中山大学历史语言研究所研究员。著有《中国新年风俗志》、《绍兴故事》、《绍兴歌谣》、《越歌百曲》等。

闽歌甲集 上下2卷，《民俗学会丛书》

谢云声编辑 民俗学会编审 苏警予校.

1928年5月国立中山大学语言历史研究所印行.

报纸 25开本 190面. 1册 3.50

福州歌谣甲集 《民俗学会丛书》

魏应麒编辑 民俗学会审定

1928年6月国立中山大学语言历史研究所印行.

报纸 25开本. 1册 4.-

前有容肇祖序. 何遂序. 魏应麒自序. 何锡襄序。

台湾情歌集 《民俗学会丛书》

谢云声编辑 民俗学会编审

1928年4月国立中山大学语言历史学研究所印行.

报纸 25开本 101面. 1册 3.-

本书共辑情歌200首。

狼獞情歌 （民俗学会丛书）

刘乾初 钟敬文合译 民俗学会编审

1928年4月国立中山大学语言历史学研究所印行.

报纸 32开本 96面. 1册 2.-

全书分三十七章：唱和歌22章. 离歌6章.

擔歌1章. 獞歌8章. 附分章注释。

畲族平民文艺 6卷.

梅县黄文新编辑

1931年梅县明星书局出版。报纸32开本 1册 1.50

内容分六类：1.山歌 2.儿歌、3.谜语、4.农谚

5.俗语 6.歇后语。

前附：客语音义提要。

梅谚汇笺 5卷

梅县杨沅季岳氏撰

1932年出版 报纸 32开本 1册 1.50

全书分为七门，整为五卷：

卷一、天部 卷二、家事部（家庭部） 卷三、身体部。

卷四、术艺部、交际部、卷五、器物部、古梅儿歌附音释。

前有饶秋山序、何伯谦序、卢耕甫序、杨濂序、

杨沅自序。

歌谣论集

钟敬文编

1928年8月北新书局出版。报纸32开本 436页 1册 6.-

内容：1.研究与讨论，2.各地歌谣叙述，

3.书评与书序。

历代童谣故事集

陈雪倩 陈春（寿）朋编辑。

1930年上海儿童书局出版。报纸，32开本，87面，1册 1.

前有陈鹤琴序。

绘图童谣大观 4册

不著编者、出版年月，石印本，线装，彩连页，4册 2.-

第一册：吴县童谣

第二册：吴江童谣，上海童谣，昆山童谣，无锡童谣，江都童谣。

第三册：常州童谣，扬州童谣，江宁童谣，浙江童谣，常熟童谣，崇明童谣，宜兴童谣，溧阳童谣，淮安童谣，浙东童谣，嘉兴童谣，绍兴童谣，杭州童谣，天门童谣。

第四册：武昌童谣，湖南童谣，汉寿童谣，沅江童谣，宁乡童谣，宝庆童谣，平江童谣，陈州童谣，汝南童谣，成都童谣，长沙童谣，资安童谣，安岳童谣，云南童谣，萧山童谣，贵州童谣，象山童谣，永康童谣，婺源童谣，附谜语。

各省童谣集 第一集

朱天民编辑

1923年2月商务印书馆初版，1924年3月再版。

报纸，32开本，101面，1册 1.-

555

前有吴新田作序。

花儿集

张亚雄著

1940年6月 青年书店初版 土纸，32开本，342页 1册 550

这本花儿集，是研究西北民间歌谣的文学作品，收集了不少西北的民谣山歌。这些民谣山歌流行于甘、青、宁三省。所谓"花儿"又名"少年"。全书分卷首、上下编，上编为"西北山歌"、"花儿集叙论"，下编为"花儿选"。上编又分十部分：

1. 引言　　2. 从风俗习惯说起

3. 宁蒙的人口、文化与语言的混合　4. 蕃藏新疆及宗传书。

5. 什么叫做花儿？　6. 花儿的文学意味。

7. 花儿的派别及结构　8. 花儿的作风

9. 采风录　　10. 杂话花儿。

孩子们的歌声　（民俗学会丛书）

黄诏年编辑　民俗学会编审

1928年7月 国立中山大学语言历史研究所印行

全书共收歌儿203首，前有钟敬文序。

农村的歌　（春草社丛二辑之十）

沙鸥著　春草社发行。

20×20=400（横文）

1947年3月出版。 报纸 32开本 1册

本书是一册诗歌，它反映了农民的生活和被压迫的情况。

热血之歌

安娥编

1938年3月10日陕北民族救亡歌咏队出版。

报纸 25开本 62面 1册 5-

内容为田汉、冼星海、聂耳、吕骥等人填词作曲

反攻（新音乐丛刊之四）

冼星海著

1948年6月读书生活出版社出版。土纸 32开本 1册 8-

疍風

陈香字编

1950年6月新锦英纪书局出版。报纸 32开本 136面 1册 2-

本书可新会疍族担妇收集唱和山歌，从而可以看出疍族之民风习俗。全书分二篇。

第一篇："山歌"分 1.叠字歌，2.唱和歌 3.双关语歌，4.爱情歌，5.感慨歌 6.南塘歌 7.诙谐歌，8.杂咏歌。

第二篇分：1. 黄香铁先生方言，2. 侯过谈方言
3. 谜谣，4. 谜谚，5. 刘伯英先生燈谜诗。
6. 竹枝词7. 艳情诗。8. 杂谈。9. 刘伯英先生轶史。

前有邹量傅序，陈东園序，陈香学自序，末有后记。略云："书中歌谣，多为陈君慧根（即双秀二）所作，陈君少年失学，而富以感想，凡有所悲欢离合与夫愤慨不平及抑郁不得志之事，即一一以山歌出之，並能推陈出新，巧合自然"。每類末有小插畫一。

共產主義問答

任卓宣著

1927年3月1日國光书店出版 报纸 32开本 13页面 1册 8.— 6.—

瞿秋白同志於1927年2月在廣州省港罷工委員會所办的劳働学院讲过"什么是共產主義"一题後,听讲的工友同志们提出了种々问题,大别为六类,把问题归纳为二十三个。因瞿秋白同志当时因病住了医院,故由任卓宣代为解答。(按任卓宣即後來蜕变为托派的叶青。)

内容分为六章:1.绪论 2.目的 3.策略 4.政党 5.实行 6.其他 附:结论

一個新信仰的宇宙观及人生观(黄埔小丛书之五)

吴稚暉著

1927年6月中央軍事政治学校政治部出版。

报纸 32开本 15页面 1册 4.—

汪精衛先生最近言論集

1930年6月國民革命軍第二十四軍政治部訓練部編印。

报纸 32开本 1册 1.20

请汪銷假專刊

海軍处政治部编纂。

1927年3月23日出版。 报纸 32开本 1册 25.—

中国大革命史 上中下三册

华岗编 报纸 32开本 1套册 6.

本书论述1925年—1927年大革命的经过。全书分上中下三册，共分七章：

1.绪言

2.中国大革命的性质与原因

3.中国大革命的预演

4.中国大革命的经过

5.中国大革命的社会阶级

6.大革命中的中国共产党

7.结论。

抗战必胜论

章乃器著

1937年上海杂志公司刊印，报纸32开本，1册 .80

全书分为六章：

1.机械的失败论。 2.机会主义的抗日论。

3.科学的抗日必胜论。 4.机械的革命论

5.帝国主义的战争论。 6.结论。

20×20=400(京文)

浙江鉴湖女侠秋瑾全书

不著编者 出版年月

石印本 洋粉连纸 23页 1册

附 1册 10.-

内容为:1.节录电传 2.电奏稿

3.本部院致各府函电及告示稿

4.各府县电禀印禀及研讯秋瑾等供词

5.起获秋瑾亲笔各项字据(附影印原件)

6.伪檄文伪军制 (附影印原件)

7.关于此案江皖督抚电信(来往电文)

附:影印秋瑾各种亲笔字据、伪檄文等.(8页)

中共问题重要文献

大公出版社编著

1941年5月初版. 土纸 32开本. 1册 6.-

内容为:甲 整个中共问题

乙. 新四军事件与军纪问题

丙. 中共参政员不出席参政会问题

丁. 国内舆论

戊 国际舆论.

蓝衣社内幕 (国民新闻丛书之六)

陈恭澍著

1942年5月国民新闻图书印刷公司出版

报纸 32开本 1册 2.-

按陈恭澍系国民党特务之一，本书反映了蓝衣社特务之间的内部矛盾。

抗战第八周年纪念册

中国国民党中央执行委员会宣传部编印.

1945年7月7日出版 土纸 32开 1册 2.-

内容：1. 蒋介石的训词及言论 15则.

2. 六全大会的各项报告和决议。

3. 声明、条约、杜鲁门和宋子文的演词。

4. 国府公布的法令。

20×20=400(京文)

第　页

中国鑛產志

江宁顾琅　会稽周树人合纂。

1906年（光绪32年）4月初7日日本东京浅草黑船町28番地

榎本邦信东京並木活版所印。

南京启新书局，上海普及书局，日本东京留学生会馆发行。

报纸　25开本．文104面．目录14页．1册　8.-

内容分导言四章，本言十八章。

导言：1. 鑛產与鑛业　2. 地质及鑛產之调查者

3. 中国地质之構造，4. 地層之播布

本言：分直隶，山西，陕西，甘肃，山东，

江苏，安徽，河南，湖北，四川，

江西，湖南，贵州，浙江，福建，

广东，广西，云南，十八省的鑛產。

前有光绪丙午马良相伯序。著者例言五条：

1. 是书概分二篇。首导言，以志中国今日所知之地质。次本言，以志中国今日所知之鑛產。二者联属若形影，不知地质无以知鑛產，故首志之以为鑛產导。

2. 中国地质，中国未尝自为，今取诸说汇集成篇，以供参考。

20×20=400（倭文）

3. 中国矿产幅员广大，仅就知者举诸矿地。

4. 矿产所在，皆揭其地，较大者略为说明。

5. 言中国地质及矿产之书，甚少见于世。此所记，悉钩稽群籍为之，但不敢率录，第事既创作，而为纂辑又在课余，误谬知不可免。

附：1. 中国各省矿产一览表（分金属矿产非金属矿产）

2. 地质时代一览表。

3. 中国地相图，山系及水系。

台湾概览

胡元璋编著

1945年6月战时中国出版社初版

土纸 32开本 138面。 1册 50

内容：1. 简史 2. 气象 3. 地理 4. 人口

5. 行政 6. 财政。 7. 农林 8. 渔盐

9. 矿业 10. 商业 11. 交通 12. 教育

13. 卫生 14. 社会 15. 警政。 16. 司法。

台湾省的高山族 （艋舺丛书之一）

刘满子著

1946年12月东南人文研究所出版。

报纸。 32开本。 10面。 1册。 40

内容：1.概说

2.種族，语言，身体状况。

3.高山族的起居嗜好，服饰。

4.高山族之风俗习惯。

5.生產與交易

6.山地施政綱要。

西南边城缅寧（云南省立双江师范边城丛书之一）

彭桂萼著

1937年出版，报纸 25开本，214面，1册 2.50

全书分五章：1.发端 2.自然环境 3.历史源流

4.社会活动 5.尾声。

期刊　　　　報紙

現代文獻資料所見錄

(五)

共产党（月刊）第一号

不著编者　1920年11月7日出版

報纸　16K　50面　1册　25.

内容：1. 短言

2. 俄國共產政府成立三周年纪念——無懈

3. 第三國際党（即國際共產党）大会的缘起——胡炎

4. 共產党同他的组织——李穆

5. 俄國共產党的歷史——AT

6. 列宁的歷史——AT

7. 共產党第九次大会——震寰译

8. 俄羅斯的新问题——列宁演说——震寰译

9. 答列宁——〃〃〃

10. 列宁的著作一览表——〃〃〃

11. 英國共產党成立——〃〃〃

12. 共產党未来的责任——〃〃〃

13. 世界消息

共产党（月刊）第六号

不著编者　1921年7月7日出版

報纸　16K　存62面　1册　50.

上大周刊　存第12号　第19号——22号（每星期日出版）

第　页

20×20=400（横文）

前锋（月刊） 存创刊号 第2号 第3号

广州平民书社编辑 （1923年7月1日创刊）

1923年7月1日，12月1日，1924年2月1日出版。

报本，16开本，第1期83面，第2期100面，第3期101面，3册 45.—

创刊号内容：前锋本志露布（序）

1. 中国国民运动之过去及将来——孙铎
2. 现代中国的国会制与军阀——瞿秋白
3. 中国之资产阶级的发展——屈维它
4. 帝国主义侵略中国之各种方式——屈维它
5. 中国农民问题——独秀
6. 中国最近妇女运动——陵子
7. 寸铁——巨缘 独秀 春木
8. 省宪下之湖南——石山
9. 法西斯主义之国际性——太雷
10. 近代印度概况——太雷

第2号内容：

1. 中国国民革命与社会各阶级——独秀
2. 太平洋问题与美国钱袋里的中国——瞿秋白
3. 由华盛顿会议到何东的和平会议——和森
4. 一年来之广东——奇峰

20×20=400（横文）

5. 对於万国女权同盟大会的感想——警予

6. 中国妇女运动杂评——警予

7. 中国教育问题——TSO

8. 美国革命运动之现势——泽民

9. 五年来之苏俄外交——泽民

10. 埃及的模范——刘仁静

11. 寸铁——独秀、致中、巨缘

12. 通讯。

第3号内容：

1. 1923年列强对华之回顾——陈独秀

2. 革命政府与关税问题——恽代英

3. 现在的满洲经济——屈维它

4. 俄国经济政策之剖析——瞿秋白

5. 荷属印度的社会运动——林喇加

6. 外蒙古独立现状——佳辅

7. 法国在世界商场上的竞争能力——司礼雯

8. 1924年的世界形势与中国——刘仁静

9. 寸铁——巨缘、独秀

10. 实庵笔记——实庵

按前锋为中国共产党党中央刊物之一。

20×20=400(稿纸)

工人周刊　存第12号 19号—22号 63号。（非卖品）

~~（北京）~~工人周刊社编辑出版（北京），每星期日出版一张（1921年创刊）

第12号1921年10月9日出版，第19号—22号1921年11月27日—12月18日出版，第63号为1923年5月1日出版"五一"特刊。

报纸　4开张　共6张　18.-

据"工人周刊"为中国共产党北方党组织的早期刊物之一，它的任务是领导工人斗争。工人周刊就是广大工人中间宣传革命的锐利武器。第12号19号上栏线外印有："世界的工人们联合起来呀"，第20号21号印有："惟劳动者乃能得食"！左右栏外印："劳工神圣"，"八小时的工作"，"八小时的休息"等斗争标语。

第63期"五一"特刊号内辑入的文章有："我们为甚么纪念'五一'？""新新五月十日"、"'五一'节和中国劳动运动"、"去年'五一'到今年'五一'""封面题读"等。还转载了其他出版物的文章："京汉工人流血记序"和"北政府又制造压迫工人的新武器——评农商部之'工人协会法'草案"、"劳动进行曲"等。

劳动周刊　存第10—13号

中国劳动组合书记部出版（上海）1921年创刊（每星期六出版）

通讯处：上海公共租界新闸路北成都路19号。报纸，4开，4张　12.-

前六期为赠阅，自七期起收费。

本刊编辑主任：張特立

编辑人：李震瀛　李啟漢　李新旦

刻書人　董锄平

按"劳動週刊"，是党指导工人运動的刊物。中國劳動组合书记部（中华全國总工会的前身）在廣州召开了第一次全國劳動大会之後，发動了劳動立法运動。书记部提出劳動立法大纲十九条，大纲内容包括：要求劳動者有集会、结社、同盟罷工、缔结契约、进行國際联合等自由权利，合理地規定工时工资及劳動保護等條款，就在"劳動週刊"栏内左右和上端陸續刊載。另报头栏上印："世界的工人们联合起来呀！"左栏外印："劳動者獲得罷工权利"。第十三号大字標載："工友们！我们大家联合的机会到了！"等斗争口号。

中國革命史讲義（胡華编）第二章第三節（56頁）——中國共产党成立以後中國工人运動的高涨云："在党的第一次代表大会之後，根据大会决議，党成立了"中國劳動组合书记部"，集中力量领導中國工人运動。劳動组合书记总部最早设在上海，後迁北京。在上海、汉口、湖南、廣东、济南等地设有分部。总部负责人为邓中夏等。湖南分部主任为毛泽东。书记部出版了指导工人运动的刊物"劳动周刊(1922年5月后改为工人周刊)。"党通过书记部，首先建立了各地工会组织，同时领导工人斗争……。"

苏区工人　存第16期

中华全国总工会苏区中央执行局编

1924年5月15日出版　报纸4开　1张　40

按苏区工人为中华全国总工会苏区中央执行局的机关报。本期载有陈云同志撰"上海一百个绸厂的总同盟罢工"一文。

中国工人　存第2期

中华全国总工会编辑印行　1924年11月出版

報纸 32k 1册 12-

本期内容有：鄧中夏同志"法西斯特之一幕"；"海员宣传问题"，"我们的力量"三篇文章。

內封有上海工人宣傳語：點起一把火來，把我们工人現在所处的黑暗地獄照得通红了，使我们工人都明白了自己所佔的地位和脫离地獄的路途！這把火就是——上海工人。

中國工人 存第四期

中華全國总工会编辑印行 1925年1月1日出版

報纸 32k 88面 1册 15-

中國工人 存1—6期合订本

報纸 32k 1册 75-

人民週刊 存第3期

人民週刊社编 道林纸 1册

内容：1.社论—抗議粤海関停止验货起卸—張太雷

2.评廣州工会之争——中夏

3.最近國际形势——黄平

4.五卅后中國勞工运动之新现象(续)——中夏

5.國民革命是妇女唯一的生路—何香凝

6.鲍顾问与白崇禧之談話

20×20=400(縱文)

7.高要地主民团屠杀农民之经过——啸仙

人民週刊 存第8期

人民週刊社编 1926年4月6日出版

广州国光书店发行 報纸 16K 12面 1册 4-

人民週刊 存第19期

人民週刊社编 1926年8月20日出版

广州国光书店发行 報纸 16K 20面 1册

内容为纪念廖仲恺先生

有1"革命派与反革命派"——(廖仲恺)

2"廖仲恺与黄埔学校"——(恽代英)等6篇文章。

通讯处:广州国光书店转。

人民週刊 存第20期21期合刊

中国共产党广东区执行委员会编

1926年9月8日出版 報纸 16K 1册 3.50

布尔塞维克(週刊)存第19期

不著编者 1928年2月27日出版

報纸 28K 38面 1册 10.

(本子完整,页码与以前各期通序,本期自615—652)

内容:1.两个国内战争

2.再说自杀——绮园

第 4 页

红旗通报　存第1—4期

不著编者　1931年3月9日创刊。

1931年3月9日、3月16日、3月30日、4月6日。每星期一出版。

报纸。8开。每期2张。江西苏区印。

第一期有：中国苏维埃第一次全国代表大会的法令草案；劳动法令草案；土地法令草案等。

（中宣部藏）

20×20=400(横写)

3. 中華全國总工会擴大会議的意義——真君

4. 是否階級鬥爭——意猿

5. 江西工农之白热化——预章

6. 目前幾个主要策略問題的讨论——克魯

7. 中國土地問題與土地革命（續）——曼月

8. 寸鐵（四則）——撒翁

红旗週報 存第19期（五一特刊）

不著编者 1929年5月1日出版

報紙 32K 53面 1冊 15.

本期内容有：

1. 1927年漢口"五一"節群众大会

2. 國际歌

3. "五一"節告全國工农勞苦群众——中國共產党中央執行委員會

4. "五一"國际的鬥爭日——林白

5. 怎樣实现八小时工作制——忠發

6. "五一"——易元

7. 帝國主義與八小时工作制——代英

8. 革命進行曲——一声

9. "五一"紀念與蘇聯——新宇

20×20=400(横文)

第 頁

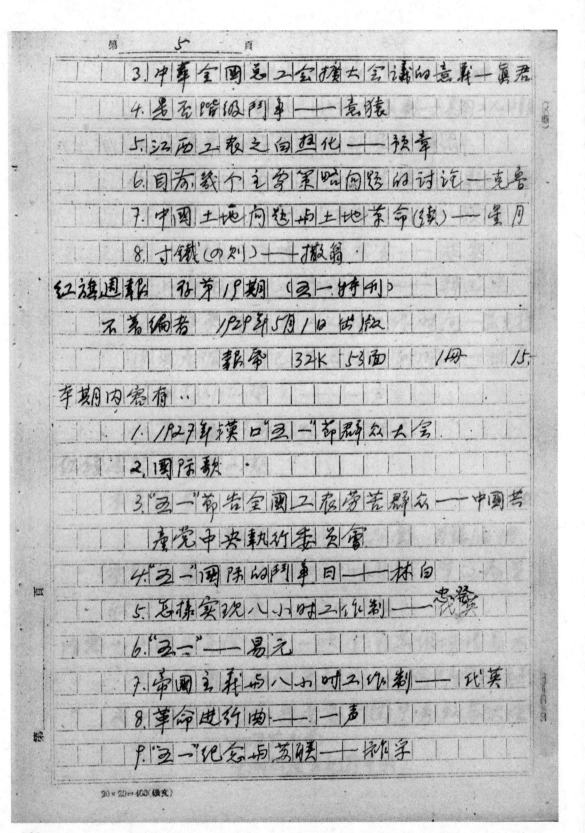

10."五一"纪念与中日無產階級——花田生

11.蘇俄工人獲七小时工作制——美國工人日報

12.海陸丰紀念"五一"節的農民群众

13.蘇俄工人与中國工人生活的比較——一峯

14.中國工人的勞動时间问题——覺哉

15.上海的工作时间与工資——求实

16.上海南市的工作时间——韓玉信

17.上海英商電車工人的工作时间——溫克模

18.資產階級自己供認的剝削成績——稚宜

19.奴隸們的警言——一声

20.蘇聯"五一"節回忆——托夫

紅旗週報　存第23期

不著編者　1931年11月20日出版　30.

報本　32K　文96面　目錄1面1冊

(本期偽裝，封皮綠印"时时週報"，第2卷第45期，民國20年12月2日出版)

内容：1.中國共產黨為第一次全國蘇維埃代表大会告全國工農勞苦民众——中國共產黨中央委員会

2.中國共產黨和共產青年团中央致蘇大会賀信——中國共產黨
中國共產青年团中央

3. 苏维埃政府和满洲事变——何史文

4. 反日帝国主义侵占满洲中满洲中共党部的中心任务——苏广

5. 国防政府还是苏维埃政府？——何史文

6. 满洲事变中各个反动派别怎样拥护着国民党的统治——思美

7. 究竟是反日运动的危机还是取消派的危机？——石帆

8. 目前政治形势与我们工作的任务——于琨

9. 满洲事变中苏联的和平政策与反苏联的斗争——洛甫

10. 英国停止金本位的意义——慧素

11. 日本帝国主义在占领地域干着什么？慧素

12. 反对日本帝国主义占领满洲与世界大战——森雄吉（日本钢铁工人）

13. 如火如荼的反帝斗争——工农通讯社

附录（1）八月份白色区域群众斗争概况——上海民国日报、申报

（2）从申报上研究一个工人斗争的形势——洛甫

红旗周報 存第24期

不著编者 1931年12月27日出版. 38

報帋 32k 文60面 目録1面 1册

(本期伪装，封皮缘印"时时周報"第2巻第45期，民国20年12月十日出版)

内容 1.纪念廣州公社——共產国际6次大會告中国工农群众书.

2.中華苏维埃第一次全国代表大会告全国工农劳動群众书——中華苏维埃第一次全国代表大会——自江西瑞金.

3.中華苏维埃共和国临时政府对外宣言——中華苏维埃共和国临时政府

4.英帝国主義的全線进攻的展开——慧素

5.国民党南京政府明年上半年的财政预算——洛甫

6.四九师独立团在山城兵变的意義与教训——童哇利

7.一年来的潍属游击队——烁湖

8.蓬蓬勃勃的中国苏维埃运動——

①江西中央苏区中国共產党代表大会来電.

②江西中央苏区通訊.

20×20=400(横式)

9. 宣传材料——世界经济恐慌现状（上）

布尔塞维克　存第2卷第6期（总第34期）

不著编者　1929年4月1日出版

报纸　16K　197面　1册　45.

布尔塞维克　存第2卷第7期

工人教育研究社编印　1929年7月1日出版

报纸　32K　152面　1册　65.

（本期伪装，前后封皮用商务印书馆"新时代国语教授书第7册"）

内容有李立三、项英、恽代英等十位同志撰文，後有共产国际致德国党员一封公开的信，末有徵求编辑工人读物文稿启事。本期目录订在最後面。

布尔塞维克　存第3卷第4.5期合刊

不著编者　1930年5月15日出版

报纸　32K　172面　1册　25.

（本期伪装，前封印"新时代教科书"第5册，初级中学用，上海时代书店印行）本期目录订在最後面。

内容：1.正在成熟的世界经济危机，群众失业与罢工行动——共产国际执行委员会主席团扩大会议的决议.

2. 新的革命高潮前面的诸问题——立三

3. 论国民党改组派——秋白

4. 走向革命高潮前的形势——向友

5. 一九二九年"五一"以来的工人斗争——项英

6. 目前军阀战争与党的任务——韶玉

7. 中国革命和农民运动的策略——秋白

8. 中国革命的根本问题(续)——立三

党的生活 存第7期 ~~第8期第十期~~

不著编者 1930年4月15日出版

(本期伪装，前封印"医学研究"，周有民作.1930年天津复活书店发行) 報紙13張. 1册 15-

内容: 1. 中央为发展党的组织告全党同志——中国共产党中央委员会 3月27日.

2. 反右倾斗争 ① 为党斗争的路线——笑影

② 怎样引进新的干部——天生

3. 支部工作 ① 上海某厂支部工作大纲…

② 支部工作方法——因心

4. 工作方式——① 行动纲与工作方式

5. 列宁的教训 ① 工人的经济斗争与党的组织问题

——列寧

② 布尔塞维克党的组织原则——正風译

工作教训——工作教训五则

党的生活：孙第8期

不著编者 1930年5月1日出版

報紙 32k. 共46面 1册 15.-

（本期伪装，前封印"文学研究"，周首民作 西伟

1930年来津复活书店发行）

内容：1.反右倾斗争

① 向产业工人开门——锺秋

② 支部中反右倾的斗争——泽鸿

③ 建立支部纪律——守涛

④ 信阳铁路工会的黄色倾向——李長

⑤ 鄂东北孝感党的右倾危险——光第

2.党員与党

① 党員自首与叛变——伟美

② 恢复组织关係问题——静生

3.党与群众

① 党团的工作方法——笑影

② 公开活動与秘密工作——同心

4. 红军中党的生活——红军第十军党的生活——長工

5. 组织理论——布尔塞维克党的组织原则——正風譯

6. 工作的教训——工作教训三则——泽鸿

未有征稿啟事。

党的生活　第9期

不著编者　1930年5月15日出版

報纸　32K. 46面　1册　15.-

（本期偽裝．書封印"衛生丛书"第十種（日本松田著），1930年上海医学出版社印行）

内容：1. 发行工作　①论宣传品的分配——列寧

②发行工作的意義与路线——泽鸿

③党報的发行工作——朱赤

④争取公开的发行——虎亮

⑤建立发行交通網——子英

⑥支部发行工作——桂昌

⑦读党報——雨友

2. 支部工作　①一切工作归支部——文容

②上海支部生活——蔷葆

③上海支部工作——笑影

3. 党员与党——党员被捕后应有的態度——天生

4. 党与群众——党与苏维埃的关係——瞿秋

5. 工作教训——工作教训の例——鸿

6. 组织理论——布尔塞维克党的组织原则——正風

实話 存第11期（随红旗日報附送）

不著编者 1931年2月25日出版

報纸 4K 1張 25.

本期首篇文章、"苏联红軍建立十三周年纪念"。

中國版（原名十月報）

1934年5月中國共產党在莫斯科出版。報纸 对K.

鬥争 存第48期—64期共18期。

中國共產党苏區中央政治局编辑（党的机关报）

1936年出版。報纸 16K 18册 400.

挺进報

本報是重庆地下党的刊物，彭咏梧烈士曾负责领导这个刊物。

前衛半月刊 存第1卷第7号

日本共產党中央機关杂誌 主幹 宮本顕治

1946年(昭和21年)6月15日 日本共產党出版部发行。報纸 16K. 1册 50

無產者 存第3卷第1号（朝文）

不著編者。1939年（昭和14年）5月14日出版。

本期撰文者有：張斗鎮 宣韓鍾 李此滿 金斗鎔

報紙 25K 1冊 1.-

嚮导週報 存第21期—142期，第104期，第117期—149期，169、173、4合刊、179。

嚮导週報社編。 報紙 16K 每期3.-

勞動音 存第1期—第5期

不著編者 1920年11月7日創刊。 報紙 32K。 5冊

通訊處：北京大學第十院李搓夫。

會刊 存第1期第2期

廣州工人代表會編輯印行。1925年10月5日、11月15日出版。

報紙 32K。第1期98面 第2期74面 2冊 8.-

前封內有啟事，声明本刊為非賣品，專行分发各工友閱看，外地工友如欲索看者請寄郵票一分，自当奉寄。

國際月刊 存第1卷第1、2期

共產國際月刊社編輯 1930年2月25日、3月15日出版。

報紙 32K 第1期164面 第2期208面 2冊 2.-

第1期內容：1.發刊詞

2.社論 ①到群眾新的勝利

②世界經濟危機與共產黨之任務

3. 国际之部：

① 斯达林同志在马克思主义者的农业学家会议上的演说词

② 中国的苏维埃革命——瞿秋白

③ 罗易先生完了——沙法罗夫

④ 法国经济危机之兆与工人运动——白纳贝

⑤ 印度革命危机的发展——弗莱北尔

4. 苏联社会主义的建设——俄共的转变关头——列文

5. 编者的话

第2期内容：

1. 社论——新时期与苏俄国防政策之转变——欧西林（雷声译）

2. 世界经济危机栏：

① 美国经济危机与共产党之任务——王恩斯东

② 德国的经济危机——郑赫尔

③ 意大利的经济恐慌——哈兰棣

④ 世界经济危机中的俄国——佐弗基

⑤ 世界帝国主义的经济危机与殖民地革命高潮之增长——沙法罗夫

3. 苏联问题：

① 怎样实行五年经济计划——李南金

20×20=400(横文)

②消减富农这个阶级——；

4.中国问题——陈独秀主義之反革命的世纪—王稼蔷

政治周报　存第1期

广州政治周报社编辑[illegible] 1925年12月5日出版.

报纸　16K　1册

内容：1.政治周报发刊理由——毛泽东.

2.两星期中之政治报告——汪精衛.

3.中國国民党对时局宣言

4.国民政府致吴佩孚萧耀南孙传芳電

5.国民政府致奉軍将领電

6.中國国民党对关税会议宣言

7.中國国民党中央執行委员会嚴驳北京党员之違法会議

8.反攻(七则)

①三三三一制

②楊坤如的佈告与刘志陸的電报

③如果討赤志同仇讎尔吾良友

④颂声来於萬国

⑤反共产中國国民党大同盟萬岁

⑥共产章程与实非共产

⑦鄒魯与革命

}润

20×20=400(縱文)

9.中国国民党对全国及海外全体同志解釋革命策略之通告

10.胡漢民与汪精衛之通信

政治周報　存第2期　-

廣州政治周報社編輯　1925年12月13日出版

報本　16K　1冊

内容：1.中国国民党为此次革命运動爆发号召全国民众一致参加革命运動

2.政治報告——汪精衛

3.党務報告——譚平山

4.革命派党员群起反对北京右派会議——(毛)子任

5.胡漢民对第二次全国代表大会及目前革命运動之意見

6.反攻(3則)

①向左还是向右——润

②赤化原来如此——润

③殺尽知識階級的是誰——濤

7.中国国民党遣派学生赴莫斯科孙文大学——(毛)子任

附发行通信处：

甲.北京翠花胡同8号于非澂

乙.上海环龙路44号 恽代英

丙.广州旧省议会政治周报社毛子任

政治周报 第3期

广州政治周报社编辑 1925年12月25日出版

报纸 16K. 24面 110.

内容：1.中国国民党召集第二次全国代表大会宣言

2.广东政府内政上的两大政策——春木

3.上海民国日报反动的原因及国民党中央对该报的处置——(毛)子任(该报为国民党右派叶楚伧主持)

4.中国国民党全国党务概况

5.汪精卫在廖仲恺百日纪念之演说

6.反攻(4则)

①北京右派会议与帝国主义——润

②帝国主义最后的工具——润

③右派的最大本领——润

④右派的三民主义——庸生

7.东征纪略——春涛

政治週報 刊第4期

广州政治週報社编辑 1926年3月1日出版

報第 16K 1冊 4.-

内容未記.

政治週報 刊第5期

广州政治週報社编辑 1926年5月7日出版

報第 16K 26面 1冊

内容：1.国民党的真解（为俄国工人报作）——胡汉民

2.国民政府财政部长宋子文先生之财政報告.

3.蒋介石先生再论联俄

4.汪精卫先生第二次全国代表大会之政治報告

5.反攻（3则）

①国家主义者的左排与右排——雁冰

②国家主义者——帝国主义最新式的工具

③国家主义与假革命不革命

6.中国国民党第二次全国代表大会经过概略

——（大会秘书长）吴玉章

政治週報 刊第6、7期合刊.

广州政治週報社编辑 1926年4月26日出版

報第 16K. 81面 1冊

内容：1.中国国民党第二次全国代表大会宣言.

第 20 页

2. 大会始末记要
3. 蒋介石先生之军事报告
4. 政治报告决议案
5. 关于军事决议案
6. 谭平山先生党务总报告
7. 中央党务总报告决议案
8. 各省区党务报告决议案
9. 工人运动之经过
10. 工人运动决议案
11. 农民运动报告
12. 农民运动决议案
13. 青年运动报告
14. 青年运动报告决议案
15. 商民运动之经过
16. 商民运动决议案
17. 妇女运动报告
18. 妇女运动决议案
19. 宣传报告
20. 宣传报告决议案
21. 关于宣传决议案

20×20=400(横文)

22. 美洲党报决议案

23. 海外党务报告

24. 海外各地党务报告决议案

25. 弹劾西山会议决议案

26. 处分违犯本党纪律党员决议案

政治周报　存第13期

广州政治周报社编辑　1926年5月24日出版

报纸　16K　15面　1册

内容：1. 蒙古国民党致中国国民党书

2. 我们怎样实行三民主义——汪精卫

3. 广东人民的领袖——记者

4. 国民政府下的工农教育大会——秋人

5. 最近湖南之政治概况和党务概况——王基永

6. 一年来中国职工运动之发展——刘少奇

政治周报　存第1—10期

广州政治周报社编辑　1925年12月5日—1926年5月3日出版

（6、7期合刊）　报纸　16K　9册

内容未录。

国民周刊　存第5期—11期

民国周刊社编辑　1926年11月6日—12月19日出版

20×20=400(桑文)

（发行地：广州靖海新街25号）

报纸　16K　7册　18.—

新生活运动专刊第1号

本书伪装，以"新生活研究社"的化名出版的革命书刊，内容是揭露蒋介石反革命的新生活运动的小册子。1934年3月28日出版。

报纸　32K　1册。

犁头　存第9、10期合刊

广东省农民协会编印　1926年6月15日出版

（逢五出版，本期为广东第二次全省农民代表大会决议案及宣言专号）　报纸　16K　76面　1册　60.—

本期内容，开首为罗绮园写的"广东第二次全省农民代表大会之经过及结果"。末为"中国共产党中央执行委员会祝词"。其它未详记。

犁头周报　存第11期第15期　（由第11期改为周报，每星期三出版）

广东省农民协会编印　1926年7月22日、8月17日出版

报纸　16K　2册　40.—

犁头周报　存第17、18期合刊　（本期为花县惨案专号）

广东省农民协会编印　1926年10月8日出版。

报纸　16K　46面　1册　12.—

20×20＝400（稿纸）

第 23 页

内容：1. 欢筹（言论序）——绮园

2. 花县团匪惨杀农民之经过——澎湃

3. 大地主篮牢自叹——赤光

4. 省农民协会依据总司令部决定的五条原则所主张的具体办法。

附：花县惨案兇手匪首姓名表。

犁头周报 存第19、20期合刊

广东省农民协会编印 1926年11月19日出版。

报纸 16K 52面 1册 10.

内容：1. 三个月来会务报告（5月—8月）——罗绮园报告 人隽、赤夫笔记。

2. 全国农民运动形势及其在国民革命的地位——阮啸仙

犁头周报 存第22期

广东省农民协会编印 1926年12月15日出版。

报纸 16K 1册 20.

内容未记。

青白花周刊 存卷二第5、8、10、12、期

汕头青白花周刊社编辑。1926年5.8.5月出版。

报纸 16K 每期12面（6页） 4册 3.20

本刊以宣传孙文主义，唤起全国民众努力国民革命

20×20=400（横文）

之宗旨。

中國农民（月報） 存第1期 （创刊号）

中国国民党中央執行委員会农民部編輯委員会編輯

1926年元旦出版。廣州民智、國光、丁卜书店发行.

報紙、16K、88页、前附铜版3页 1冊 10.

内容：1.发刊词——陈公博

2.农民运动所当注意之要点——廖仲恺

3.国民革命中的农民问题——谭平山

4.中国农民中各階級的分析及其对於革命的態度——毛泽东

5.国民革命与农民运动之関係——罗绮园

6.報告二则：

①中山县事变之经过及现在——罗绮园

②海丰农民运动報告——彭湃

7.特载：

①国际农民消息

②中国农民消息

③参考资料

中国农民（月報） 存第2期

中国国民党中央执行委员会农民部编辑委员会编辑。

報本 16K. 1冊 10.

1926年2月1日出版．广州民智书局、丁卜书店发行

内容：1.中国国民党第二次全国代表大会农民运动决议案

2.(附)农民运动報告——陈公博

3.农村的政治斗争(上)——谭平山

4.中国社会各階级的分析——毛泽东

5.本部一年来工作報告概要(上)——羅綺園

中国农民(月報) 存第3期

中国国民党中央执行委员会农民部编辑委员会编辑

1926年3月1日出版．广州民智书局、丁卜书店发行

報本 16K. 1冊 10.

内容：1.廖仲愷先生在中山县农民代表会议之演说

2.农民的敌人及敌人的基礎——彭公达

3.本部一年来工作報告概要(续)——羅綺園

4.广东农品展览会筹备经过

5.海丰农民运动报告(续)——彭湃

6.惠阳农民协会成立之经过——阮啸仙

7.农村合作社概况——于树德

前有铜图7幅：

①南海县第一届农民协会开幕纪念摄影

②(3)花县农民群众追悼农民运动牺牲者王福等三烈士

20×20=400(欧文)

时摄影

(四)—(五) 曲江数万农民群众追悼廖仲恺先生摄影——後附来函。

中国农民（月报） 孙第4期

中国国民党中央执行委员会农民部编辑委员会编辑。

1926年4月1日出版 广州民智、国光、丁卜书店发行

报纸 16K 1册 10。

内容：1.谁是三民主义的拥护者——罗绮园

2.社会革命与农民运动——列伯专译

3.湖北的农民运动——湖北省党部报告

4.海丰农民运动报告（续）——彭湃

5.广东南路各属农民政治经济概况——南路办事处报告

6.普宁县地主摧残农民始末记——潮梅办事处报告

7.中国农民的过去现在及将来——邹敬芳

8.本部农民运动委员会会议记要

9.通告。

前有铜版三片。後附农民委员会组织大纲，委员名单，计有：

20×20=400（散文）

毛泽东 陈公博 甘乃光 宋子文 谭植棠

萧楚女 林祖涵 阮啸仙 罗绮园。

（委员之主席为农民部部长）

1926年3月16日下午1时，召开农民部农民运动委员会第十次会议。出席者有：林祖涵，甘乃光

毛泽东，谭植棠，阮啸仙，罗绮园。

主席：林祖涵，记录：彭公达。

- 省农会
  - 紫金县农会 —— 在组织期
  - 海丰县农会 —— 已成立者
  - 陆丰县农会 —— 已成立者
  - 惠阳县农会设高潭墟 —— 在组织期
  - 惠来县农会 —— 有农民参加而未设农会
  - 普宁县农会 —— 有农民参加而未设农会

- 省执行委员会
  - 秘书部 —— 部长 林朝宗，张妈安
  - 卫生部 —— 〃〃 沈鼎雄 部员 刘恩泉
  - 财政部 —— 〃〃 杨其珊 蓝镜清
  - 仲裁部 —— 〃〃 余创之，彭湃
  - 宣传部 —— 〃〃 林甦 彭湃等30余人
  - 教育部 —— 〃〃 马焕新 彭湃
  - 文牍部 —— 〃〃 余创之
  - 调查部 —— 〃〃 谭继新 萧清睐 胡汉南
  - 农业部 —— 〃〃 李劳工
  - 交际部 —— 〃〃 胡汉垣 彭湃，林甦，杨其珊。

20×20=400(纵文)

中国农民(月报) 存第5期

中国国民党中央执行委员会农民部编辑委员会编辑.

1926年5月1日出版. 广州民智、国光、丁卜书局发行.

报纸 16K. 1册 10.

内容：1. 土地与农民——宇常

2. 社会革命与农民运动——刘伯垂译

3. 海丰农民运动报告——彭湃

4. 广东南路各县农民政治经济概况——学增

5. 社会主义与农业问题

6. 本部农民运动委员会第二次会议录.

7. 通告（第5号第6号）

中国农民(月报) 存第6、7期合刊

中国国民党中央执行委员会农民部编辑委员会编辑.

1926年7月出版 广州民智、国光、丁卜书局发行.

报纸 16K 1册 25.

（本期为广东第二次全省农民代表大会特号）

内容：1. 广东省农民协会第二次代表大会宣言——阮啸仙

2. 广东第二次全省农民代表大会之经过及结果——罗绮园

3. 广东农民一年来奋斗经过之报告——罗绮园

附：广东农民一年来奋斗经过报告决议案

20×20=400(编文)

4. 会务总报告 附：会务总报告决议案——罗绮园

5. 中国国民党农民部两年来之工作状况报告——林祖涵

6. 农民运动在中国国民革命的地位，附：决议案——陈公博

7. 国民政府现状报告，附：决议案——谭延闿

8. 农工兵大联合报告 附：决议案——蒋介石

9. 全国政治状况与社会状况报告，附：决议案——谭平山

10. 世界革命运动报告 附：决议案——鲍罗廷

11. 出席赤色农人国际经过报告，附：决议案——李立三

12. 惠州办事处会务报告 附：决议案——朱祺

13. 江西办事处会务报告 附：决议案——周其鉴

14. 南路办事处会务报告 附：决议案——黄学增

15. 大会决议案

16. 祝词

前附铜版又页、

中国农民（月报） 存第8期

中国国民党中央执行委员会农民部编辑委员会编辑

1926年10月出版 广州民智书局、丁卜书店发行

报纸 16K 70面 1册 30.

内容：1.谁是国民革命的主力军（农民国民党的阶级基础）——甘乃光.

20×20=400（纵文）

2.各时期中的农民问题——罗佐夫斯

3.湖南农民运动目前的策略——湖南省党部

4.河南省农民运动报告——河南省党部

5.浙江省之农民政治经济状况——浙江省党部

6.江苏农民之经济政治文化状况——江苏省党部

前有廖仲恺部长的四周年纪念华钊篇2页.

疾呼(半月刊) 第3期第7—15期

留俄孙文大学广西学生会编 1926年5月15日创刊

报纸 32K 每期5.—

第15期为"反文化侵略专号"——反基督教运动.

前后封为黄印. 通讯处:广州白云路

北方互济生活(旬刊) 存第1期(创刊号)

河北革命互济会编印 1932年8月1日出版.

报纸 32K 24面 1册 1.20

本期前封误装为"教育旬刊"第1期.河北教育协进会印

内容:1.前言

2.河北省革命互济会"八一"工作大纲

3.目前政治形势与革命互济会的任务——罗大

4.革命互济会与妇女工作——胡岗

5.援助保定惨案——庞桂

6.关于这次募捐慰劳红军——菲君

7.执行阶级基础转变与目前突击队任务——真

8.怎样建立分会生活——济苍

9.河北革命互济会慰劳红军通电

10.河北革命互济会援助牛兰宣言

11.简直吓了一跳——鑼

12.执行阶级基础转变是口头承认可能做到的吗?——鑼

13.写粉筆標语是一个简单的技术工作吗?——鑼

14.到底是谁害怕?——鑼

少年半月刊　存创刊号.

北京高等师范附属中学少年学会编辑

1919年出版(每月1日16日出刊)　1册

本刊宗旨:研究怎样可作十个人,怎样可作二十世纪的少年。

本期内容有:"学生参预校务""实行工读""男女同校"……等问题讨论的文章。

少年中国　存第1卷第1期—第6期,第2卷第1期—第6期.

少年中国学会编辑.　无出版年月日.　报纸 24K.

合订2册　30.

内容:有李大钊　恽代英　田漢等人撰文.

20×20=400(横文)

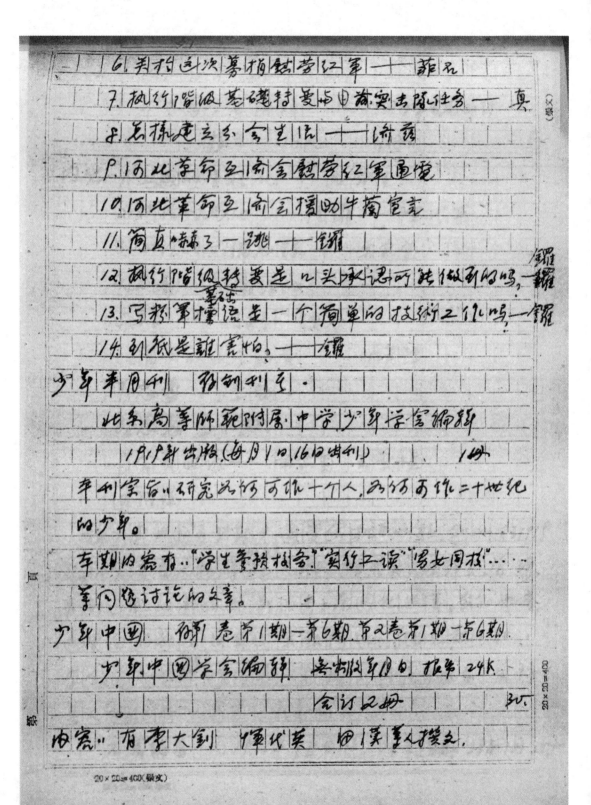

第 32 页

少年中国月刊 第4卷第3期

少年中国学会编辑 1923年5月中华书局印行

报纸 16K 1册 5.-

内容：1. 工厂的学校化——左舜生

2. 收拾时局的一个提议——恽代英

3. 心理研究备忘录——余家菊

4. 反动——谢循初

5. 诗——致春 儒勉

6. 罗蜜欧与朱丽叶——田汉译

7. 忠善——李劼人

8. 恩惠——李劼人

9. 会员通讯——余家菊 王崇植

10. 附录.

按"少年中国"为少年中国学会机关刊物，创刊于1919年，该会主要人物有邓中夏、王光祈、恽代英，左舜生，曾琦，有创造社的郭沫若、郑伯奇；南国社田汉，最初也是这里面的社员，以后因宗教问题，引起思想分化，学会瓦解后，邓中夏、恽代英一行成了共产主义者，曾琦等人则组成了国家主义的醒狮派。

不著编者 1925年5月出版. 报纸 32K 38面 1册 25.-

20×20=400(横文)

少年中国月刊 存 第4卷第3期

少年中国学會编辑 1923年5月中华书局印行

报纸 16K 1册 5.-

内容：1.工廠的学校化——左舜生

2.收拾时局的一个指针——惲代英

3.心理研究备忘録——余家菊

4.反動——謝循初

5.詩——敬春 儒勉

6.羅密歐与朱丽葉——田漢譯

7.忠妻——李劼人

8.恩惠——李劼人

9.会员通讯——余家菊 王崇植

10.附録.

少年国际 存5月号

不著编者 1925年5月出版.

报纸 32k. 28面 1册 15.-

本期载有任弼时同志"怎样整顿地方的工作"一文。本刊是指导青年团的工作的小册子。

少年国际 存6.7.月号合刊

不著编者 1925年7月出版. 报纸. 32k 38面 1册 25.-

少年先锋（旬刊） 存第1卷第7.8.9.10.11.12期（共6期）

中国共产主义青年团广东区委会编印

1926年10月1日——12月21日出版. 报纸. 16K. 6册 25.—

第7期封面有列宁像，首页有铜版画.

少年先锋（旬刊） 存第2卷第14期.

中国共产主义青年团广东区委会编印.

1927年2月11日出版 报纸 25K. 1册 6.—

少年先锋（旬刊） 存第3卷第3期

中国共产主义青年团广东区委会编印

1931年4月15日（星期三）出版. 报纸 8K 1张 20.

本期内容有篇文章为：

"美亚工人给国民党改组派社会民主党托陈派迎头一棒"，社论："工人要不要国民会议"。"五一国际劳动节要来了"等文章。

先锋半月刊.

先锋半月刊社编辑. 不著出版年月.

报纸. 32K. 1册 5.—

小朋友（旬刊） 存第1期—第4期

北平中国大学小朋友社编辑. 1931年2月1日创刊.

1931年2月1日. 2月26日. 3月1日, 8月15日出版.

报纸　50K　4册　1.20

本书内容，反映帝国主义资本家如何压迫人民。有冰莹撰文。

苏州工人　存第1期（五卅二周纪念）

苏州工会统一委员会宣传股编辑

1927年5月出版　报纸　25K　60面　1册　15.—

湖南工人週刊　存创刊号

中国国民党湖南省执行委员会工人部编辑

1927年4月23日出版发行　报纸　32K　52面　1册　10.

本刊"发刊词"——觉吾。内容有"欢迎国际工人代表团"、蒋介石的罪状（纪事）等九篇文章。

广东工人之路　存第7期

广州工人代表大会宣传部编印

1926年10月15日出版　报纸　16K　15面　1册　30.

本期有邓中夏同志撰"新努力"吕汉泉撰"纪念黄驹

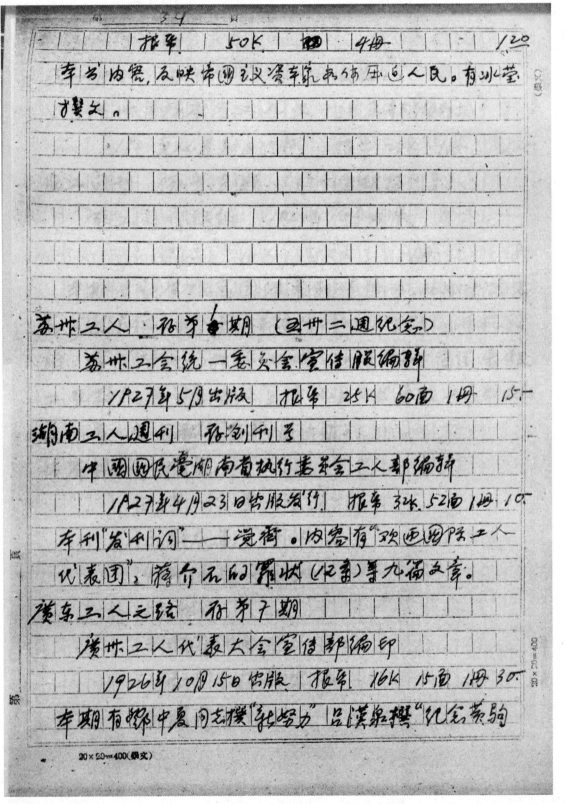

"烈士"等文章。

五一月刊　存第9期　（非卖品）

广州酒楼茶室工人五一俱乐部编印

1925年元月30日出版　报纸　25K　1册　12.-

农工旬刊　存第8期　（双十屠杀特刊号）

农工旬刊社编　1924年10月出版

报纸　16K　52面　1册　8.-

本期专载广州商团借着列强势力，在双十纪念节公然向反对帝国主义及军阀的游行群众，开枪扫射，军阀替他们摇旗呐喊。这是广州商团屠杀工农群众，为资产阶级直接而且公然屠杀工农群众的第一幕。插有被害者铜版头像。

内容概分：1.绪言

2.第一公园大会详情

3.群众遇害惨状

4.死伤者一览表

5.评论

6.各团体通电及宣言

7.各方面消息汇志

8.特刊补载。

20×20=400(横文)

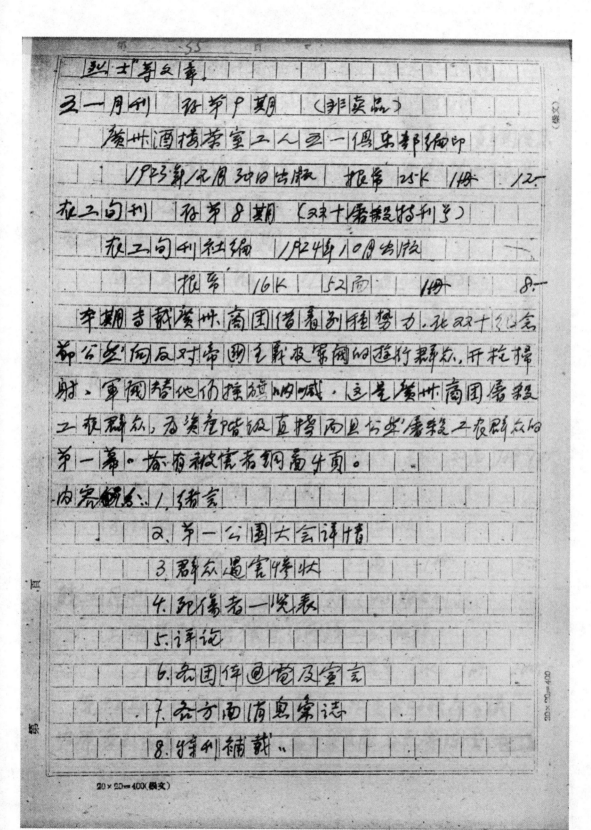

①民族解放协会代表周恩来演说词
②社会主义青年团代表高君宇演说词
③中国共产党广州地方执行委员会、青年团广东区执行委员会，为双十节警告广州市民书。
1924年10月15日

农工旬刊　存第9期
农工旬刊社编　1924年11月22日出版。
广州民智书局、丁卜书店、莱和书局、逸群书社代售。
报纸。32K　34面　1册　5.-

农民运动　存第9期
中国国民党中央执行委员会农民部编印
1926年9月28日出版。报纸　32K、22面　1册　10.-

农工行政周刊　存第1期
不详编者　1926年11月30日出版
报纸　16K　32面　1册　3.-

职工月刊　存第3、4.5、9期（4.5期合刊）
上海商务印书馆发行所职工会编辑。
1926年1月、3月、9月出版　报纸　32K　3册　100.-
第4.5期合刊本第26面载"一次重要的联席会议"。出席签到者有职工会执行委员兼交际委员廖陈云、[illegible]

20×20=400（稿文）

。该为委员工人刊物之最早者，流传极少。按廖陈云即陈云同志。陈云，原名廖程云，江苏青浦人，曾先在商务印书馆做排字工人，1926年在上海时，参加工运工作，教育和组织上海工人进行反帝斗争和改善生活的合法斗争，是当地的职工领袖之一。

农友　第二期

湖南省农民协会宣传部编辑发行。

1927年1月17日出版　报纸　32K　12面　1册　5—

本期封面有列宁像，像旁标有"列宁主义是解放世界被压迫民众的武器；接受列宁农民问题的理论"两行。

内容：1.纪念列宁

2.列宁与我们弱小民族

3.列宁给农民的两个报告

4.新闻摘：

①吴佩孚跑无葬身之地了

②南河英国兵舰的水手上岸示威

③长沙连日的几个纪念大会

④审判土豪劣绅的特别法庭开幕了

⑤歌、笑话、谜语。

革命的五月　（全民週刊卷1，20号别册）

全民週刊社编　1938年4月　生活书店出版。

报纸　36K　1册

内容有史枚写的"五月五日"，胡绳写的"今年五月节的特殊意义及宣传要点”等七篇文章。

解放周刊　存创刊号——127期.（党中央机关刊物）

解放周刊社编辑（1937年4月24日创刊）

1937年4月24日——1941年4月30日延安出版.

规格　32K.　合订为13册　2525

内容分四栏　1.时事短评

2.论著

3.翻译

4.文艺

撰文者有：毛泽东　周恩来　朱德、凯丰

林伯渠　董必武　杨尚昆　博古

廖承志　吴黎平　成仿吾　徐冰等人.

解放周刊　存第1卷第11期——16期（第14、15期合刊）

解放周刊社编辑　1937年8月——9月15日出版.

规格　32K.　合订1册　12—

晋察冀日报增刊　存第1期—29期

晋察冀日报社编。（1944年5月10日创刊）

1944年5月10日—1945年8月10日出版。

土纸　16K　23册　23.—

第1期首篇文章为：“一年来陕甘宁边区选举运动总结

——崔田夫

版头有启事云：“日报篇幅有限，新华社广播的长篇通信稿件和边区较有系统通讯，难于登载，读者方面有增出刊物的要求，分局召开的通讯会议上也作出了增刊综合性刊物的决定。因此，决出版日报增刊，暂定为不定期刊物，希望读者经常提出改进这一刊物的意见。晋察冀日报编委会。”

解放（周刊）存第1号

解放周刊社编。1946年4月1日出版。

各地新华书店，北平解放三日刊社，重庆新华日报营业课，如皋三民书店，韬奋书店，香港天一公司经售。

内容：1.纪念伟大的孙中山先生。

2.中国法西斯派向孙中山先生的民主主义挑战。

3.谁把国民党弄坏了。

4.中国法西斯派的纲领

第　　页

20×20=400（编文）

5. 把法西斯分子从政府机构中清洗出去

6. 重庆事件与东北问题

7. 追悼张莘夫先生

8. 邱吉尔先生往那儿去？

9. 解放书介绍

10. 较场口血案开审记——小思

11. 欢迎叶挺将军出狱——方渠

12. 华北联大介绍。

解放 附第九号

解放周刊社编。 1946年4月10日出版。

内容：1. 实事实话——啟先

2. 出尔反尔——评国民党二中全会

3. 不像样的政治理论

4. 先生传完善要——重庆新华日报社论。

5. 国民党改革问题的两个道路——延安解放日报社论。

6. 训政时期约法应该失效了。

7. 禁止暴行还是发展暴行？

8. 灾荒袭击着中国人民

9. 中共改造了中国的经济

10. 东北通化暴动详情

20×20=400(横文)

11.悼李兆麟同志

12.解放区是怎样救济难胞——赵陵

13.解放区的妇女生活

14.白旗堡搬家——宝功

边区政报　存53期

晋冀鲁豫边区政府编辑，1946年5月25日出版

土纸，32K，1册

苏中战线（增刊一）存 军区组织工作会议专号

华东野战军十一纵队兼苏中军区政治部编辑

1947年7月5日出版　报纸　32K，48面　1册　2.50

文汇　存创刊号第1卷第1期

文汇杂志社编辑（1947年8月创刊）

1947年8月—10月出版，九分区新华书店发行

报纸，32K，2册　4.-

创刊号篇首有告读者说："文汇的出版，是供给大家研究时事的一点参考资料，特别是蒋统区的情况，作较多的介绍，所材料来源都是由香港、上海等地杂志报纸上摘出的，内容以进步的民主言论为主，但也包括中间的以至保守的东西，以便读者从多方面了解蒋区舆论"。

翻身　///　存第8期

20×20=400（稿文）

激流（旬刊） 存第1卷第6期（综合杂志 全部36期）

编辑兼发行人赵文光 1938年3月10日激流社出版。

报纸 16开本 26面 1册

内容：1. 抗战形势与抗战前途——博古

2. 两个月的八路军抗战——周恩来

3. 论抗日的全民文化——何思敬

4. 思想的统一问题——钱俊瑞

5. 抗日民族统一战线讨论大纲——李平

6. 加紧敌人内部矛盾的两大议案——新华日报

7. 最近日本内部危机的检讨——思慕

8. 法国承诺保备与国人应有的认识——新华日报

9. 论法国的远东政策——绍伯

10. 史太林会见记——萧聪

前驱 存第13期，第2卷5期

前驱社编辑（社长钟赛，编辑川克强，社址山头龙溪）

1938年8月16日，1939年2月15日出版。 报纸 16开本 2册

本刊自十三期改成跟着第二卷。

南针周刊 存第1卷第14期

林汉秋编辑，刘海风发行 1937年11月13日广州出版。

报纸 16开本 1册

第 页

20×20=400(京)

本期有周恩来同志在山西太原的演讲词——华北形势与保卫山西。

文化斗争周刊　存创刊号

文化斗争周刊社编辑　1930年出版

内容：1. 本刊使命——书郎

2. 社会民主党中取消派——谷荫

3. 反对帝国主义进攻红军——谷荫

4. 反社会民主主义宣传纲领——社联

5. 无产阶级文学运动新的情势及我们的任务——左联

6. 拥护苏维埃区域代表会宣言——社联

文化批判　存第5号

不著编者，出版年月，本期封面题"文化"。

报本　25开本　150页　1册　6.—

内容：1. 谁能打倒帝国主义？——初梨

2. 唯物史观的构成过程——彭康

3. 德模克拉西论——朱镜我

4. 国际政治之最近形势——马公越译

5. 唯物辩证法精要——李初梨译

6. 日本帝国主义的研究——吕桁

7. 中国农民问题的出路——静英

第　页

20×20=400(横文)

8. 支那人自杀了（剧）——冯乃超

9. 民众哟！民众！（诗）——冯乃超

10. 浪漫主义的爱苦（小说）——李铁声译

環球（旬刊） 存第1、2、3、5期

環球旬刊社编辑（社址：上海小沙渡路804号）

1929年12月10日创刊。 报纸，32开本 4册 10.

第1期内容：1. 国际时评

2. 国际政治及经济

3. 帝国主义战争危险

4. 各国工农状况

5. 殖民地状况

環球半月刊 存第2卷第2期 （1930年8月10创刊）

環球编辑社编辑（上海）：1930年8月15日出版。

报纸 16开本 2册 500

第1期内容：

1. 国际政治经济总形势——慧素

2. "八一"运动之意义及其经过——赫林

3. 贫苦农民的斗争——丽华

4. 苏维埃经济运动——耶可夫莱夫

5. 建设期中的职工会任务——塞维尼克

6. 工业五年计划之实现——库比谢夫

(续文)

第　　页

20×20=400

8. 支那人自杀了(剧)——冯乃超

9. 民众哟！民众！(诗)——冯乃超

10. 浪漫主义的发展(小说)——李铁声译

環球(旬刊) 存第1、2、3、5期

環球旬刊社编辑。(社址：上海小沙渡路804号)

1929年12月10日创刊。 报本，32开本 4册 10.

第1期内容：1. 国际时评

2. 国际政治及经济

3. 帝国主义战争危险

4. 各国工农状况

5. 殖民地状况

環球半月刊 存第2卷第2期 (1930年8月10日创刊)

環球编辑社编辑(上海)：1930年8月15日出版。(15 corrected to 10)

报本 16开本 2册 500

第2期内容：甲. 国际时评

1. 欧洲联邦是何意义？——记者

2. 荷兰法西斯蒂底狂暴——慧素

3. 上海法商水电罢工与反帝国主义——记者

4. 搜查TASS通信社与苏联商务官寓所之国际意义——记者

乙. 各国共产党

20×20=400(学文)

41. 附4

1. 英国党的印刷任务——CI

2. 法国党的印刷任务——CI

3. 联共十六次大会的开幕——通信

4. 对联共中央的报告的决议——CI

丙 反右倾斗争

1. 关于第三时期之右倾分析的错误——慧素

2. 向右倾开火——真理

丁 反社会民主党

1. 国际社会民主党之法西斯蒂化——丽华

2. 印度独立运动与第二国际——成萬

戊 中国革命

1. 苏区第一次全国工农兵贫民苏维埃大会宣言

国际月刊 计第1卷第1期

国际月刊社编辑 1930年7月创刊.

内容：1. 目前国际政治形势的分析——潘东周

2. 苏联社会主义的建设——刘文

3. 南洋农民的社会与经济状况——王子腾

4. 古巴劳工阶级现状——马退

5. 英国政党的法西斯化——行空

6. 印度劳工运动的发展——慕蕾

第 頁

20×20=400(横文)

7.苏联农业合作社模范章程——子胜

世界（周刊）存第1—9期

世界周刊社编辑（1929年6月28日创刊）。

1929年6月28日—9月1日出版，报纸，32开本，9册 18-

社会科学战线 存第1卷第1期

社会科学战线社编辑，1930年8月创刊。

内容：1.纪念"八一"——郑景

2.中国社会科学家的使命——陈心如

3.社会民主党纲领批判——李一氓

4.评布哈林的唯物史观——陈心如

5.陶希圣的[illegible]的魔手——熊得山

6.两个政权的对立——瞿平子。

新思想月刊 存7月号

新思想月刊社编辑，1930年7月15日出版

内容：1.一条改良主义者的出路——郑景

2.俄国革命中之托洛斯基主义——坚平

3.民族解放运动之基础——谷荫

4.苏联文化事业的概况——家钰

5.中国经济的现状及其前途——赖田

6.资本主义的运动法则——王昂

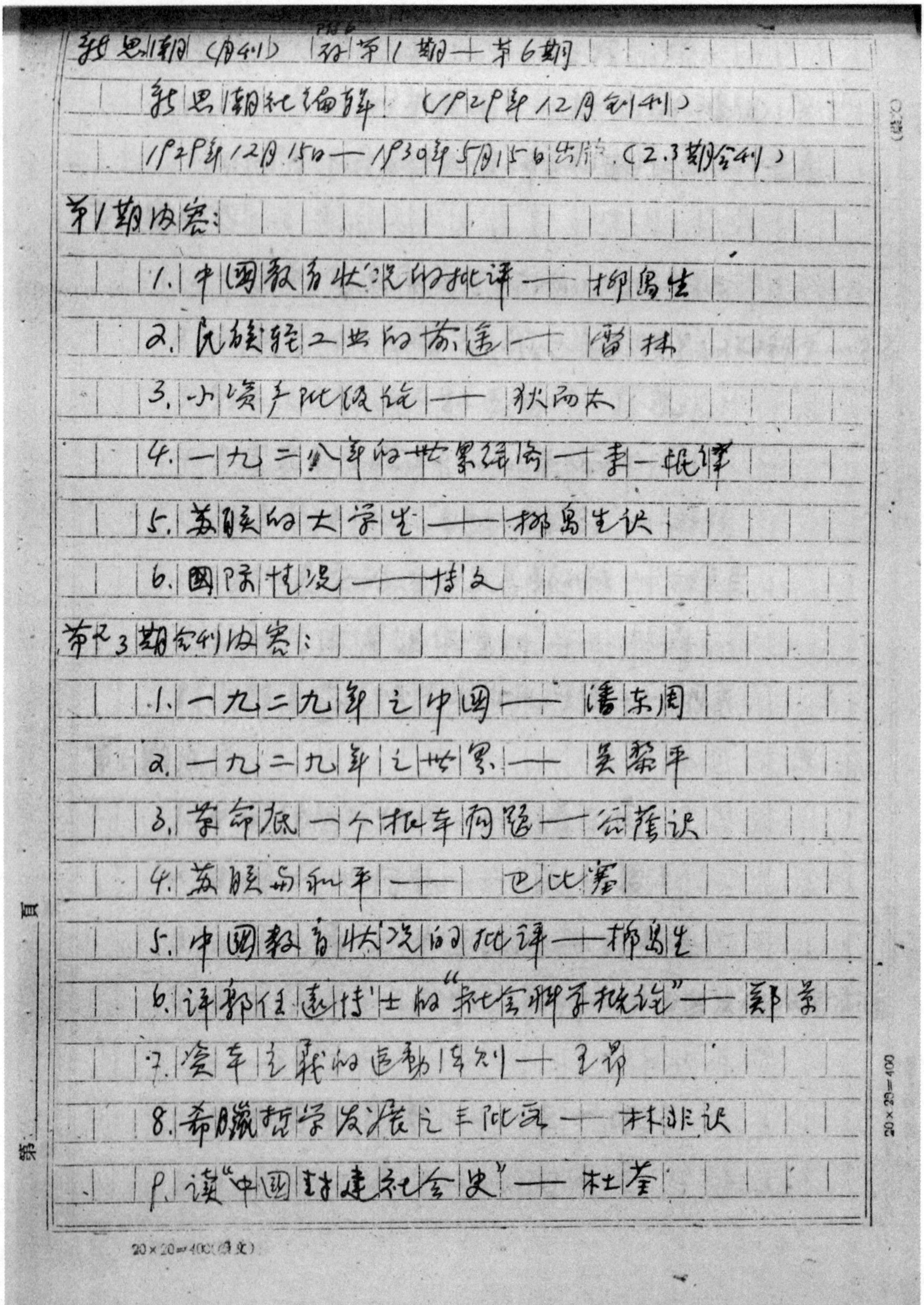
新思潮（月刊） 存第1期—第6期

新思潮社编辑（1929年12月创刊）

1929年12月15日—1930年5月15日出版（2.3期合刊）

第1期内容：

1. 中国教育状况的批评——柳岛生
2. 民族工业的前途——曾林
3. 小资产阶级论——狄西太
4. 一九二八年的世界经济——李一氓译
5. 苏联的大学生——柳岛生译
6. 国际情况——博文

第2.3期合刊内容：

1. 一九二九年之中国——潘东周
2. 一九二九年之世界——吴黎平
3. 革命底一个根本问题——谷荫译
4. 苏联与和平——巴比塞
5. 中国教育状况的批评——柳岛生
6. 评郭任远博士的"社会科学概论"——郑景
7. 资本主义的运动法则——王昂
8. 希腊哲学发展之三阶段——林非译
9. 读"中国封建社会史"——杜荃

20×20=400（稿纸）

10. 二本国家论的介绍——谷荫

11. 1905年—1907年俄国革命史——潘文郁译

12. 1929年中国关于社会科学的翻译界——君素

第4期内容：

1. 中国社会到底是什么社会？——丘旭

2. 反科学的马克思主义，还是反马克思主义的科学？——王昂

3. 新文化运动与人权运动——彭康

4. 马克思主义精粹——吴黎平

5. 领事裁判权之"自动的撤销"——谷荫

6. 银价暴落的原因及其影响——郑景

7. 评"学生团体组织原则"——牛犇

8. 谈郭真先生的"中国农民问题"——胡平

第5期内容：

1. 中国经济的性质——潘东周

2. 中国土地问题——吴黎平

3. 帝国主义与中国经济——向省吾

4. 中国资本主义在中国经济中的地位其发展及其前途——王学文

5. 中国劳动问题——李一氓

6. 中国商业资本——向省吾

7. 中国历史上两次最大的农民暴动——郑贤

8. 书评 ①评中国土地政策——吴黎平
②评中学生——马训政

9. "五一"革命之意义——L

10. 由"三一八"说到学生与政治——朱彝

11. 巴黎公社之政权教训——李德谟

12. 统一识读草案——编辑部

第6期内容：

1. 军阀混战的社会基础——黎平

2. 改组派在革命现阶段上的作用及其前途——谷萨

3. 马克思主义之批评的批评——郑贤

4. 反科学的马克思主义，还是反马克思的科学（续）——王节

5. 什么是民生史观？——谷萨

6. 军阀混战成绩一览——朱破云

7. 工人政党土地政纲的修正——谷萨译

8. 文明是建筑在资产制度之上吗？——丑英

9. 编辑后记——编者

末首编者小话："……应当继续'五四'运动及'五卅'斗争之革命精神，在中国无产阶级领导之下起来打倒一切新旧军阀势力，批评改良欺骗的倾向……。"

第　页

20×20=400（禁文）

附：① 艺术剧社为反抗当局被抄封、逮捕、出版公告。

（艺术剧社於1930年4月28日被抄封）

② 戏剧运动联合会为艺术剧社被封事告国人。

人言半月刊　存第1—5期

人言半月刊社编辑（1928年创刊，每月1日15日出版）

不著出版日期，1—4期为25开本，第5期改32开本，5册，10。

社址、通讯：北平景山东街7号北大二院殷卓宏转。

创刊号有启事云："……本刊定期出刊，纯以社会科学为内容。将来每二月出文艺专号一期，于这方面的外来稿件，本刊都挚诚地欢迎。"

第1期内容：1. 致一切努力的人们——林玄华

2. 一九二八年的国际形势总结束——殷卓宏

3. 历史的唯物论——吴裂丝

4. 知识阶级的生活问题——范敦肇

第2期内容：1. 帝国主义的世界独占形态——殷卓宏

2. 唯物论与批判论的序论——狄慈根著·田森译

3. 我们当把着时代的喜讯——文寒江

4. 研究社会科学前的几个基本概念——蔡銮

5. 历史的唯物论——吴裂丝

第3期内容：1. 我爱你——敦肇

2. 婴儿——曦之

20×20=400(横文)

3. 最后的战内诀别话——曦之

4. 梦——蔚鉴

5. 桃色变成深红——徐紫琇

第4期内容：1. 美帝国主义的世界独佔形态——殷草宏

2. 辩证法的根本方法与唯物史观的争——高儒

3. 思想与环境——东崖

4. 唯物论和经验批判论的序论. 狄波林著 田森译

5. 石油战争与苏俄——富士辰马著，敦攀、李施译

6. 书报的介绍与批评，经济学概论——李思中

第5期内容：1. 从资本主义到帝国主义的史本——冈田宗司著 力工译

2. 辩证法的根本方法与唯物史观。中国经济的出路

——殷草宏

3. 新经济政策以后七年来苏俄生产之发展

——蔼若野

4. 日本通讯

（本期1928年3月出版）

生存月刊　存第4卷第6号（反战特号）

中国生存学社编辑（上海）1933年10月1日出版

报纸　25开本　175面　1册　2.

本刊内容：论著、文艺、创作、转载、文摘。

本期有 许涤新之帝国主义对第二次大战之准备

钱杏邨之反帝国主义文艺述评。

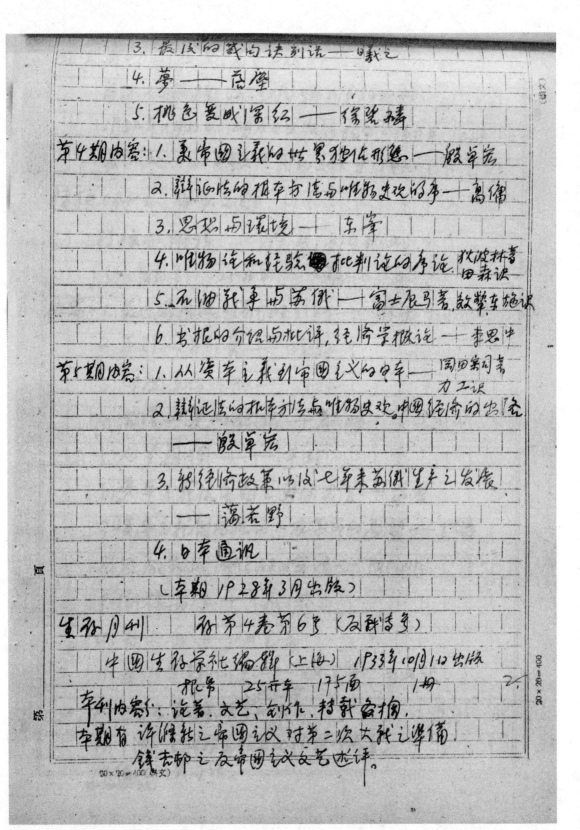

自决旬刊．存第1卷第2期4.5.合期

自决社编辑．（1932年1月30创刊）

1932年1月13日、2月11日出版．报纸，16开本　2册　2.-

通讯处：北平平大法学院，北大第19斋．

精换（月刊）存第2期

精换社编辑　1931年1月1日出版．

报纸．25开本　96面　1册　2.-

内容：1. 最近两週政治经济的分析——行子

2. 苏联反革命案——撑鄰

3. 印度革命运动——林林

4. 台湾事变的总结——启晤

5. 人生问题——手跨

6. 资本主义没落期之国际关係——英鲁

7. 资本主义底危机与工农革命的高潮——洪涛

8. 目前失业问题的检讨——Fonlon

9. 冲锋陷阵——飞沫

10. 告士兵——伊里奇

11. 我们要干下去——伊里奇　雨云识

12. 中国左翼作家联盟北平分盟的成立

13. 中国社会科学家联盟北平分盟的成立。

14. 编後的几句话。

20×20=400(燕文)

近代评论　存创刊号

近代评论社编辑　1931年6月16日创刊.

内容：1. 发刊词——废止内战运动——任锡章

2. 停战协定的意义——王芸彬

3. 乱世忠信——丁布衣

4. 同路人抑异路人——鲁心

5. 苏联与日本——记者

6. 愚人的平民文化——波衣

7. 多瑙河经济联盟之意义——流光

8. 战争专门家的大曝露——克华

9. 狄聂浦上世界最大的发电机——笙译

10. 各国工人的反战运动——林康译

西北问题　存第1.2号

西北问题社编辑（1932年7月22日创刊.）

1932年7月22日、10月9日出版.　报纸.　16开本　~~2册~~　2.—

本刊通讯处：北平平大、中大。

现实（週刊）　存第1卷第2期第6期

现实週报社编辑　1931年11月14日、12月12日（上海）出版.

报纸　16开本　2册　1.50

~~现实[illegible]　存第2期~~

岭声（月刊） 存第2期

岭声社编辑 （1926年4月1日创刊）

1926年5月1日出版. 报纸. 32开本. 1册 3.-

按岭声社为青年运动的团体组织。

台州评论. 存第3期

上海大学台州同乡会出版编辑 1926年4月1日出版.

报纸. 32开本. 21面 1册 4.-

内容：本期为北京惨案专刊（惨案发生于1926年3月18日）。其出刊宗旨有三：

1. 代表台州同学对北京被难同胞表示哀悼和敬意。

2. 唤醒台州民众了解这次新华门前大流血的内幕和意义。

3. 希望台州民众认清敌人——帝国主义及其工具——军阀，群起为北京民众后盾。

政治生活周刊 存第49期—52期

政治生活社编辑. 1925年9月2日—9月23日出版（每期星三出版）

报纸、16开本 每期5页—9页. 4册 20.-

第50期为反帝国主义运动周及国际少年日特号。

警士良友 存第2期

广州市公安局政治室宣传科编辑. ?年10月7日出版.

报纸. 32开本. 20面 1册 4.-

14

民锋（半月刊）　存第8期

民锋社编辑　1925年6月27日出版

通信处：上海大学毛尹若转。　根第32卉本　1册　5

内容：1.我们的话

2.本刊的使命

3.五卅事件

4.五卅惨案与中国民众

5.不合作

6.帝国主义与暴行

7.马克思与无政府主义者。

民众（半月刊）　存第1—5期

民众半月刊社编辑　1925年4月1日创刊。

通信处：武昌师范大学黄警自转。本期为"追悼孙文专号"。

有编辑信说云："民众第一期，原拟出'讨国家主义号'，后以鸣出十四期'追悼孙文专号'，莫之高根本印，鸣出能有全体加入民众半月刊社，作为民众第一次出刊的材料。……"。后于1925年5月15日又出版第1期，本期有：本刊宣言。

通信处：上海大学朱尹若转。第5期为'援助沪案专号'。

根第32卉本　6册　30

星期评论　存第1号—47号。

20×20=400（横文）

第　　页

星期评论社编 (1919年6月8日创刊)

1919年6月8日—1920年4月25日出版. 报纸. 8开. 共47期 100.—

内容有:孙文撰"中国实业当如何发展"、

林云陔撰"唯物史观的解释"、

廖仲恺撰"革命的继续"等文章。

新生活周刊 存第11、12期

新生活报社编辑 1919年11月2、9日出版.

报纸 32开本 每期22面. 2册. 1.—

社址:北京后门内东高房17号。

平民导报 存第5期(觉悟号)

平民导报社编辑部编 1920年2月出版.

报纸. 32开本 42面. 1册 2.—

内容有:"闢爱国主义"、"女子的革命态度"、"社会主义[illegible]义"、"托尔斯泰的名论"、"克鲁泡特金之为人及其言论"、"旧社会的怪物"、"平民自决"、"女子解放的修养论"、平民看书问题等13篇文章。

孤軍(月刊) 存第1卷第3期

孤軍杂志社编辑 1922年11月15日出版.

报纸 32开本 1册 2.50

北京读书协进会季刊 存第1、2期

20×20=400(京文)

北京协进会出版股编辑. 1923年出版.

报纸 16开本 2册 3.-

人道 (不定期刊物.非卖品) 系纪念五卅死伤者特刊)

上海基督教文字事业同志会编辑. 1925年6月30日出版.

报纸 16开本 8面 1册.

反基督教周刊 存第3—8期 (广州民国日报附刊之6)

广东反基督教大同盟编辑. 1925年2月创刊.

报纸 16开本 每期4页. 6张 3.-

农林半月刊 存第2、3、期. 号外. (广州民国日报附刊之8)

农林学社编辑 1925年3月创刊. 每星期三出版.

报纸 16开本. 每期4页 号外8页.

第2期为"孙中山先生纪念号".

第3期为"中国的农民运动"。

号外为"植树日"。

影戏周刊 存第13期 (广州民国日报附刊之7)

广州影戏周刊社编辑 1925年2月创刊.

报纸 16开本 每期4页 .50

按:广州民国日报附刊九种为:①文学周刊. ②科学周刊 ③孙文主义研究

④经济周刊 ⑤平民周刊 ⑥反基督教周刊

⑦影戏周刊. ⑧觉声周刊 ⑨农林半月刊

经济週刊　存第4、5、8、9期　（广州民国日报附刊之4）

经济週刊社编辑　1925年2月创刊

报纸　16开本　每期4页　共4期

第4期为"妇女特号"

第5期为"孙中山先生纪念号之一"

第8期为"孙中山先生纪念号之四"

第9期的内容：1. 中国的关税问题——吴求哲

2. 社会思潮之一瞥——荣光

3. 欧洲的大债——李宝同

4. 国际帝国主义侵略中国之新局势——朱剑

科学週刊　存第3—9期（广州民国日报附刊之2）

科学週刊社编辑　1925年2月创刊

报纸　16开本　每期4页　共8期　4.

第3期内容：1. 吴金衡之分音读——胡说卿

2. 热流中牛顿定律之三例——梁伯衡

3. 化学之统化与稀素——陈宝和律

第4期内容：1. 经典力学中之相对律——林柏生

2. 吴金衡之分音读——胡说卿

3. 生物发生之实验研究——梁宗能

4. 锺钉——氯体液化——编者

第5期："孙中山先生纪念之一"。

第6期：孙中山先生纪念之二"。

第7期：孙中山先生纪念之三"。

第8期：1. 经典力学中之相对律(续)——林柏生

2. 安全阀之字营读——胡说佛

3. 生物发生之实验研究——潘念能

宣传册线　　存政字第1号第3号

不著编者　1925年9月21日 10月4日出版

报纸　32开本（第1号16面 第2号15面）2册 30.

第1号内容为："最近广东政治问题研究"。

第2号内容为：论述东江战事的政治分析及政治工作。

非基督教(旬刊)　存第1.2.5期

大夏大学陈宰直编辑　1925年11月1日创刊

1925年11月1日、11日、12月25日出版

报纸　32开本　每期16面 页码通号 3册 15.

本刊内容：宣传教会学校是帝国主义文化侵略弱小民族的先锋队，引起青年群众的反感而排斥之。

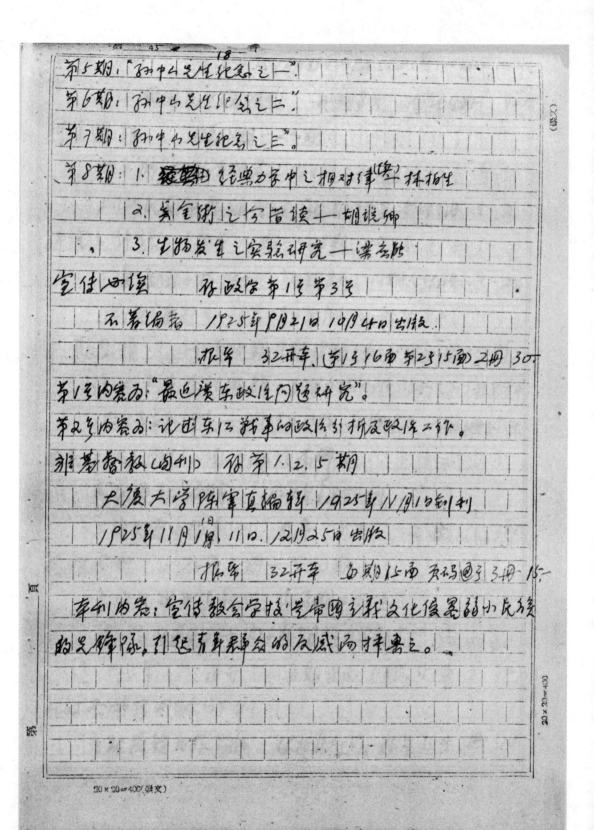

觉悟（日刊）　存民国13年6月18日—9月30日（共100期）

上海民国日报附刊　每期8页，合订4册　100.–

科学周报　存第12期—22期

北京师大科学研究社撰稿（吴秋晖主编）

上海民国日报代印行　每期8页，合订1册　8.–

评论之评论　存第14期—28期

上海民国日报附刊、每期8页　14期合订1册　24.–

1924年6月22日—9月28日出版　报纸8开

平民周报　存第15期17期18期（第209期211期212期）

復大平民学社编辑（民国日报乙种附刊之一）报纸8开

1924年6月28日—7月19日出版，每期8页，合订1册　4.–

平民之友（周刊）　存第4期第13期

平民学社编辑　1924年6月创刊、

上海民国日报副刊　报纸，8开，　2张　5.–

黎明周刊　存第2期—第20期

上海民国日报副刊，每星期日出版

1925年10月10日—1926年3月15日出版

报纸　16开，每期8面，19期合订1本　14.–

山村各种专刊合订本

重庆商务日报出版，1936年印行，报纸16开1册　10.–

20×20=400

京报副刊汇编．存第4册（自第75号—105号特刊第3号）

孙伏园主编．1925年3月1日—3月31日出版．报纸．16开　1册．18．

1925年4月印行．

撰文者有：鲁迅、周建人、马叙伦、魏建功、舒新城、

徐志摩、章衣萍、顾颉刚等人。

華中新華书店编辑部编．1948年4月10日華中新華书店出版．

报纸．32K　　1册　　50

时事週报　存第33、35、38、40期（4期）

1947年5月1日创刊．　报纸 4K 油印　4張　6

反攻杂誌　存第2期、第5期

華北軍區政治部编印　1948年5月25日、12月1日出版．

报纸　32K．　　2册　　25

（第5期為華东軍區政工会议決议专辑）

浙江潮　存第1期——第10期

浙江同鄉会幹事编辑（光緒29年）1903年正月20日创刊）

1903年正月20日——10月20日出版，日本东京並木活版所印刷．

报纸　25K．　　10册　　120

孫文主義之研究　存第3、4、5、6、7期（廣州民國日报附刊之三）孫文主義研究社编辑．1925年3月6日——4月10日出版．

1925年2月创刊．

报纸．16K．每期8頁．　5册　　10

内容(第4期) 1. 孙文学说驳议之驳议——甘乃光.

(第6期) 1. 地方自治开始实行法——孙中山先生

2. 孙中山先生事略——甘乃光

(第7期) 1. 引伸地方自治开始实行法之管见——李宗诚

2. 民族主义与中国——黄光明

国民革命周刊 存第4期—第7期

孙文主义学会编辑. 1925年10月27日—11月26日出版([illegible])

报纸 16K. 每期 14面. 4册 10.

(孙文主义学会地址: 广州维新北路大佛路)

革命周报 存第18期、20期—30期

革命周报社编辑 1927年8月28日、9月18日—11月20日出版

报纸 32K. 1册 12.—

革命 存第22期—30期

革命周报社编辑 1927年9月—11月20日出版.

报纸、32K. 合订 1册 10.

春江潮 存第1期

北京革命青年社出版. 1927年4月10日创刊.

广州劳动合作社印 报纸 28K. 32面 1册 2.—

革命工人(周刊) 存第1卷第6号 (每逢星期日出版)

中国国民党中央执行委员会工人部编印. 1927年6月5日出版.

报纸 16K. 16面 1册 3.—

内容：1.克复郑州的意义——丁振亭

2.中国国民党所代表的是什么？（续）——陈公博

3.中国劳工运动的倾向及方法——张纵

4.美国工人对于中国革命运动的态度及美国工人运动未来的观察——美国佐治·布老打德著，薛修、刘行骅译

5.日本劳工运动——太平洋劳动会议日本代表报告。

6.中国国民党中央执行委员会对各级党部训令。

7.工人消息。

宣传周刊 存第5期 （[illegible]）

中国国民党湖南省党部宣传部编印

1927年1月21日出版。报纸 32K. 26面 1册 4.—

~~湖南工人周刊 存创刊号~~

~~中国国民党湖南省执行委员会工人部编辑。~~

~~1927年4月23日出版。~~

广东省党部代表大会日刊 （存创刊——第5号）

代表大会编。每日1张，4K. 4张 60.— 广州

内容：第1号封面为毛泽东撰"发刊词"。其它为有关党务、工运、农运等工作报告及代表大会情况。

20×20=400(横文)

广西省第2次代表大会日刊　存第2—7号

大会编辑.　1927年3月16—21日出版.

封皮为甘乃光题签，有孙总理遗像.

报纸　16K　6册　18.—

浙江周刊　存第4—11期

中国国民党浙江省党部编印　1924年6月22日—8月17日出版.

第7期载有孙总理(国民党改组说)对讲习所开学训词。

8期合订　1册　5.—

平民周刊　存第1、4—8期　(广州民国日报附刊之一)

中国国民党中央青年部平民教育委员会编辑.

1925年2月创刊.　报纸　16K.　每期8面　3.—

内容：(第4期)有"我们平民的慈母死了"(寸心)等七篇文章，都是为纪念孙中山先生而作。

(第5期)有平民教育与国民革命(寸心)等九篇文章

(第6期)有"五一劳动运动和平民教育运动"(谢清)等文章，及民歌七首

(第7期)有中国国民党国旗"一象征(谢清)及民歌5首.

(第8期)有亡国奴为什么不敢称"一品大百姓"(杂文)及童歌童谣七首。

平民(周刊)　存第27号　(每星期六出版 4K 1张)

1920年11月20日出版。报纸 4K 1张 2.-

本刊社址：上海徐家汇复旦大学内。（非卖品）

内容：研究平民社会问题。

本期有：1.合作研究。2.合作社章程。3.美国合作社。—朱承洵

革命生活（旬刊）存第5期

中国国民党广大特别党部编辑。1926年4月25日出版

报纸 16K。16面 1册 3.-

本期首篇为沫若先生"我来广东的志望"。

广东各级党部党务政治报告 存第1期

中国国民党广东省党部宣传部编。1927年8月[illegible]出版

报纸 16K 1册 0.80

商民运动（旬刊）存第5—8期

中国国民党中央执行委员会商民部编印

1926年10月11日、21日、11月1日、15日出版。

报纸 32K。 4册 10.-

广东商民 存第1期第3期

中国国民党广东省执行委员会商民部编印

1926年12月25日创刊。第3期1927年1月20日出版

报纸 32K。第1期28面，第3期20面 2册 5.-

第1期有曾献声撰"发刊词"。

20×20=400(稿纸)

唤起（半月刊） 存第2期《总理诞辰纪念特号》

中国国民党广西省执行委员会宣传部编辑

1927年11月12日出版. 报纸 32K 1册. 2.–

党声周刊 存第53、57—66期（广州民国日报附刊九种之一）

中国国民党宣传部党声周刊社编辑.

1925年3月30日—6月29日出版. 报纸 16K 合订2册 8.–

（每期8面）

中国国民党周刊 存第2卷第5、6期合刊.（~~中华民国开创纪念特刊~~）

中国国民党周刊社编. 19[illegible]年11月1日出版.

报纸 16K. 1册 1.–

中国国民党周刊. 存中华民国开创纪念特号

1927年1月1日出版. 报纸 16K. 1册 2.–

反日周刊 存第1—6期

中国国民党广西省执行委员会宣传部编印

1928年5月19日创刊. 报纸 32K. 3册 6.–

第6期刊载冯玉祥撰对联一首曰："三点钟开会，五点钟到会，是否真正革命精神；半桌子饼干，一桌子水果，忘记前敌饿寒战士"。

民众 存第2期 第3期 （第3期为双十节号 字被套印红）

中国国民党广西省党务指导委员会宣传部编印.

1928年8月25日、10月5日出版. 报纸 第2期33面. 2册 6.–

32K 第3期40面.

20×20=400(稿文)

中央週报 存第8期

中国国民党中央执行委员会宣传部编印. ~~每出版年刊~~.

1928年7月30日出版. 报纸. 16K. 1册 .50

中央半月刊 存第2卷第4期

中央执行委员会宣传部印行. 1929年2月1日出版.

内容有 布哈林——共产国际第六次大会的总结.

恽代英、施存统——封推中国革命的理论. 等七篇文章。

报纸 16K. 1册 15.—

中央党务公报 存第5卷第1期第16期第17期.

中国国民党中央执行委员会秘书处编印 1943年(重庆)出版

土纸 16K. 3册 6.—

封面印有"党内刊物 对外秘密"字样).

先锋半月刊 存第1期 (另有先锋日刊)

国民革命军第二军军官学校政治部编印

1925年11月出版. 报纸 32K. 46面 1册 5.—

内容包括政治、军事、社会科学、农工商等各类文章。

革命军　存第2、6、7合刊、8、9、13—15期。

广东黄埔陆军军官学校特别区党部革命社编辑

1925年—1926年出版　报纸　32K　7册　48.—

第6、7合刊内容：1. 五月谐布。

2. 五月论文。

3. 革命论坛

4. 东征战报

5. 我们的纪者

6. 章琰遗稿

7. 附载

文前有孙中山先生玉照、列宁像、蒋介石像、廖党代表（仲恺）像、图数。

第8期内容为追悼廖党代表特刊。（1925年9月20日出版）

文前有铜画6页，照片3页。（全文80面）。

第10期内容有恽代英撰"党纪与军纪"聂荣臻撰"苏联红军的新首领"等文章，并有北京临危时之总理像、本校援助省港罢工宣传队摄影铜画。（全文82面）另列编识为芷

黄埔（旬刊）　存第5、6期

黄埔同学会编印。1926年11月20日、30日出版。

报纸　16K。　2册　8.—

第5期内容为："孙总理诞期纪念日黄埔同学会驻汕分会敬告各界同胞书"

第6期内容为："告本校分校同学书"。

黄埔潮画报　孙总理诞生纪念特号

　　黄埔同学会编　1926年11月12日出版

　　　　道林纸　4K　1张　　　　3.-

黄埔潮半周刊　存第1期

　　驻粤黄埔同学特别委员会宣传科编印，1927年4月23日出版。

本刊内容反动，首为贾伯涛的"发刊词"，有"处置各地共产叛乱分子密文"。封底印反共口号。

　　　　报纸　16K　1册　　　　4.-

黄埔潮周刊　存第2期—7，10—26期

　　黄埔同学会宣传科编辑　1926年7月31日—1927年7月8日出版。

　　　　报纸　32K，16K　开本不一　23册　50.-

本刊为黄埔学生发表言论及代表黄埔学生革命行动之机关刊物，所载文章及言论都是强调国共合作，军民一致反对军阀。

第5期内容：该刊载廖仲恺先生的事略和纪念文章。

第20期有邓演达总政治部欢迎会中之演说词。

~~民声周刊　存第8、9、10期~~

第24、25期合刊（新年号，1927年1月19日出版103面）

内容：1. 国民政府的组织与工作——谭延闿讲，李元杰记
2. 一年来的国际政治概论——廖尚果
3. 一年来的中国民族运动——孙炳文
4. 一年来帝国主义在华势力之暗斗及其崩析——萧楚女
5. 一年来中国白色之恐怖——渝南会
6. 一年来中国政局的变迁述略——游步瀛
7. 一年来之工农运动——任卓宣（即叶青）
8. 农工行政与农工运动——甘乃光
9. 一年来之广东农民运动——罗绮园
10. 一九二六年的中国学生运动——郭寿华
11. 黄埔同学会十五年度的宣传工作
12. 中央军事政治学校现状

先声（旬刊） 存第8、9、10期

中央军事政治学校入伍生部政治部编印

1926年9月21日—10月10日出版

报纸 16K 每期4页 3册 12.-

党刊 孙总理周年纪念号

国民革命第一军第一师师党部印行

1926年3月12日出版 报纸 16K 1册 3.-

8.-

本期首篇文章為周恩來撰"紀念总理及孙文主義(一)"。

~~黄埔潮(半週刊) 存第1期~~

黄埔日刊　存1927年1月1日新年号—4月15日共11期。

　　中央軍事政治学校编印　报纸4K　11张　26.—

黄埔生活(週刊)　存第5期第6.8期

　　中央軍事政治学校政治部编印　1927年6月19日—7月出版

　　　　报纸　32K　3册。　4.50

尖兵週刊　存第1期—第5期、第8期—第10期、第12期、

　　第四十、四十四軍講習所尖兵週刊社编辑。

　　　　1927年10月30日—1928年3月6日出版。

　自第9期改為第四十軍军官讲習所尖兵週刊社出版。

　　　　报纸　32K　9册　12.—

党軍半月刊　存第5.7期

　　中央陸軍軍官学校政治部编辑部编辑

　　　　1928年9月16日—10月15日出版。报纸32K.2册　3.—

黄埔党務週刊

　　黄埔軍事学校宣传科编。

　　　　1929年8月26日出版。报纸25K.　1册　1.—

革命与戰鬥週刊　存第2卷第15.16期、第3卷第4—8.10.13期

　　中央陸軍軍官学校政训处编

　　　　1933年12月14日—?出版。报纸32K.　9册　9.—

五七月刊　存第1、3、4、5期

五七团编辑部编辑　1926年9月25日创刊

报纸　32k.　4册　8.-

按"五七月刊"是由五七团编辑出版，五七团的定名，是以民国四年五月七日国耻日定名。其团员多是无锡一些不甘受压迫的商人，如华秦山、倪尧等人。

本团宗旨：以永远不买日货，不用日币，不与日人交接，以交换智识，以唤醒国民爱国为目的。

中国军人　存第4期第6、8、期

广州中国青年军人联合会编印

1925年4月20日、8月14日—出版　报纸　32k.　3册　15.-

第4号（为中山专号）52面，第6号48面。

第6号内容有：

1. 中国青年军人联合会委员宣言

2. 五月纪念週中不可忘记之三大伟人——马克思、列宁、孙中山。

3. 反共与反革命……等共17篇文章。

前后封内有启事曰：本会欢迎关于军事调查之投稿，并附军事调查表。本刊以团结革命军人统一革命战线，拥护革命政府，宣传革命精神为主旨……。

20×20=400(縱文)

中国青年军人联合会会址：广州大塘小东街。

中国青年军人联合会周刊 存第24、28、29期

中国青年军人联合会中央执行委员会编印。

1926年3月2日、3月29日、4月5日出版。

报纸 4K 3张 30.

第24期刊登："革命军人应该援助罢工工友，全中国革命军人联合起来打倒帝国主义"。

中国国民党国民革命军第七军特别党部半月刊 存第6期

本刊编辑部黄剑鸣、甘普群等编辑。

1926年9月30日出版。报纸 16K 90面 1册 4.

内容分：1.论说 2.讲演 3.论文 4.士兵投稿 5.党务特载 6.专载 7.国内外大事记 8.省内要闻。

政治讲演大纲 存第1期

国民革命军第廿七师政治部编辑。1926年3月出版。

报纸 28K. 1册 .50

内容：1.为什么来当兵

2.当兵为什么要爱护百姓

3.军人为什么要入党

4.总理逝世后各方面观

5.总理革命简史

戰士週報 存第18期
湖南戰士社编辑 1926年9月12日出版
报纸 16K 8面 1册 3.-

革命軍人 存第1期—第7期
国民革命军第七军革命军人编辑处编.
1926年10月15日出版 报纸 16K. 1册 1.50

軍人週報 存第11期
中国国民党中央军人部编 1926年11月15日编
报纸 16K 1册 1.50

海涛(週刊) 存第1—6期
国民革命军总司令部海军处政治部宣传科编印.
1927年5月创刊. 报纸. 16K. 6册 12.-

士兵俱乐部 存第57期
国民革命军总司令部政治部革命军日报社编辑.
1927年1月22日出版. 报纸. 16K. 8面. 1册 1.50

一週时事述评 存第12、13期
国民革命军总司令部政治部编印
1927年3月5日、14日出版, 报纸. 16K 2册.

群力旬刊 存第4期
国民革命军第四军政治部地方协进处编纂委員会编.

1927年2月10日 广州、九曜坊印.

报纸 32K. 22面 1册 2.-

内容分: 1.时评 2.论著 3.特载

四军週报 存第8期 (纪念十七专刊)

四军週报社编 1927年2月出版

报纸 16K 16面 1册 1.-

前敌特刊 存第1期

国民革命军前敌总指挥部政治工作人员训练班编辑.

前敌週刊社发行. 1927年2月4日创刊.

报纸 32K 1册

内容: 1.军纪与党纪——张其雄

2.国民革命军之政治工作——熊受暄

3.军队中政治工作的方法——恽代英

4.士兵之政治训练——顾仲起

5.我们怎样做民众运动——陈叶平

6.我们要看些什么书——恽代英

政治丛刊 存第1.2.期

国民革命军总司令部政治部编印. 1927年2月27日创刊

1927年2月27日. 3月6日出版 报纸 16K. 2册 6.-

广东地方武装团体训练员养成所週刊. 存第3期.

本刊编辑　　57　页

（阿表兼倚譯）1927年5月28日出版　报纸　16K　1册　4.—

国民革命军广东守備军干部教导队旬刊　存第2期

干部教导队编委会主编　1927年3月25日出版

报纸　16K　1册　2.—

内容分：时事述评、特刊、专载、论说、文艺。

警衛週刊　存第5—10期

广东地方警衛队编练委员会编

1928年7月4日—11月16日出版　报纸　16K　6册　3.—

通讯月刊　存第10、11期合刊（纪念品）

广东地方武装团体训练养成所编

1930年8月1日出版　报纸　16K　1册　.50

抗日特刊

国民革命陆军[illegible]第一师政治训练处编印。

1931年12月20日出版　报纸　16K　150面　1册　1.50

第　　页

反帝国主义运动大联盟会刊 存第9期 （非卖品）

本会编辑 1925年5月10日出版。报纸16K 8面1册 2

内容：1. 本联盟招待国民会议促成会全国代表的欢迎词

2. 反帝国主义大联盟对于时局的第二次宣言

3. 反帝国主义大联盟对于时局的第三次宣言。

4. 江西反帝国主义大联盟通电

5. 北京各团体通电

6. 四川反帝国主义大联盟成立通电

7. 本联盟援助上海纱厂罢工同志电。

8. 为溥仪渡日警告日本公使函

9. 本联盟援助汉口人力车夫电

10. 本联盟第9—12次执行委员会会议结果。

11. 上海反帝大同盟致孙段电

12. 列宁主义与反帝国主义——胡南湖。

通信处：北京地安门慈慧殿胡议员鄂公转。

抗争（又名外交评论）周刊 存第2、3期

抗争周刊社编辑。（1932年3月1日创刊，每星期一出版）

报纸 32K。 2册 1

本刊内容，主要是评论評論"九一八"后之外交政治。

国魂（月刊） 存第1期

不著编者。1915年1月8日创刊.

报纸 32K. 1册

五三（不定期刊）存第1号

上海基督教徒济案后援会编印. 不著出版年月

报纸 16K 1册 3.-

本期主要介绍日军残杀我国同胞之惨状。

三一八. 存第5.6.期

宁波京案后援会编印. 1926年5月21日.30日出版.

报纸 32K 每期8面. 2册 8.-

八三一惨案特刊

芜湖反日八三一惨案后援会宣传部编印

1928年9月15日出版，报纸 25K. 1册 50

民国日报 存1919年3月18日至五月27日的

每份三张，共47份（革命博物馆藏） 47.-

中国青年週刊存第1期—100期

中国青年社编印 1923年10月20日创刊.

报纸 32K 250.

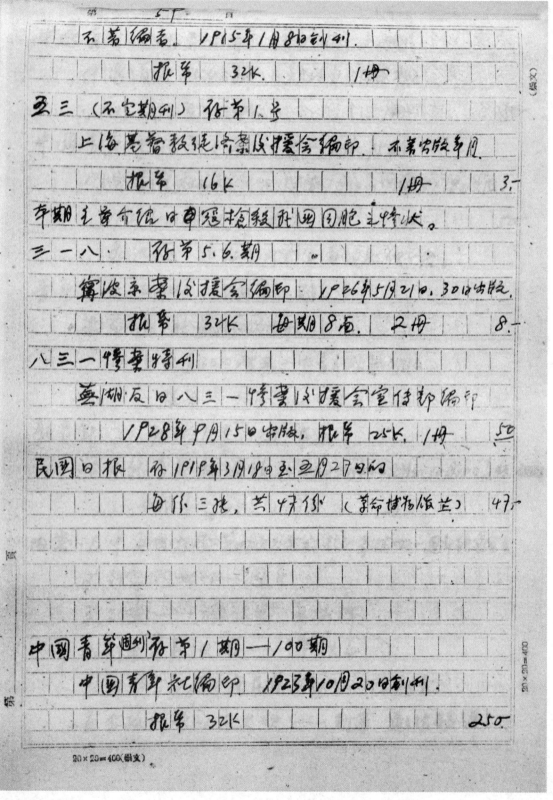

第 60 页

中国青年汇刊第1集 第1期—25期

中国青年社编辑 1926年5月第7版.

报纸 32K. 1册 50.

中国青年汇刊第3集 第51期—75期

中国青年社编辑（1924年11月10—1925年4月18日出版）

1925年8月印行 报纸 32K 1册 50.

通讯处：上海小北门上海书店保一君。

青年之光（半月刊） 存第1期

朱节山 张蕙影编辑

1924年11月30日广东一中青年学社出版

报纸 32K 52面 1册 35.8.

新青年 存第1号（列宁号）

广州新青年社编辑 1925年4月22日出版（10月10日再版）

报纸 16K 147面 1册 10.

内容：1. 中国共产党第四次大会对于列宁逝世一周年纪念宣言

2. 列宁逝世的一周年

3. 列宁——猎狄客. 华林译

4. 列宁主义概论——瞿秋白

5. 列宁主义与中国民族运动——陈独秀

6. 专政问题的历史观——列宁 郑超麟译

20×20=400

7. 第三国际及其在历史上的位置——列宁 郑超麟译
8. 社会主义国际的地位和责任——列宁 陈乔年译
9. 列宁主义与杜洛茨基主义——瞿秋白
10. 列宁、殖民地民族与帝国主义——魏琴
11. 列宁与职工运动——郑超麟
12. 列宁与农民——谢文锦
13. 列宁与青年——任弼时
14. 在伟大的墓之前——蒋光赤
15. 列宁年谱——蒋光赤

第2号内容：

1. 孙中山与中国国民革命运动——瞿秋白
2. “二七”前后工会运动略史——张特立
3. 托洛茨基主义或列宁主义——斯大林 郑超麟译
4. 西欧农民运动的前途——马丁诺夫 郑超麟译
5. 1925年之世界形势——任卓宣（叶青）
6. 苏维埃社会主义共和国联合之研究——萧子暲
7. 道威斯计划与世界帝国主义——瞿秋白

第3号内容：

1. 国民会议与“五卅”运动——瞿秋白
2. 国民革命运动中之阶级分化——瞿秋白

20×20=400(级文)

3. 从凡尔赛到洛迦诺 —— 郑超麟
4. 马克思主义者的列宁 —— 布哈林 郑超麟译
5. 印度民族革命运动与工人阶级的奋斗 —— 梳罗达古
6. 马克思通俗资本论序言 —— 李季
7. 战壕断语 —— 屈维它
8. 直那闲话 —— 蒋光赤
9. 革命日志

第4号内容：

1. 北京屠杀与国民革命之前途 —— 瞿秋白
2. 孙中山三民主义中之民族主义与中国国家主义？—— 陈独秀
3. 中国革命中之武装斗争问题 —— 瞿秋白
4. 从洛迦诺到日内瓦 —— 任卓宣（叶青）
5. 新经济政策之第五年与苏维埃政权底下的农民问题 —— 郑超麟
6. 今日的美国 —— 觉奴
7. 马克思主义者的列宁 —— 布哈林 郑超麟译
8. 马克思的家庭教育 —— 季子
9. 马克思主义的历史研究观 —— 卜莫洛夫斯基 王伊维译
10. 战壕断语 —— 屈维它
11. 直那闲话 —— 蒋光赤
12. 革命日志

第5号（世界革命号） 1926年7月25日出版。 12

内容：1.世界革命与中国民族解放运动——陈独秀

2.世界的及中国的赤化与反赤化斗争——瞿秋白

3.国际共产主义运动之目前的问题——季诺维埃夫，郑超麟译。

4.世界职工运动之现状与共产党之职任——洛若夫斯基，瞿秋白译

5.世界的农民政党及农民协会——瞿秋白

6.世界革命与世界经济——刘仁静

7.苏联政治经济概况——斯大林，蒋光赤译

8.英国帝国主义之崩坏与世界革命——尹宽

9.英国大罢工的原因及其经过——剑拔平太，耳怯译。

10.摩洛哥问题及其革命战争——颜[illegible]周

11.历史上的第一次无产阶级革命——巴黎公社，任卓宣译。

12.世界革命年表（战后部份）——屈维它。

13.革命日志。

新青年（季刊）的第4期（国民革命号，革命党自辩[illegible]中[illegible]革命之声）。

广州新青年社编辑 1924年12月15日出版。

规格 16K，142面 1册 10.

本期有彭述之，陈独秀，卫金，郑超麟，瞿秋白，蒋光赤，任弼时，仲武，沫[illegible]，任卓宣等撰译文。

回信说有叙事……"……从1925年1月起重新恢复月刊。

按"新青年"月刊，创刊时原来为"青年杂志"，1915年创刊出版，~~1926年最后停刊~~1916年2卷1号改"新青年"，1920年9月以后它就变成了党的机关刊物，先后由陈独秀李大钊主编，1926年最后停刊。（五四运动期刊介绍）。

又"新青年"月刊：陈独秀主编，一卷名"青年杂志"，1915年9月15日创刊。1916年二卷改名"新青年"，上海群益书社发行。六卷改组编委会，由陈独秀、钱玄同、高一涵、胡适、李大钊、沈尹默轮流编辑。八卷起成立"新青年社"，独立发行，仍由陈独秀编辑。十卷改为季刊，为纯粹的政治刊物（史料索引）。

青年旬刊　存第4号（纪念总理逝世周年专号）

中国青年同志会编印　1926年3月12日出版。

报纸　16K　8面　1册　.50

青年工作（周刊）　存第7、9、11、13期

中国国民党中央执行委员会青年部编印

1926年4月5日——5月17日出版

报纸　32K.　5册　20.

广州青年纪念中山先生特刊（特刊第3种）

广州各界青年纪念总理逝世周年大会编。

1926年3月出版， 报纸 32K 82面 1册 3.—（10.）

内容有：孙文主义之误解——甘乃光
纪念总理者要勿忘总理的革命方略——萧楚女
中山先生逝世后之国民党——邓中夏
孙先生逝世一周年纪念中前途[illegible]——蓝裕业
……等人的文章。

革命青年 存创刊号第1卷第6期
中国国民党中央青年部编辑 1926年创刊。
（第6期1926.10.15出版）报纸 16K 2册 6.—
本刊前身为"青年工作"，载有曾济宽的发刊词。

青年之路 存第14期—30期
岭东民国日报副刊，松荣主编。
1927年3月23日—4月14日出版
报纸 8K 每期2版 9期 6.—
内容：有甘乃光等撰文，特载栏有：孙文主义之理论与实际。

青年旗帜 存创刊号
青年旗帜社编辑，1927年3月26日出版。
报纸 32K 1册 10.
这个刊物是当时指导青年学生和青工运动的刊物，在广东梅县编印，和少年先锋为同时的出版刊物。

20×20=400（横文）

广东青年 月刊，存第1、3、4期

中国国民党执行委员会青年部编印 1927年2月1日—4月16日出版。

报纸 16K 3册 8.—

福建青年 存第2、3期

福建革命青年团编印 第3期1927年1月10日出版，第2期未着年月。

报纸 16K 2册 4.—

现代青年 月刊 存创刊号

现代青年社编辑部编辑 1931年2月5日创刊。

报纸 25K 1册 2.—

本刊专为讨论关于现代青年问题，包括下列各类文章：1.革命理论 2.社会问题 3.科学常识 4.生活指导 5.文艺 6.问题讨论 7.介绍与批评 8.通信 9.读者园地。

本期内容：1.封面画——竹舟

2.贺年辞——本社同人

3.插画——雪林

4.告青年（发刊辞）

5.现代青年人的生活——村亭

6.现代青年的路——戚其戚

7.现代青年的人生观——段階

8. 革命与青年——怀衍

9. 1938年的世界——金尾

10. 封建剥削与中国农民——铭锺

11. 我们能和别个阶级团体合作么？——胡锡声

12. 现代学生杂谈——铭锺

13. 给中学生书（通信）——越

14. 读书园地…… ① 目下的乡村的生活——朱倩影

② 日本文化侵略下之东三省——李继然

③ 早稻田大学的风潮——王小英

15. 布鲁士墓（文艺）.

中国青年（半月刊） 存第6期

延安北门外中国青年社编辑 延安新华书店发行

1939年8月1日出版 土纸 32K 24页 1册 1-

按"中国青年"最早的前身是1922年出版的"先驱"，第二次国内革命战争时期——1927年改版为"无产青年"，1930年又改版为"列宁青年"，都是遭到迫害停刊以秘密出版的。抗日战争时期于1937年在延安复刊，又改名"中国青年"。解放战争时期，胡匪军队进攻延安时停刊，至解放战争后期，又在北京复刊，现在仍继续出版。只是开本由32K改成16K了。

边疆学生联合会丛刊 存第1期

本会编辑部编辑 1941年12月1日出版.

土纸.（双页） 15页 1册 2-

20×20=400（横文）

本刊以鼓吹民气，反对侵略为宗旨。不拘文体。

通信丛刊　存第3期

上海学生联合会出版科编辑　1920年1月15日出版

报纸　32K　29面　1册　1.0

本刊除宣传学术外，还极力宣传抵制日货提倡国货。

市民大学　存第1期（讲义录，经济学科其一）

讲师朱公準讲述　1921年8月市民大学出版部出版

报纸　25K　28面　1册　1.5

本期专门论述世界何以要求社会主义，社会主义能否实现二问题。答案分为二种①是哲学上伦理学上的问题②是经济学上的问题。

北京大学学生周刊　存第2期—16期（每星期日出版）

北京大学学生会周刊部编辑（1920年1月4日创刊）

1920年1月4日—5月16日出版，每期1元版，报纸16开本，每期1元 16本

第10期封面载：1920年3月初第一次开放女同学旁听生查晓园、奚桢、王兰三位女生的照片。

第12期封面载：近世无政府主义者克鲁泡特金的肖像及小传（是年将80岁）。

第14期为：劳动纪念号。

第16期封面载：巴枯宁肖像及小传。

6、反抗侵犯俄罗斯劳工国宣言——别悲

本刊以鼓吹民气，反对侵略为宗旨。不拘文体。

通信丛刊　存第3期

上海学生联合会出版刊编辑　1920年1月15日出版

报纸　32K　12面　1册　1.0

本刊除宣传革命外，还极力宣传抵制仇货提倡国货。

市民大学　存第1期（讲义汇录 经济学科其一）

讲师朱公準讲述　1921年8月市民大学出版部出版

报纸　25K　28面　1册　1.—

本期专门论述世界何以要成社会主义，社会主义能否实现，二问题。答案分为二种①是哲学上伦理学上的问题②是经济学上的问题。

北京大学学生周刊　存第14号（劳动纪念号）

北京大学学生会周刊社编辑　1920年5月1日（劳动日）出版

报纸　16K　24面　1册　4.— 8.—

内容：1.劳动节的祝词——朱谦之

2.“五月一日”与今后的世界——高尚德

3.彻底的劳动运动——列悲

4.劳动者之大敌及其将来之地位——黄绍谷

5.万国劳动民族会宣言——万生

6.反抗侵犯俄罗斯劳工国宣言——列悲

20×20＝400（横文）

7. 我们劳働者在中国内的要求——芳洲

8. 什么是中国今日的劳动问题——缪金源

9. 我们为什么要劳働——敬轩

10. 世界语与工党——列悲

11. 英国劳働组合历史上变迁的大概。

12. 什么是生活?——苐星

13. 罢工、怠工、暴动——瘦影

14. 劳働（诗）——陈友琴

15. 游沪见闻记——蛾山 筱云居士

工学　存第2卷第1期（书口印"工学杂志"）

北京高师工学会编辑　1922年5月出版

报纸　32K　54面　1册　8.-

本期为"五一纪念号"，有楚图南、杨祎等人撰文。

艺術评论　存第61期—77期（民国日报第七种副刊之一）

东方艺術研究会上海艺術师范学校编辑

1924年6月23日—十月15日出版　每期8叶　1册　7.-

血潮　存第1期—11期

厦门大学离校学生团总部编印

1924年6月19日、25日、28日、7月2日、5日、9日、12日、16日、19日

23日、8月2日出版。每期8面。报纸16K　合计1册　50.-

28.-

~~内容为厦门大学学潮而出刊，第6期为"六一流血专号"。~~

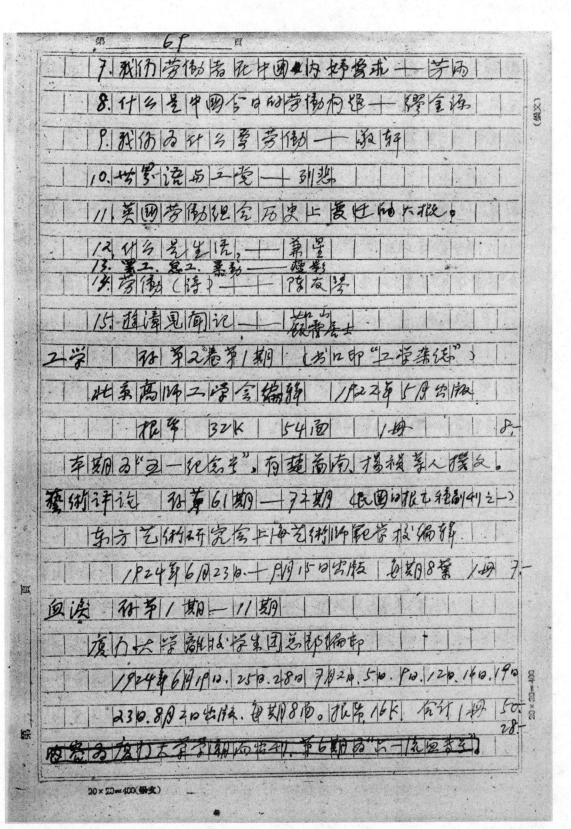

内容：为记述厦大学潮始末斗争经过。第1期大字标题为"厦大学潮之真像"，旭录褒撰。第6期为"六一流血专号"，指责校长林文庆，批评校董陈嘉庚。至第11期终刊。

国立北京政法大学沪案特刊　存第1、2期

1925年6月19日、29日出版　报纸 16K 每期4页　1.—

内容：第1期有"北京法政大学教职员沪案后援会宣言"等11篇文章。第2期有"沪案交涉之方针"等四篇文章。附"对英经济宣传歌"。

旅魂（不定期刊）　存第3期、第4期　（非卖品）

旅北涪渝同乡学会会刊（第4期改署：北涪陵学生会会刊）

1925年8月17日、10月26日出版　报纸 16K 2册　1.00

第4期封面印：本刊通讯处：联合中学潘蘋君转。

发行部：工中校：童代彬，女师校：卢德光军。

宁波学生　存第7、8、9期

宁波学生联合会编辑　1925年3月出版。

报纸　4K　3张　30.

第8期为"教职问题专号"（教[illegible]女校[illegible]教会学校）。

中国学生特刊

中华民国学生联合会总会编印　1925年6月26日出版。

第 71 页

报纸　16K.　18面　　1册　15.

中国学生　存第3期

中华民国学生联合会总会印行. 1925年11月10日出版.

本期为全国临时代表大会特刊第3期. 报纸 4K. 1张 10.

（全国学生联合会总会驻京办事处地址: 北京西城太平湖民国大学内）

中国学生周刊. （每星期六出版） 存第24、25期

中华民国学生联合会总会编辑. （总会地址: 上海西门）

1926年4月24日5月1日出版. 报纸 32K. 2册　5.

第24期内容: 有时事述评专刊:

1. 段祺瑞真滚蛋了么?

2. 反动政府之第一幕.

3. 吴佩孚又糊涂了.

第25期为"五一"纪念特刊.

广州学生　存第8期

广州学生联合会编印　（会址: 广州大学内）

1926年4月21日出版　报纸 16K. 8面 1册　1.
3.

东山学生半月刊. 存第1期第5期

梅县东山中学学生会编印. （1926年10月10日创刊）

报纸　16K.　　合订. 1册　25.

内容多革命进步文章。

20×20=400（稿纸）

铜声（不定期刊）　存第1期　（非卖品）

铜梁留渝学会会刊，1925年12月创刊。

报纸　16K　8面　1册　30

本刊联系人：重庆川东师范胡宗周。

六师学生半月刊　存第4、5期

琼州省立六师学生会编辑

1926年10月出版　报纸　36K　2册　6.

上海学生　存第16期　（"五四"纪念特刊）

1926年5月4日出版　报纸　32K　27面　1册　5.

内容：1."五四"的新意义

2."五四"运动和上海学生

3. 1926年"五四"运动的回顾

4. 纪念"五四"的意义和感想

5."五四"纪念告上海学生

上海学生　存第17期　（五九纪念特刊）

1926年5月9日出版　报纸　32K　27面　1册　5.

内容：1."五九"纪念宣言

2. 纪念"五九"的意义和责任

3."五九"纪念和反动政局

4. 雪耻运动和反日运动

5. 纪念"五九"给我们的教训

6. 一年来日本帝国主义侵略中国之概略

7. 二十一条之解释

香港学生　存第14期

香港学生联合会编辑

1926年6月18日出版　报纸 32K　57面　1册　20.—

本期为"反帝国主义运动周年纪念册"。前有甘乃光、何香凝、邓元冲、黎樾廷题词。

苏州学生(二周刊)　存第8期　(五卅一周纪念特刊)

苏州学生联合会编　1926年5月30日出版.

(本期非卖品)　报纸　32K.　32面　1册　3.—

容县留穗学会会报　存第2期

崔履璋编　1926年5月31日广州丁卜书店印行.

报纸　25K　1册　2.50

本期收容有"帝国主义一夕谈"、"革命的青年"等12篇文章。

郁林五属留穗学会杂志　存第6期

郁林五属留穗学会编　1926年10月出版

报纸　16K　1册　2.—

本刊以研究学术,促进郁林五属文化为宗旨。收容外：医学常识、文艺、特载、专载等专栏。

琼崖旅沪学会月刊　存第12、13期合刊

琼崖旅沪学会编印　1926年5月30日出版

报纸　32k　54面　1册　5.—

驻省宝庆学生半月刊　存第3期

驻省宝庆学友会编辑　1926年12月1日出版

报纸　32k　16面　1册　5.—

本期内容有："广大对英经济绝交"等八篇文章。

本刊通讯处：兑泽中学张光辉转。

正义半月刊　存第1期、末期合刊

法官学校政治部编印　1927年6月创刊。

报纸　32k　2册　4.—

第1期载有：陈先新撰"从打倒帝国主义说到法官学校的使命"、立国宝撰"送日本帝国主义下葬"等文章。

琼海潮半月刊　存第1期

琼海学生会编印　1927年4月出版

报纸　36k　文36面、目录1面、1册

内容：1.上海总罢工与国民革命——汪永清

2.国际工人代表团来华与国民革命运动——唐[illegible]

3.为第三国际工人代表团来华补到的感言——冯增敏

20×20=400(稿文)

4. 孙总理逝世二周纪念与厦崖青年应有的认识和确信——杨度雲

5. 革命化的厦崖[illegible]树慕给教会学校的华美——王朝兴

6. 学生应该怎样去做农工运动——吴节甫

7. 怎样做革命青年——郑志鸿

8. 学生的革命工作——陈耀墀

9. 青年与土豪——陈伟美

10. 厦海潮(诗)——舒孔逵

11. 私塾的新学生(小说)——黄元怀

12. 我们的话——王之藩

黄案专刊 孙第1期

厦门大学学生会编印 1927年5月2日出版

报纸. 16K. 12面 1册 3—

本期内容首为发刊专辞。又分:

甲.评论. 1.辨一种张垦性的生死辩——芸岩

2.黄士豪真不移时髦——冰

3.不解何故——江鸟

4.强匪之末日——林恩川

乙.宣言. 厦大全体职员、全体学生、厦门各社团、漳泉会馆联合会等对张[illegible]惨杀学生黄士豪宣言。

20×20=400(横文)

丙.杂讯。

丁.函电.

戊.评论。

~~[illegible]~~

建瓯学生月刊　存第1期

建瓯学生联合会编印　1927年7月31日创刊

报纸　32K　24面　1册　1.50

本刊以反对官僚军阀，唤起民众达到真理革命之目的为宗旨。

中大学生　存第3期

国立中山大学学生会编印　1928年3月1日出版

报纸　16K　8面　1册　.50

集美学生　存第3期（反日专号）

本刊编辑部编。（不著出版年月）

报纸　25K　1册　1.50

真理週刊　存第1期

黑龙江留平同学会编辑　1932年2月15日创刊

报纸　16K　1册　.30

[illegible]圈　存第2期

[illegible]学生自治会学术部编辑　1932年5月29日出版

本期有茅盾撰"论今日民众学校说我的话"一文。

北美　存第1期

北平美术学院学生会编辑。1933年4月17日创刊。

报纸　32K　1册　1.50

会址：北平宣武门内月台本校内。

自修大学（两周刊简称自学）存卷1第1辑第1号—第9号

平心编辑，张鸿飞发行，上海杂志公司总经售。

1937年1月创刊。报纸　16K　9册合订本　1.5-

本刊撰文者有：钱俊瑞、何干之、陈伯达、

蔡若虹、胡绳、郭大力、钱亦石、曹聚仁等。

学谊丛刊　存第10期

不著编者。1947年8月1日出版。报纸　32K.　~~2册~~ 1本　1.-

广东学生（不定期刊）　存创刊至第2期

广东学生联合会宣传部编辑。（1926年10月25日创刊）

1926年10月25日—12月10日出版。报纸　32开本每期20面　2册

创刊之内容：1.编辑者的话

2.广东全省学生第一次代表大会宣言（代发刊词）

3.广东学生争开辟的领土——李骥中

4.反英政策贯彻后学生会员之责任——李伟光

5.解决五华风潮的根本问题——涂思奋

20×20=400（稿文）

第 11 ① 頁

6. 通讯：省立第五中学全体学生反对新案之经过——梅县学联会。

7. 专载：广东全省学生联合会章程。

第二期内容：

1. 最近广东学潮之趋势——李翼中

2. 党及政府此后向全国民众应负的责任——李伟光

3. 从中大复试谈到广东中等教育——剑鸣

4. 专载：①广东全省学联会总章程（续前）

②广东全省学生联合会各地学生联合会组织系统表

③广东全省学生联合会执行委员会启事

先锋 ~~[illegible]~~ 存创刊号

先锋社编辑　每月出版　通讯处：师大先锋社

报纸　32开本　34面　1册　1.50

内容：1. 揭破盗铃的英美联欢——元言

2. 十一月七日——元言

3. 太平洋会议的面面观——晓章

4. 北平人力车夫事件的观察——楚琳

5. 反对帝国主义战争——俭信

6. 日益开展的上海 ~~[illegible]~~ 青年工人斗争——鸿一

7. 徒弟制度。

20×20=400

8. 兄弟们的消息 6则

书末有启事："本刊志为一切被压迫的"兄弟"们的喉舌，凡表同情的兄弟们，如有以稿件见赐的，一概欢迎……"。

学生新闻　　发刊号

不著编辑出版者，1932年8月18日出版

报纸　4开　4版　一张　1

内容：1. 发刊词

2. 告失学青年

3. 北平大中小学学生联合会的成立及其经过

4. 北平失学青年同盟会发起

附：①北平大中小学联盟发起失学青年同盟启事

②北平大小学学联为失学青年宣言

5. 学界消息 ①学界学生反对黑暗腐败之学阀统治；②北宁工人学徒罢工；③燕大西安八一纪念节在统治阶级严查的白色恐怖之下举行等消息

6. 编后的话："……学生新闻是我们北平学生的喉舌，需要我们大家来保护他，栽培他，才有光明的前途，才能和黑暗的恶魔反抗，敢希大家踊跃的供给稿件及经济上的援助"。

湘锋杂志　　发刊号

上大湘社编辑　1925年4月创刊

报纸　16开本　1册　5

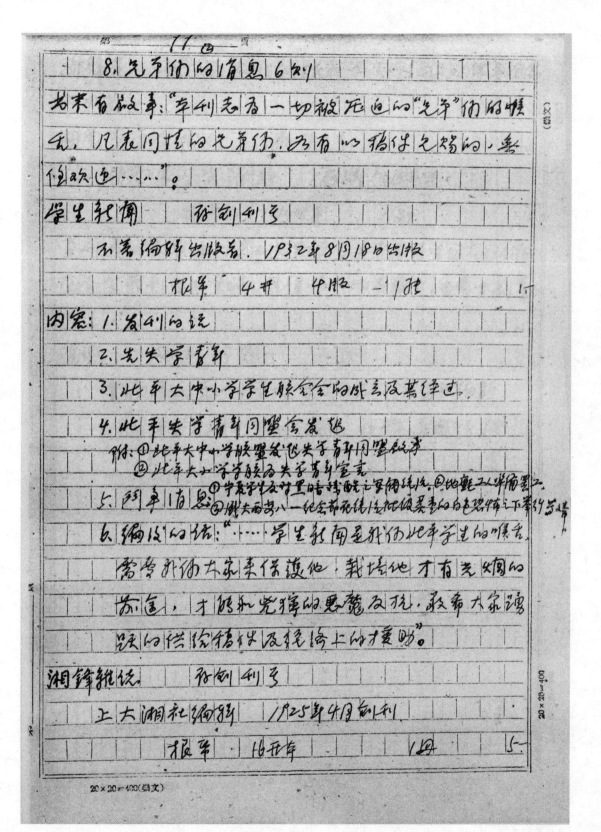

"湘锋"是上海大学湘籍教授和学生所组织的倡导革命的刊物。

湖南农学会会刊　存第1号

湖南农学会编辑　1923年12月创刊

报纸　16开本　1册　15.

本刊为北京农业大学之湖南学生，与本省某些同志组织的农学会所刊行的杂志。提倡振兴湖南农业，有章士钊等人撰文。

滇潮　存第10期

云南省立第一中学校学生自治会滇潮社编辑

1925年6月22日出版，报纸，16开本，每期4页，1册，1.

1.

中国新女界杂志（月刊） 存第1期－第5期.

炼石女士．燕斌编辑兼发行.

1906年12月23日（光绪32年）创刊．日本明治40年4月

初五由日本东京本乡区中国新女界杂志社印行.

报纸 25K. 5册 20.

广东妇女解放协会会刊 存第2期

广东妇女解放协会编辑（出版主任陈慕勤）

1925年7月1日出版，广州光东书局承印.

报纸 32K 22面 1册 25.

妇女之声汇刊（妇女之声半月刊）

中国国民党中央执行委员会妇女部编辑

1926年5月31日出版．报纸．16K．共190面．勘误8面 1册 18.

本刊每月出版两次，以15日30日为出版期。内容分：

时事述评10篇、论说17篇、党务消息、妇女消息、

小说、戏剧、演说词、决议案、宣言、杂录.

其中撰文有"最近粤东战争与前途的革命"——邓颖超

"国民革命是妇女唯一的生路"——何香凝

"反对花瓶"——茅盾（沈雁冰

妇女之声 存第17期第2期

中国国民党中央党部妇女部广东省党部妇女部编辑.

每期4页

1926年5月11日 7月15日出版 报纸 32K. 2册. 8.-

第19期内容：1. 太太——季檳

2. 妇女军事教育与男女平等——張藏

3. 谈女子军事教育必要——鄭鄘

4. 实行妇女服兵役意见——張宗真

5. 月夜（小说）——孔发婵

妇女週报 存第43期—56期

妇女问题研究会妇女评论社编辑

上海民国日报附副刊. 每期8页 合订1册 10.

革命妇女月刊 存第2、3期

中国国民党中央执行委员会妇女部妇女运动委员会编辑.

1926年7月15日 8月15日出报. 报纸32K. 2册 8.-

本刊原定为半月刊，因经费困难改为月刊，以谋妇女解放为宗旨。内容分：论著、专载、报告、小说等专栏.

中国妇女（旬刊逢十出版） 存第10期

中国妇女社出版 1926年3月30日出版.

报纸 16K. 8面. 1册 2.-

内容：1. 悼三月十八日北京惨剧中我们的死者——張瀚

2. 妇女运动的起源与意义——杨之华

3. 文艺——冰冻地界——学昭

20×20=400(稿纸)

4.各地妇女运动——广州空前之妇女之大运动。

现代妇女月刊（缺封皮不详期数）

广东省妇联编辑 1926年出版。

报纸 32K. 38面 1册 5.

内容有：论文、文艺、转载、专载等栏目。

~~[illegible]~~ ~~[illegible]~~

新妇女月刊。

新妇女社编辑部编 1930年5月出版。

报纸 25K 1册 250

本刊通讯处：北平女师大吴国华收转。

赤女杂志 存创刊号（三八国际妇女纪念）

赤女杂志社编辑（1927年3月8日~~出版~~创刊）

1927年3月8日汉口长江书店印行。

报纸 32K 146面 1册 6.

内容有：1. 列宁在莫斯科女工大会上的演说

2. 国际劳动妇女日——马白萌

3. "三八"与中国妇女——郑超麟

4. 中国"三八"运动史——杨之华

5. 中国妇女的白化与赤化——张秋白

6. 什么都脱脱洒洒的是我——叶圣陶

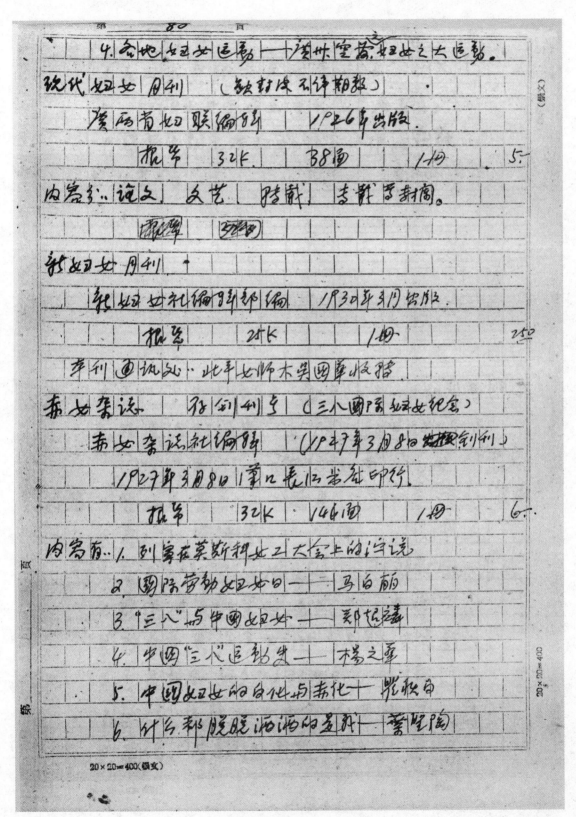

7.女工之更调——广意女士

8.1926年之中国女工运动——广意女士

9.帝国主义下的劳动妇女——陈晴生译

共11篇文章。

光明半月刊　[illegible]创刊号（每月1日16日出版）

光明杂志社编辑。1929年11月15日出版。

报纸。25开本　34面　1册　2.

内容：1.劳心和劳力——适真

2.再谈改革乡里——宗铭

3.女子解放当从改良女子学校做起——彦文

4.我们改革乡里的办法——皋坤

5.陈嘉庚君的事业——适真

6.这是苦和国民的经费——达绪

7.工作、死亡和疾病——子北

8.通信：①蔡镇沄　②高百谷.

本期次封有徵稿规则七条。稿寄北大第二宿舍
胡涵真。发行处：北京~~[crossed out]~~崇外武世馆夹道1号
代售处：北大出版部，清华学校袁宇和先生。
北京国立医学专门学校朱子襄先生。

曙光（月刊） 存第2卷第1、2号

曙光杂志社编辑 1921年出版。报纸，16开本，2册。
总发行处：北京宣武门内后百户街11号。
撰述者有：王统照、瞿世英、郑振铎、宋介等人。

创造周报 存全年汇刊第2集。

创造社编辑 赵南公发行，1927年8月第3版。
报纸 16开本 一厚册 7.00
按创造社主要干部有：郭沫若、成仿吾、郁达夫、
周全平、倪贻德、陶晶孙、郑伯奇、穆木天、张资平。
简章云："本社欲有文化的使命而奋斗"。
创造周报於1923年创刊，上海泰东图书局印行，1924年
5月停刊，凡一年，共出52期。

国学周刊 存第60期—67期（上海民国日报副刊之一）

学术研究社编辑 1924年7月13日—9月2日出版。
报纸 每期8开 2张。 共350

文学周刊 存第3、4、6、7、8、9期。（广州民国日报副刊之一）

文学周刊社编辑 1925年2月创刊，每星期一出版，

报纸，16开，每期4页 3.—

内容：第3期 1.胡适"尝试"以后——甘乃光

2.诗人陆游——孙席珍

3.惠樯之歌——詹小桓

第4期 1.读甘乃光的胡适"尝试"以后——孙席珍

2.桃花扇——吴敬轩改编

第6期 1.桃花扇(续)——吴敬轩改编

2.通讯

第7期 1.答石泉(革命文学讨论)

2.桃花扇(续)——吴敬轩改编

3.石达开之文学——孙席珍

第8期 1.致席珍论生命的文学——柏生

2.旧梦——敬轩

3.心潮——W

4.石达开之文学——席珍

5.[illegible]——编者

第9期 1.答柏生论生命的文学——席珍

2.心潮——W

3.幽默的颤动——谭[illegible]南

20×20=400(横文)

这样做　存第1期（革命文学社定期出版物之十）

革命文学社编辑委员会编辑　1928年3月27日创刊。

广州华宁里革命文学社发行。报纸，32开本，32面，1册。3.-

本期末有编後的几句话，略云：“……本刊是革命文学刊物之一，担负着宣传革命文化的使命，一方面极力发扬本党的主义，使民众对本党主义有彻底认识；一方面更站在本党的立场发挥本党的理论，以确定一般革命青年的人生观，是本刊最重要的两种任务……”。

新宇宙（半月刊）　存第1卷第1、2期（文艺专号）

新宇宙半月刊编辑社编辑

1928年10月15日创刊。　报纸，28开本　2册　3.-

民俗　存第25期—第30期合刊（宗刊第5册）

1928年9月19日—10月17日出版　25开本　1册　6.-

存第41期42期合刊（神的专号）

1929年1月9日出版。　25开本　1册　4.-

存第53、54、55期合刊（旧历新年专号）

1929年4月出版。　25开本　1册　5.-

国立中山大学语言历史研究所编辑，民俗学会出版。

新流月报　存第1—4期

20×20=400（縱文）

新流月报社编辑（第1期以封署蒋光慈编辑）

1929年3月1日创刊 报纸 25开本 4册 525.

第1期末有蒋光慈的"编后"，说明本刊发刊的意义。第5期末有"编辑后记"，说明第3期发行以后，经过九个月第4期才和读者见面的原因和情况。第5期改名为"拓荒者"。

文艺周刊 存第39期—51期（民国日报的乙种附刊之一）

浅草社编辑 1924年6月24日—9月16日出版。

每期8页 13期合订 1册 12.

莽原周刊，存第1期—26期（半年汇刊第1集）

鲁迅主编（通讯处：北京锦什坊街96号）

1925年4月24日—10月16日出版。每期4页

1925年南昌乐天书馆发行，报纸 16K 1册 25.

北京东城翠花胡同北新书局总发行。

莽原 存第2卷第1—20期合订本上册。

未名社编辑。1927年1月—1927年6月出版。

末附：无产阶级的文化正误表，未来主义正误表。

有总目。道林纸，28开本。1册 15.

洪水周年增刊

创造社编辑，1926年出版，报纸 32开本 236面

1册 3.

前有叶灵凤、为法、周全平三位编辑者的肖像。

按洪水半月刊，1925年9月1日创刊，共出版3卷36期。第1卷由光华书局发行，第2卷—3卷由创造社出版部发行。

沉钟半月刊》 存第2、5、9期

沉钟半月刊社编印 1926年4月、6月、12月出版

报纸 16开本 3册 6.-

未名半月刊 存第1、2卷第1—24期.

鲁迅主编（1928年1月—1930年4月30日未名社出版）

道林纸 32开本 精装合订本 1册 10.

未名社社址：北平景山东街.

撰稿者有：鲁迅、曹靖华、戴望舒、韦丛芜等人。其中韦丛芜的"西山随笔"一文有一段谈到未名社的由来云："……现在未名社出版两年的"莽原半月刊"又改名为"未名半月刊"了，这意思很简单，按照英文可以叫做The unnamed Bimonthly，或更清楚，记得两年前我们预备独立印行一点自己的东西的时候，以为既然是个人的联名，就是一个团体，是团体就必须有一个名称；然而又想不到合适的，于是便照着已经出版的"丛刊"，因没有想好名字便叫他做"未名"的例，而名这团体为"未名社"。

我们那时就预备出半月刊，原拟叫做"未名"了。但付印时又定为"莽原半月刊"，我自己是始终以用未名是比较的乾脆些。不过名称我总觉不大要紧，反正要看我们自己出版东西的如何。叫做莽原半月刊是这些东西，叫做未名半月刊还是这些东西，两年来出版了48期，订成了四册合订本的半月刊，从第三年的开始由"莽原的半月刊改叫"未名"半月刊了，我却自己是觉得很高兴，虽然内容和先前是一样"。

素园收场白云："两卷共包二十四期的未名半月刊，竟化了两年零四个月的时间。这刊物的命运是何等的艰辛，也就可想而知了。在编印第一卷第一期的时候，我们大都具有继莽原半月刊而维持此刊物的决心，然而出到第三期的时候，她的生命竟因"文学与革命"被张宗昌的部下文径查禁，并由那时的北京当局把我们几个人'请'去拘留而夭折了。经过半年的休息，因出版部的创立，她又復活了。然而此后的她乃是受着伤，而又忍受着高压苟延残喘而已。时至今日她算是寿终正寝了。

我们感谢所有帮忙撰稿的人，特别是克明先生。

在这一年中，我们除了努力将集缺各书重版出来而外，更将余力全放在印行罗尚译。近代英国文学史这塔者等书上。

我们希望明年有更新的书籍，更新的期刊，更新的精神贡献给读者，更希望有新的友人合作。但那是明年的事，且待明年再说吧！”十九年〇月二十八日写于北平。”

海风周报　存第1期—第16期

海风周报社编辑
蒋光慈 钱杏邨主编（1929年1月1日创刊）

1929年1月1日—4月28日出版，上海泰东图书局发行。

报本　16开本　合订一厚册　30.

蓬岛晨钟　存第4、5两期

台湾通讯社编辑　1929年5月出版

报本　16开本　每期4面　3册　4.-

第4期内容：1.“五一”与今后的台湾——GK

2.“五三”纪念与日本帝国主义统治下的民众——碧湖

第5期内容：1.勿忘“五八”——逸生

2.台湾人之纪念“五九”——碧卿

3. 打倒日本帝国主义的暴虐政策——德卿

4. 水平社宣言（二）——玉峯译

5. 请看殖民地——台湾的工农群众——向前、黎明会编

第3期内容：1. 台湾青年对蓬岛农鐘战线冀希望——孤

2. 台湾留厦青年学生目前的任务——G14

3. 写给失学的青年——朋友——南去

4. 水平社宣言（续）——玉峯译

第4期代邮启事云："蓬岛同志们：我们的秘密通讯处，本来是设在新马路（厦门）头黄家丰的楼，和冀菜何惠民医院转交陈君韩先生。可是旅厦日本帝国主义的侦探——秦由及谢介蕃，随时前来调查，使我们的行动受甚监视，不得稍和自由，或许有性命危险。因此，我们为自己计，为革命工作计，已经决定离开厦门了。但是同志们不要因此而影响工作，应当努力写稿，不过不可寄交旧时的通讯处，应当面交本社同志，以免意外事件发生，这是顶要紧的。本社编辑部，5月5日。"

新地月刊　存第1卷第6期

上海新地月刊社编辑，鲁迅主编。

1930年6月1日光华书局发行。报本25开本 29页 1册 4—

内容：1. 为什么我们不是和平主义者——贺菲译

2. 文化问题（续完）倩霞译

3. 中国无产阶级文学运动及其发展之历史的意义——冯乃超

4. 艺术论译序——鲁迅

5. 五卅（三幕剧）——方文

6. 溃灭——鲁迅译

7. 诗——KF 陈正道等

8. 老祖母——秋枫

9. 笑的海——峨涛

10. 在绞刑场上——沈子良

11. 国外文化事业研究——车译

12. 社会杂观——一剑等

13. 国内文艺消息 ①左联两次大会记略 ②中国社会科学家联盟成立 ③艺术剧社被封斗争 ④挣扎中的[illegible]小学 ⑤中华艺术大学被封 ⑥自由运动大同盟消息。末附通信数则。

按新地月刊第1卷第6期，实即中国左翼作家联盟的机关刊物——"萌芽"第1卷第6期。"萌芽"于1930年1月创刊，出至第5期，被反动当局查封。故第6期改刊名改为"新地月刊"以避迫害。

编后记里云："在种种的困难之下，这一期到现在才能出来。但无论如何本刊总能于艰苦之下出全第一卷了……"。

中华书局1957年出版的张静庐先生编"中国现代出版史料补编"第3卷第48页注解萌芽时说后改名"新地"，注云："由萌芽社编，光华书局出版，刊行第5期被查禁，第6期改名"新地"，出一期又改出"文学月报"，由蓬子主编（姚杉尊）。这个刊物是中国左翼联盟机关刊物，1930年1月创刊"。

当时反动统治当局害怕革命，对进步书刊想尽一切办法进行迫害，因而传本极少。天津师范学院文学系曾于1956年由北京隆福寺街修绠堂书店购得此期。

北斗　　存第1卷第3期　第2卷第2期

北斗杂志社编辑　1931年9月20日—1932年出版

报本　　16开本　　丁玲　　10

本刊为左联刊物之一，出至二卷三期停刊。

开拓（半月刊）　存第1卷第5期

开拓社编（社址：北大一院）1931年11月1日出版。

根蒂　16开本 每期8面　5册

第1期内容：1.叛徒与歌者——剑情

2.开拓——高尔基

3.农民文学论——吉野信之

4.悼亡——毓瑞

5.复活节——非白

第2期内容：1.必然的内容与外形的表现——chünchu

2.旗的恐怖——莱琴

3.悲剧——蔽育

4.贵波林进行曲——高尔德

第3、4合期内容：

1.新写实主义的形式——小林多喜二

2.这也算一本中国社会思想史——文甫

3.黑狱中的曙光——处默

4.新生——非白

5.逃亡——雪帅

6.贵波林进行曲——高尔生

第5期内容：1.密谋之夜——非白

2.红帽——PERRAULT

3.一个女人的死——蔽育

4. 在马路上——柳溪

文学杂志 存第1期

文学杂志社主编（社址·师大文学院）

1933年4月出版。报本 16开本 1册 1.50

本期内容有：扩大"民族革命战争"文学上的任务。

3月30日编辑委员会给"风雨之夜"作者一封公开的信。

~~陈平撰~~、小林多喜二君被杀了（陈平）

萧伯纳与北大学生谈话记

萧伯纳与天津文化界 姜末章。

世界文化（月刊） 存创刊号

世界文化月刊社编辑 1930年9月10日创刊

报本 25开本 1册 6.

内容分：A 论文

1. 中国目前思想界底解剖——谷荫

2. 左联成立的意义和他的任务——冯乃超

3. 中国社会科学运动的意义——梁平

4. 无产阶级革命文化论——鲁迅译

5. 铁路上的文化革命问题——Marockii

6. 苏联社会主义建设的伟大发展——烈文

7. 一个伟大的印象（通讯）——刘志清

B 资料4则

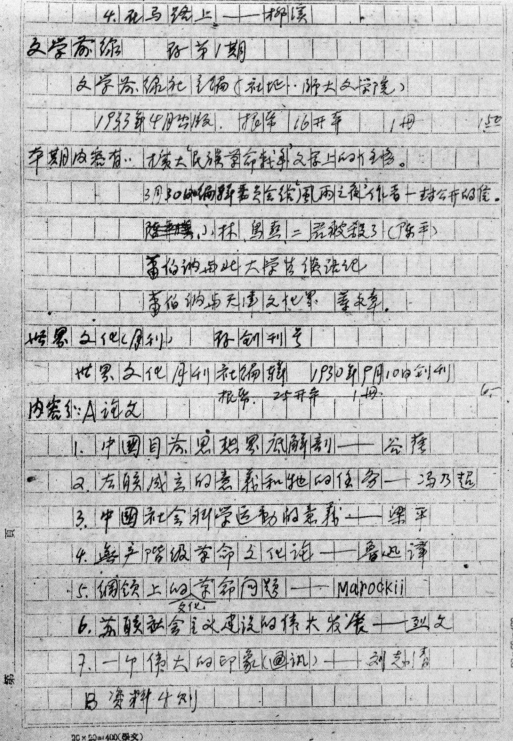

C 世界文化消息3则，编辑後记.

按“世界文化月刊”是在左联成立大会上决定出版的刊物。是一个综合性的杂志，出一期便被禁止了。第二期是在1933年1月15日才出版的，改由文总编辑，由16开本改为23开本，内容和第一期仍相似，作者也多是左联和文总的成员。

世界文化第一期出版被禁止后，1932年11月，文总又刊行了一个综合性杂志“文化月报”（16开本），也是出一期就被禁止了。“世界文化”第二期就是继“文化月报”出版的。发表在“文化月报”第一期上高南翻译的“五年计划中的社会主义的文化革命”一文是在“世界文化”第二期续完的。由此可以说明“世界文化”和“文化月刊”前后继承的关系（晦庵）

文化月刊　　存创刊号（第1卷第1期）

陈乐存编辑　1932年11月15日 文化月报社（上海）出版

报纸　16开本　1册　72

本期有鲁迅、茅盾、曹靖华、洛阳、适夷等撰文。

地球　存第1期

地球社编辑．1929年10月20日出版

（通讯处：北平师大二院祁友芳转）报纸 32开本，31面，1册

内容：1. 卷首语

2. 这就是革命的外交吗？——文斯

3. 女子承继权——平雪

4. 抓女丐——市冤

5. 社会主义大意——堺利彦述，岩译。

6. 国家的前途——瘦蕾

7. 北平妇女救济院——慧根

8. 新疆的妇女——独木桥

9. 威拉米尔霍花斯——TC

10. 致烈士——王人

11. 无限的企望——拴君

12. 挣扎——泠君。

激流（月刊）第1卷第6期

编辑兼发行人赵文光　1938年3月10日激流社出版

报纸　16开本，　26面　1册

（激流是综合刊物，全年36期）

本期内容：1. 抗战形势与抗战前途——博古

2. 两个月的八个方法——周恩来

3. 论抗日的全民政治——何思敬

4. 思想的统一问题——

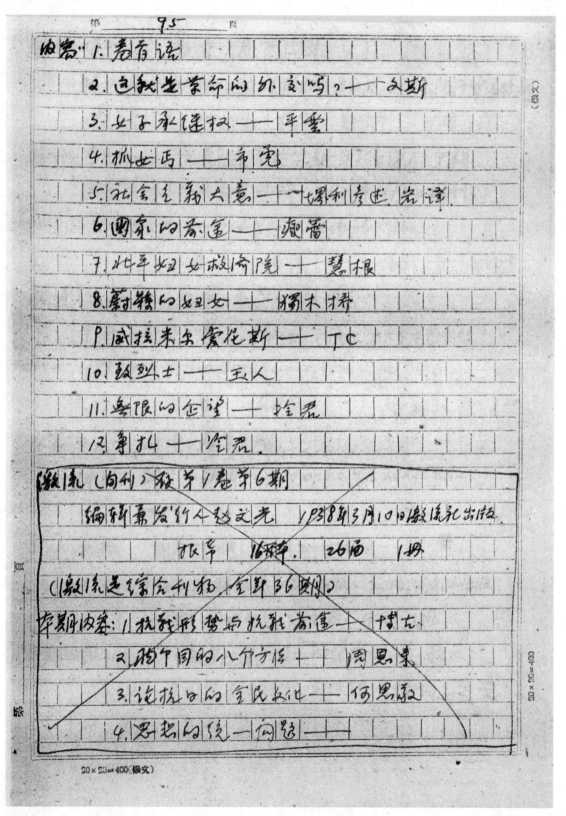

新地（月刊）　存第1卷第1期

新地月刊社编。（北大学生组成，通讯处：北大一院于伸谋转）

1933年1月3日创刊。报纸　32开本　1册

新地（半月刊）　存第4卷第1-5期　第5卷第1-4期

北鲁豫文联编委会编辑（1946年11月10日创刊）

1947年8月1日—12月15日新地社出版。

土纸　32开本　10册　10.

新诗歌（旬刊）　存第1卷第1-4期。

中国诗歌会主编。（通讯处：上海大夏大学宋寒衣转）

1933年2月11日（创刊）—4月5日出版。

报纸　16开本　4册　3.20

大家看　存第1卷第3期

柳湜主编。1936年12月10日读书生活出版社出版。

报纸　32开本　80面。1册　1.50

我们週报　存第4期　~~2.25纪念~~

中国左翼作家联盟北平分盟编辑　2.25.纪念日出版。

土纸。油印。32开本　4页　1册　1.50

本期内容：1.在二、二五全世界失业工人纪念日——散文

2.女——中国资产阶级民族改良派影响之下觉

醒过来——女十学生

20×20=400（縱文）

20×20=400

3.银贷款计划与帝国主义——苏蔚

4.刮民党爱托尔斯泰——啸岳

5.文化前线消息——笑马

狂飚运动月刊 存第1期

上海狂飚社编辑 不著出版年月

报纸 16开本 1册 3.–

按狂飚社为山西高长虹与其弟高歌、友人向培良等组织，曾刊行狂飚周刊。

烽火周刊 （不著期数）、存2期

文学社、中流社、译文社、文季社联合刊物。

茅盾编辑、巴金发行、1937年10月10日、10月17日出版。

报纸 32开本 2册 1.–

文艺战线 存创刊号

周扬主编、1939年2月16日延安文艺战线社出版。

报纸 16开本 1册 5.–

本期有周扬同志的发刊词——我们的态度。内容有：小说、论文、报告、诗、战争小说。撰文者有：荒煤、刘白羽、艾思奇、成仿吾、沙汀、何其芳、卞之琳、田间、柯仲平等人。

文艺杂志（月刊） 存创刊号——第11期

太行文联编辑、1946年3月1日创刊，太行新华日报馆出版。

土纸 16开本 12册 24.-

北方文化（半月刊） 存第1卷第1期—第2卷第6期

北方文化社编（社长成仿吾）1946年3月10日于张家口创刊。

每月1日16日出版。 报纸 16开本 12册 24.-

本刊编辑是委员会制。委员有：成仿吾、邓拓、张如心、周扬、萧军、萧三、何干之、沙可夫、丁玲、艾青、刘皑风、吕骥、冯宿海。主编：成仿吾、张如心。

长城（文艺月刊） 存创刊号、第2期

长城月刊社编辑（1946年7月20日创刊）

1946年7月20日—8月20日出版 白报纸，16开本，2册 3.-

内容有：谈赵树理的创作——周扬

看儿妈妈——贺敬之

赶车——田间

把握我们的[illegible]——康濯

群众文艺 存创刊号—第12期（11期12期合刊）

陕甘宁边区文化协会群众文艺编辑委员会编辑。

1948年8月15日创刊，陕甘宁新华书店出版

土纸 16开本 9册 8.-

群众（周刊） 存第13、14期合订本

香港群众周刊社编辑。不著出版年月。
报纸。16开本　合订本2册　6.-

怒吼周刊　存第1期
怒吼周刊社编　无出版年月　报纸，32开本　1册　1.20

对抗三日刊　存第2—7期（6、7合刊）
（社址：北平宣内旧帘子胡同46号）
对抗三日刊社[illegible]编　1932年1月23日创刊。
1932年1月26日—2月13日出版。报纸，16开本　5册　2.50

[redacted]抗三日刊　存第16号　（每逢三、六、九出刊）
抵
邹韬奋主编　1937年10月9日抵抗三日刊社出版。
社址：上海[illegible]。报纸　16K　12面　1册　.60

人民文学（月刊）存创刊号　（每月20日出版）。
王少燕编辑　发行人顾南山章。（1936年9月20日创刊）
1936年9月20日人民文学社（上海）出版。报纸，16开本　112面　1册
本刊内容有：理论、小说、散文、剧本、诗歌、生活记录、
速写、杂文、随笔、读书通信等栏。
本期执笔撰文者有：倪起予、田间、周而复、白曙、王任叔、
杨雪韦、瑶琳、何封、胡风、箴如、
明潞、东方甲、云浮、辛劳、宋之的、
欧阳山、何凝、李霁文、苏野、荃麟。

小说家（月刊）　存创刊号、（每月1日出版）

欧阳山主编。1936年10月1日上海新人出版社出版。

报纸。16开本。1册。

内容：1. 南洋通讯——凡容

2. 灵魂的审判——林淡秋

3. 闲谈——蒋牧良

4. 乡居散记——白尘

5. 暮色——奚如

6. 苍阿——欧阳山

7. 单纯的遗憾——草明

8. 第一次进堂——屈轶

9. 罢饭——周而复

10. 不安静的城——谷斯范

11. 儿童故事五则

12. 小说伺评六篇——奚如、白尘、王任叔、欧阳山、凡容、周而复。

13. 小说家座谈会第一次记录。

本期有启事云："小说家月刊，由小说家座谈会全体参加人编辑，同意参加者有：周文、李溶华、草明、张天翼、周而复、吴奚如、蒋牧良、王任叔、陈白尘、吴组缃、聂绀弩、欧阳山等十二人。

现在 第 存第2号 191 页

现在社主编 1931年12月8日出版

通讯处：北平师大刘炬收。报纸. 16开本 1册 60

中国论坛（英汉对照） 存第2卷第3.4期

中国论坛社编辑 1933年3月27日.4月13日出版.

报纸 16开本 2册 2.—

现代文化 存批评自由人专号（第1卷第1期）

现代文化社编辑 1933年1月1日出版.

报纸 16开本 1册 4.—

热血（周刊）原名"铁骑" 存第5期

热血周刊社编辑 1924年4月出版

报纸 32开本 1册 1.—

中国农村 存第2号（战时特刊）

薛暮桥主编. 1937年10月10日 中国农村经济研究会出版.

. 中国农村社发行 报纸. 16开本 16面 1册 60

川政评论（旬刊） 存第十[illegible]期

川政协进会编印. 1925年10月20日出版.

报纸. 16开本 8面 1册 50

揮戈（三日刊） 存第1卷第1.2期

揮戈社编印 1932年4月25日.28日出版.

报纸 16开本，每期4页. 2册 12.—

20×20=400（京文）

撰文者有：鲁阳、愚公、韩起、等。

这两期是指责国民党卖国罪行。第十期封面印有红色大字：“祇有这样快卖国”。第二期印“国民党空前的卖国成绩”。

通讯联系人：上海中国公学黄绍祖。

读书杂志（中国社会史的论战）存第1卷4、5期合刊

第2卷2、3期合刊

王礼锡、陆晶清编辑　曾献声发行

（卷一）1931年8月1日出版（卷二）1932年3月20日出版。

神州国光社印行　报纸　25开本　2册　7.-

二十世纪　存第1、2卷合订本，第1卷1-8期，第2卷1-8期。

二十世纪社编辑，杨伯恺主编。

1935年上海新垦书店印行。报纸，25开本，4巨册　40.-

本刊为科学的、批判的、综合的理论杂志。每年出版8期。

大声周刊　存第1期—40期（合订本）

大声周刊社编辑，主编兼发行人车耀先。

1938年9月7日成都印行　报纸　16开本，1册，20.-

撰文者有：毛泽东、周恩来、李富春、胡愈之、陈克寒、

沙汀、胡子婴等人。

本刊是积极支持抗战的革命刊物。

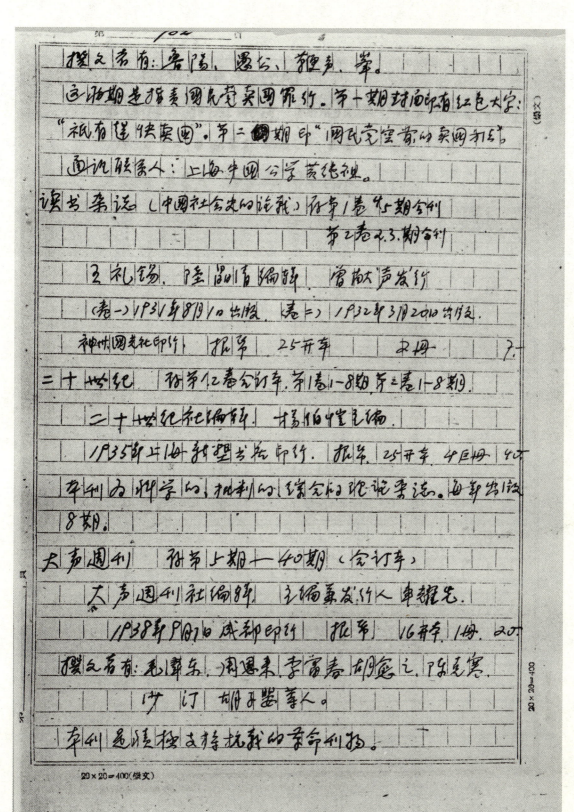

新道理（半月刊）存第24期

新道理半月刊社编辑，陈劭先（发行人）文化供应社发行

1941年7月1日桂林出版．土纸 32开本 1册 30

本期有：王鲁彦、邵荃麟同志撰文

申報　存清同治11年3月—12年10月的（共22个月）

除政事外，多刊登各种广告。如第12期的多刊有丹桂园、宝兴园的戏曲告白；每天日夜两场，此外戏目和演员。另外还有招卖行绸缎庄的广告。

缩连本　12册　36.

匯报　存清光绪26年4月初4日—6月25日出版，第1733号—1863号

2册

集成報　分上谕奏折40期，时事汇编、译报40期，政事综要、工商杂志、近事杂记40期，时务新论40期，内容有论说、专件、著作、试艺萃新等。由英商集成报馆汇集而成的一部近代史参考资料。

清光绪23年集成报馆排印，缩连本4册　25.

政治官报　存清光绪33年9月—民国1年6月13日止。

报本　排印，共1027号　1200.

上海同庆戏院戏报　存清光绪33年6月25日—11月30日止。所载皆系部宝福来女班、小兄弟女班演出消息广告。

缩连本，每日1张　全订1册　20.

民国日报　存1919年3月18日—5月27日的

每份3张，共47份　47

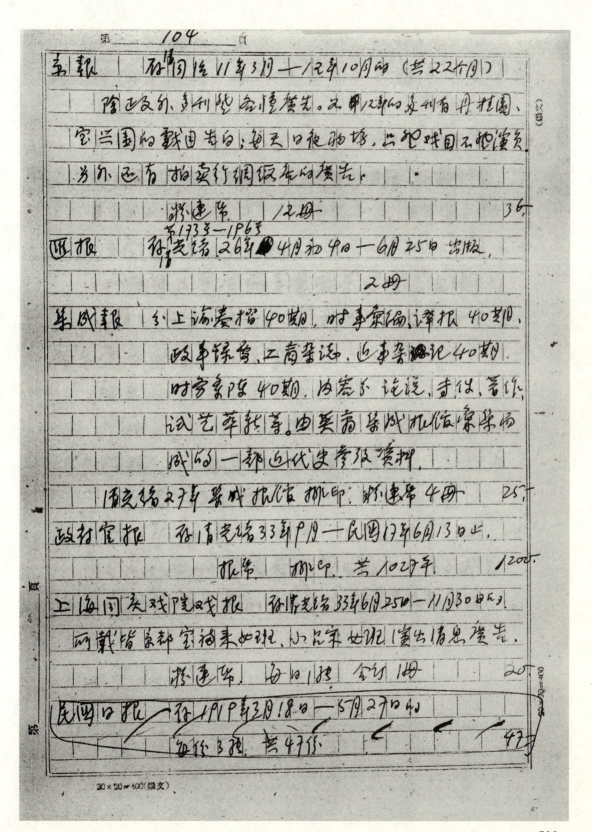

现代中国半月刊　存第一卷第1.2.3.期

现代中国半月刊社主编.

1931年1月1日创刊. 每月1日 16日出版. 报纸16开本3册 1.80

通讯处：北平和外西河沿145号余庆商社转戴会清.

第二期刊有"不甚冤枉的鲁迅"一文. 诬蔑党与鲁迅先生。

广东清党旬刊　存第2期.

中国国民党广东清党委员会宣委会编

1927年7月30日出版.　报纸16开本 1册　.80

广东党务周报　存第3期

广东省党务指导委员会编

1928年7月25日, 8月16日出版.. 报纸16开本2册 1.—

三民周报　存第6—12期

三民周报社编辑

1927年4月—6月出版. 报纸16开本 7册 2.1—

该周报创刊於国共分裂时期. 此刊多发表一些反共的文章和言论。为国民党反动刊物之一。

20×20=400(炼文)

书名索引

邓咏秋 编

说明：本索引收录在《书林掇英——魏隐儒近现代文献资料所见录》中介绍过的所有图书，按书名的汉语拼音顺序排列。所有书名均按魏隐儒先生原稿照录。遇有同名图书，则在书名后加括号注明作者或版本信息，以示区别。

C

D

E

F

G

H

J

K

L

M

N

O

P

Q

R

S

X

Y

Z

报刊名称索引

邓咏秋　编

说明：本索引收录在《书林掇英——魏隐儒近现代文献资料所见录》中介绍过的所有报纸和刊物，按报刊名称的汉语拼音顺序排列。所有报刊名称均按魏隐儒先生原稿照录。

F

G

H

T

W

X